山东省政治经济学研究发展报告（2017）

政治经济学：创新与实践

董长瑞　王　姣　等著

中国财经出版传媒集团
经济科学出版社
Economic Science Press

图书在版编目（CIP）数据

政治经济学：创新与实践/董长瑞，王姣等著．—北京：经济科学出版社，2020.6

ISBN 978－7－5218－1572－6

Ⅰ．①政…　Ⅱ．①董…②王…　Ⅲ．①政治经济学－研究　Ⅳ．①F0

中国版本图书馆 CIP 数据核字（2020）第 081445 号

责任编辑：于海汛　冯　蓉

责任校对：王肖楠

责任印制：李　鹏　范　艳

政治经济学：创新与实践

董长瑞　王　姣　等著

经济科学出版社出版、发行　新华书店经销

社址：北京市海淀区阜成路甲 28 号　邮编：100142

总编部电话：010－88191217　发行部电话：010－88191522

网址：www.esp.com.cn

电子邮箱：esp@esp.com.cn

天猫网店：经济科学出版社旗舰店

网址：http：//jjkxcbs.tmall.com

北京季蜂印刷有限公司印装

710×1000　16 开　16 印张　240000 字

2020 年 12 月第 1 版　2020 年 12 月第 1 次印刷

ISBN 978－7－5218－1572－6　定价：48.00 元

（图书出现印装问题，本社负责调换。电话：010－88191510）

序

党的十八大以来，伴随着世界经济风云变幻和国内各项改革的不断深入，中国特色社会主义经济建设面临许多新情况、新问题，迫切需要马克思主义政治经济学的理论支撑和指导。为此学好用好政治经济学、不断开拓政治经济学研究的新境界，是促进中国政治经济学发展、创新，深入探讨重大现实经济问题，更好地为中国经济改革与经济发展服务的重要抓手。

以习近平同志为核心的党中央非常重视政治经济学研究。习总书记多次强调政治经济学研究的重要性，为中国特色社会主义政治经济学理论体系的构建指明了方向。2014 年 7 月，习近平同志在经济形势专家座谈会上指出："各级党委和政府要学好用好政治经济学，自觉认识和更好遵循经济发展规律，不断提高推进改革开放、领导经济社会发展、提高经济社会发展质量和效益的能力和水平。"[①] 2015 年 11 月，习近平同志在中共中央政治局第二十八次集体学习时强调："要立足我国国情和我国发展实践，揭示新特点新规律，提炼和总结我国经济发展实践的规律性成果，把实践经验上升为系统化的经济学说，不

---

① 习近平. 更好认识和遵循经济发展规律推动我国经济持续健康发展 [N]. 人民日报, 2014-7-9.

断开拓当代中国马克思主义政治经济学新境界。”[①] 2015 年 12 月，习近平同志在中央经济工作会议上进一步强调：“要坚持中国特色社会主义政治经济学的重大原则，坚持解放和发展社会生产力，坚持社会主义市场经济改革方向，使市场在资源配置中起决定性作用，是深化经济体制改革的主线。”[②] 2016 年 7 月，习近平同志在经济形势专家座谈会上，再次强调要“不断完善中国特色社会主义政治经济学理论体系，推进充分体现中国特色、中国风格、中国气派的经济学科建设”。[③]

习近平同志不仅多次强调学习、研究政治经济学，还身先士卒，把马克思主义政治经济学的基本原理与中国特色社会主义的实践相结合，以五大发展理念为指导，提出了经济新常态理论等一系列新论断，继承、发展马克思主义政治经济学，创新、丰富了中国特色社会主义政治经济学理论，为国内政治经济学的研究与发展指引方向。

习近平等党政领导对中国特色政治经济学的重视，增强了国内研究中国特色社会主义政治经济学的信心，鼓舞了经济学者的斗志，有力推动了中国特色社会主义政治经济学的研究。中国政治经济学研究在研究队伍发展、研究机构建设、研究成果学术观点创新等各方面呈现出成果斐然、士气高昂的新景象，掀起了中国特色社会主义经济理论的又一次新的高潮。

为深入学习贯彻党的十九大精神，推动习近平新时代中国特色社会主义思想学习研究阐释工作常态化、系统化，山东省

① 习近平．立足我国国情和我国发展实践 发展当代中国马克思主义整治经济学［J］．党员干部之友，2015（12）．

② 新华社．中央经济工作会议在北京举行［N］．人民日报，2015－12－22.

③ 新华社．坚定信心增强定力 坚定不移推进供给侧结构性改革［N］．人民日报，2016－7－9.

也相继推出了一系列新举动，如成立了习近平新时代中国特色社会主义思想研究中心、习近平新时代中国特色社会主义思想学习研究课题组等研究平台。其中，山东省习近平新时代中国特色社会主义思想研究中心，是省委在山东省中国特色社会主义理论体系研究中心基础上，调整充实力量，整合研究资源成立的习近平新时代中国特色社会主义思想学习研究宣传的专业研究机构。“山东省习近平新时代中国特色社会主义思想学习研究课题组”在“山东省习近平总书记系列重要讲话精神学习研究课题组”基础上成立，下设经济、政治、文化、社会、生态文明和党的建设六个专项研究组。同时，在省社科规划项目中设置“习近平新时代中国特色社会主义思想研究”专项，以委托课题形式，整合聚集研究资源，引导广大社科理论者协同创新、联合攻关，持续深入地开展习近平新时代中国特色社会主义思想研究，推出更多质量高、影响大的优秀成果。

在各方共同努力之下，山东省的政治经济学学界也迸发出强大的研究动力，在政治经济学研究队伍建设、学科发展、基本理论、实践应用等领域做出了突出贡献，凸显了鲜明的山东特色，在基本理论与经济社会重大问题的结合等领域走在全国前列，为山东经济发展和现实经济问题的解决提供了重要的方向指导和理论支撑，因此，有必要对山东省政治经济学研究成果、现实经验进行理论和观点的综述、实践和经验的提炼、提升。

为此，山东省理论建设工程重点研究基地山东省经济理论与政策研究中心的同仁们，以“发展报告”的形式，对报告期内山东省政治经济学研究的主要新成果、新进展进行全面汇集与反映，刻画山东省政治经济学研究与发展的主要特点和轨迹，把握山东政治经济学研究的发展趋势，彰显政治经济学研究的山东风格、山东特点、山东气魄，进一步推进山东省政治经济学的发展与创新，实现马克思主义政治经济学对解决重大现实经济问题的积极引领作用，奋力开创经济文化强省战略新局面！

中国社会科学院哲学研究所党委书记、副所长

王立胜

前　言

马克思主义政治经济学是马克思主义的三个组成部分之一，是马克思和恩格斯运用辩证唯物主义和历史唯物主义创立的关于人类社会生产关系一定适应生产力发展规律的理论体系。马克思和恩格斯批判地继承了古典政治经济学的优秀成果，考察了资本主义产生、发展、变化的过程，剖析了资本主义的生产、交换、分配和消费关系，创立了剩余价值学说，揭露了资本主义生产和剥削的秘密，揭示了资本主义生产方式的历史局限性，论证了资本主义的必然灭亡和社会主义的必然胜利的客观规律，指明了社会主义和共产主义的实现路径。

马克思主义是指导社会主义革命和建设事业的理论基础和一切工作的基本遵循。2018 年 5 月 4 日，习近平总书记在纪念马克思诞辰 200 周年大会上，再次向世人宣示中国共产党对马克思主义的坚定信念。他指出："马克思主义始终是我们党和国家的指导思想，是我们认识世界、把握规律、追求真理、改造世界的强大思想武器。"① 自从十月革命给中国送来了马克思主义，中华民族复兴伟业焕然一新。中国共产党人在毛泽东等无产阶级革命家的带领下，将马克思主义与中国革命的实际相结合，创立了毛泽东思想。在毛泽东思想的指引下，中国的革命

① 习近平．在纪念马克思诞辰 200 周年大会上的讲话［N］．人民日报，2018 - 5 - 5.

和建设不断地从胜利走向胜利。马克思主义政治经济学，是“马克思主义理论最深刻、最全面、最详尽的证明和运用”[①]，既是中国共产党革命的思想武器，也是进行社会主义建设的行动指南。

中国革命的胜利，是马克思主义的胜利，是马克思主义与中国实际相结合的毛泽东思想的胜利。中国共产党人将马克思、恩格斯创立的政治经济学基本原理，创造性运用于中国的革命实践，明确了消灭私有制，实现共产主义革命的目标；确立了为中国人民谋幸福，为中华民族谋复兴的崇高宗旨；找到了全心全意依靠人民群众和建立广泛革命统一战线的胜利保证；选择包围城市，武装夺取政权，实现全国解放的实践道路，使中国革命不断地从胜利走向胜利。中国革命胜利最关键的一点，是老一辈无产阶级革命家及革命者对“资本主义必然灭亡，社会主义必然胜利”这一客观规律的坚守以及坚定的共产主义理想信念。

中国社会主义建设是实现中华民族伟大复兴的千秋大业。在毛泽东思想指引下，中国顺利实现了对农业、手工业和资本主义工商业的社会主义改造，建立了社会主义生产资料公有制，从根本上消灭了人剥削人、人欺负人的制度基础，实现了真正的人民当家作主，实现了由新民主主义到社会主义的转变。在社会主义制度下，中国人民自力更生、艰苦奋斗，靠自己的双手和辛勤劳动，建立了独立完整的国民经济体系、工业体系、自主创新体系，各项事业不断发展，人民生活不断改善。中国社会发生了翻天覆地的变化。中国社会主义建设的成就，是因为遵循了生产关系一定要适应生产力发展的规律。社会主义突

① 列宁选集（第2卷）［M］. 人民出版社，1995.

破资本主义制度约束，克服了资本主义生产的社会化与生产资料私人占有的矛盾，代表了生产力的发展方向和人民群众实现共同富裕的愿望，具有推动生产力发展的强大动力。

在新时代，中国社会的主要矛盾已经转化为人民日益增长的美好生活需要和不平衡不充分发展之间的矛盾，如何以人民为中心，不断促进人的全面发展、全体人民共同富裕，实现社会主义现代化和中华民族伟大复兴，建成富强、民主、文明、和谐、美丽的社会主义现代化强国，需要马克思主义、毛泽东思想的指导，需要马克思主义、毛泽东思想与新时代中国实际相结合的新时代中国政治经济学的指导。

2015 年 11 月 23 日，习近平总书记在主持十八届中共中央政治局就马克思主义政治经济学基本原理和方法论进行的集体学习时强调，要立足我国国情和我国发展实践，揭示新特点新规律，提炼和总结我国经济发展实践的规律性成果，把实践经验上升为系统化的经济学说，不断开拓当代中国马克思主义政治经济学新境界①。习总书记的讲话，提出了新时代中国特色社会主义政治经济学创新发展的要求。习近平总书记指出："要按照立足中国、借鉴国外，挖掘历史、把握当代，关怀人类、面向未来的思路，着力构建中国特色哲学社会科学，在指导思想、学科体系、学术体系、话语体系等方面充分体现中国特色、中国风格、中国气派。"② 打造中国特色、中国风格、中国气派的政治经济学，是时代的呼唤，建设的需要，也是总书记的期盼。

中国特色政治经济学的创新发展，必须坚持马克思主义政

---

① 习近平．立足我国国情和我国发展实践　发展当代中国马克思主义整治经济学［J］．党员干部之友，2015（12）．

② 新华社．坚定信心增强定力　坚定不移推进供给侧结构性改革［N］．人民日报，2016－7－9．

治经济学的指导地位。习近平总书记指出，“坚持以马克思主义为指导，是当代中国哲学社会科学区别于其他哲学社会科学的根本标志，必须旗帜鲜明加以坚持。”① 马克思主义政治经济学揭示了人类社会的发展规律，指明了人类社会的发展方向，代表了人民群众的发展愿望，具有鲜明的党性。坚持马克思主义政治经济学，就是要坚持马克思主义的立场、观点和方法。从根本上解决“坚持什么”“怎样坚持”和“发展什么”“怎样发展”的问题。坚持马克思主义的指导地位不动摇，才能确保中国特色政治经济学学科体系、学术体系、话语体系的建设方向。

中国特色政治经济学的创新发展，必须继承中华优秀传统文化。中华优秀传统文化是“中华民族的基因”，是“民族文化血脉”“中华民族的精神命脉”，是中华民族精神的源头和“老根”。习近平指出：中华优秀传统文化，“不论过去还是现在，都有其鲜明的民族特色，都有其永不褪色的时代价值。这些思想和理念，既随着时间推移和时代变迁而不断与时俱进，又有其自身的连续性和稳定性。”② 中华文化中“民惟邦本”“天人合一”“天下为公”“君子喻义”“不患寡而患不均”等思想，无不闪烁着中华古代政治经济学的思想光辉。中国特色政治经济学的创新发展，就是要用中华优秀传统文化的基因稳固政治经济学的根基，用中华优秀传统文化的理念引领政治经济学的方向，用中华优秀传统文化的血脉延续政治经济学的走向。

中国特色政治经济学的创新发展，必须深入社会实践。习近平指出，“实践是理论的源泉。我国经济发展进程波澜壮阔、成就举世瞩目，蕴藏着理论创造的巨大动力、活力、潜力，要深入研究世界经济和我国经济面临的新情况新问题，为马克思

① 习近平．在哲学社会科学工作座谈会上的讲话［N］．人民日报，2016－5－19.

② 习近平．在北京大学师生座谈会上的讲话［N］．人民日报，2018－5－3.

主义政治经济学创新发展贡献中国智慧。”[①] 实践是认识的来源，实践的需要决定认识的产生。政治经济学的基本原理只能来自社会实践，生产关系的本质只有到社会生产、交换、分配和消费的矛盾运动中才能发现。实践是政治经济学发展的动力，人们在改革和建设中会不断发现新情况、新问题，需要用政治经济学的理论去说明、去解释。实践是检验政治经济学原理是否正确的最终标准。中国特色政治经济学的创新发展正确与否，最终需要在实践中检验。

中国特色政治经济学的创新发展，必须建立一支脚踏实地的学术队伍。马克思主义政治经济学的产生除了古典政治经济学的发展、无产阶级革命运动，还有一个重要因素就是马克思和恩格斯的努力。毛泽东思想的产生除了有马克思主义指导和中国革命的实践，还有赖于毛泽东等老一辈革命家的奋斗。中国特色政治经济学的创新与发展，也需要有一支深入实践、敢于创新，敢于向传统挑战的学术队伍。

《山东省政治经济学发展研究报告》是反映山东省政治经济学研究团队年度研究成果的系列丛书，是政治经济学研究专家学者的交流平台。本书是在山东省委宣传部、山东省中国特色社会主义理论体系研究中心亲切关怀下，在山东省政治经济学界各位专家的支持下完成的。本书旨在问题彰显山东省政治经济学，尤其是中国特色社会主义政治经济学研究创新情况和理论成果，为社会各界了解山东省政治经济学界的发展图景提供历史资料，为中国特色政治经济学的创新发展添砖加瓦。

围绕相关研究内容，共组织了15位专家学者，分别对政治经济学原理、劳动关系、收入分配、经济运行、实体经济与虚

---

① 习近平．立足我国国情和我国发展实践　发展当代中国马克思主义政治经济学［N］．人民日报，2015－11－25.

拟经济的关系问题、城乡关系等山东省政治经济学研究成果进行了专题研究综述。在专题的设置上，主要以习近平新时代中国特色社会主义经济思想研究为引领，以“理论研究” + “问题导向”为基本逻辑，锁定中国社会主义建设实践中的理论和现实问题，梳理山东省政治经济学研究的进展和成果，展现具有山东特色、山东风格的政治经济学创新与发展全貌。

报告力图全方位展现2017年山东省政治经济学研究的全景，但鉴于传统政治经济学研究处于变革中，中国特色社会主义政治经济学研究的理论体系也尚在构建过程中，其理论观点也尚嫌分散，全面掌握这一领域的全部文献信息有一定困难，因此，本书还有较多亟待改进之处。但随着社会各界对政治经济学研究的重视、对习近平新时代中国特色社会主义经济思想认识的深入，我们的工作团队会不断提高工作水平，为学界提供更好的服务。在此也对山东省政治经济学研究学界的专家和对本书提供帮助的学者表示衷心的感谢，对于书中遗漏的或者对其观点介绍不够准确的专家学者表达由衷的歉意，我们将在今后的工作中不断提升改进。

本书由山东省理论建设工程重点研究基地、山东省经济理论与政策研究中心主任董长瑞教授总体策划设计，来自山东大学、南开大学、山东财经大学等高校的工作团队承担各专题报告的文献收集和综述撰写。山东财经大学《山东省政治经济学研究发展报告（2017）》课题组王姣博士承担了工作团队的组织协调和稿件整理工作。经济科学出版社为本书的出版提供了大力支持，为本书的顺利出版提供了便利，在此一并对以上同人们的辛苦付出表示感谢！

在社会各界深入学习研究习近平新时代中国特色社会主义经济思想的热潮下，本书的编写是山东省理论建设工程重点研究基地山东省经济理论与政策研究中心的重要工作，在此欢迎相关领域的专家学者加入研究团队，也欢迎山东省政治经济学界的学者们为我们提供本年度的研究成果，我们将通过“山东省政治经济学研究年度发展报告”这一平台，进行积极推介。

山东财经大学　董长瑞　王姣

2017 年 12 月

目　录 Contents

第一章

政治经济学研究的理论基础

一、《资本论》相关研究文献搜索情况

我们通过各种关于《资本论》研究不同表述方式的关键词，给出包括山东作者2017年的研究成果，进行文献搜索，结果以作者单位为“山东”进行模糊搜索和作者单位不加限定进行模糊搜索，得出相关研究成果。有些成果与全国各省市平均数进行比较。

在“开源知海”E读检索“资本论”包括文章（书）名以及主题词，学科选择中选择“经济学”和“哲学”，语种选择“汉语”，不限定图书和期刊文章，收录数据库不限定，收录馆藏选择山东各高校，2017年有303篇，但没有发现山东作者的文章。

不过山东省所属的期刊发表了符合搜索条件的文章有7篇。其中《山东社会科学》发表过5篇与马克思《资本论》研究相关的文章。分别是北京大学哲学系王莅《机器生产与主体塑形——〈资本论〉之后的两条路径》（2017，7）；中国社会科学院经济研究所冒天启《费用对效用的关系、所有与占有的区别——对〈资本论〉学习再学习的体会》（2017，10）；中国人民大学马克思主义学院的杨乔喻《读〈资本论〉中的阿尔都塞》（2017，7）；吉林大学哲学基础理论研究中心王庆丰《商品的界限》（2017，7）；北京大学马克思主义学院张梧《创新发展的人学审视——马

克思机器体系批判理论的当代解读》（2017，4）。

《东岳论丛》（2017，7）发表了杨乔喻的1篇《读〈资本论〉中的阿尔都塞》；《烟台大学学报（哲学社会科学版）》（2017，3）发表了北京大学马克思主义学院刘临达的《权力对封闭性的依赖——〈资本论〉和〈规训与惩罚〉视域下的权力研究》。

山东省的其他期刊没有发现有《资本论》研究的文献发表。

在中国知网上进行文献搜索时，以主题和篇名为《资本论》，作者单位为山东（模糊搜索），在农业科技、哲学与人文科学、社会科学1辑、2辑、经济与管理科学几个文献分类目录对2017年的文献进行搜索，搜到1篇山东省青岛第九中学宋金泽发表在《科技经济导刊》第29期上的1篇文章，文章名为《〈资本论〉与现代经济学研究方法》。去掉作者单位山东（模糊搜索）后，则搜出2017年386篇文献。其中期刊论文310篇，报纸文章37篇，学术辑刊论文32篇，博士论文3篇，国内会议2篇。同样搜索限定条件以关键词为《资本论》进行搜索，有文献144篇。从这里可以看出，山东省相关研究数量极其有限。

在中国知网上，以主题是《资本论》，篇名是"政治经济学"，作者单位为山东（模糊搜索），在农业科技、哲学与人文科学、社会科学1辑、2辑、经济与管理科学几个文献分类目录中，对2017年的文章进行搜索，没有找到相应文献。

同样搜索条件下，主题是"政治经济学"、篇名是"政治经济学"有11篇文献。分别是王立胜、刘岳、姚宇在《学习与探索》（2017－6－7）发表的《建构中国特色社会主义政治经济学的意义和方法——关于学习习近平"5·17讲话"精神的对话》；侯风云（山东大学）在《河北经贸大学学报》（2017－1－22）发表的《为什么用物质利益关系而不用生产关系——政治经济学研究对象的进一步讨论》；朱燕（山东师范大学经济学院）在《经济纵横》（2017－7－10）发表的《马克思的"第二条道路"及其对中国特色社会主义政治经济学方法论的启示》；马万里和李齐云（山东大学）在《财政研究》（2017－1－5）发表的《从"援助之手"到"攫取之手"：地方政府行为差异的政治经济学分析》；姜明世和金菊花在《国外社会科学》（2017－11－15）发表的《政治经济学视角下的贫困现象：相对贫困的决定因素》；史孝林和袭祥荣在《商业经济》（2017－7－20）发表的《马克思主义政治经济学对供给侧结构性改革的指导意义》；黄兰松和汪全胜在《青海社会科学》（2017－9－30）发表的《立法中地方利益本位的政治经济学解释》；林峰在《科技创业月刊》（2017－2－25）发表的《创业教育与〈政治经济学〉教学的耦合探索》；吴春雷（山东师范大学马克思主义学院）在《中国社会科学报》（2017－10－26）发表的《准确把握马克思主义政治经济学的理论特质》，李通（山东大学）（2017－6－1）完成的硕士论文《券商竞争的政治经济学分析》；张新春（山东财经大学）在《经济理论与政策研究》（2016－12－31）辑刊上发表的《中国特色社会主义政治经济学的话语体系建构》；王姣和孔艳芳（山东财经大学经济学院）在《经济理论与政策研究》（2016－12－31）辑刊上发表的"第五届中国经济学创新与发展国际研讨会暨第五届山东财经大学政治经济学学术研讨会"会议综述；侯风云在《〈资本论〉研究》（2017－11－30）辑刊上发表的《区别政治经济学和经济学及其意义》。

在上述搜索条件下，全文含有"《资本论》"并且篇名含有"政治经济学"加上作者单位"山东"模搜索3篇文献。其中有上面所述王立胜、刘岳、姚宇（山东省委党校）在《学习与探索》（2017－6－7）期刊上发表的《建构中国特色社会主义政治经济学的意义和方法——关于学习习近平"5·17讲话"精神的对话》；朱燕（山东师范大学经济学院）在《经济纵横》（2017－7－10）期刊上发表的《马克思的"第二条道路"及其对中国特色社会主义政治经济学方法论的启示》；侯风云（山东大学）在《河北经贸大学学报》（2017－1－22）期刊上发表的《为什么用物质利益关系而不用生产关系——政治经济学研究对象的进一步讨论》。

同样搜索条件，去掉作者单位"山东"模搜索后的搜索结果，搜索到2017年相关文献241篇。

在其他搜索条件不变的情况，全文含有《资本论》，参考文献含有

《资本论》，加上作者单位“山东”模糊搜索，其搜索结果是2017年度有27篇文献。这些文献分布在不同的学科，说明不同学科的研究者在研究过程中，都借鉴了马克思《资本》的观点。这些文献分别是宫玉松（山东财经大学经济学院）在《政治经济学评论》（2017－5－9）期刊上发表的《马克思证券市场理论新论》；朱燕（山东师范大学经济学院）在《马克思主义研究》（2017－10－15）期刊上发表《马克思主义分工理论视角下两种经济全球化模式比较研究》；杨鹏（山东大学）（2017－5－27）的硕士论文《马克思语境下量的意识形态向度——基于〈1857－1858年经济学手稿〉的再批判》；宋金泽（山东省青岛第九中学）在《科技经济导刊》2017年第29期上发表《〈资本论〉与现代经济学研究方法》；朱燕（山东师范大学经济学院）在《经济纵横》（2017－7－10）期刊上发表《马克思的“第二条道路”及其对中国特色社会主义政治经济学方法论的启示》；侯风云（山东大学）在《河北经贸大学学报》（2017－1－22）期刊上发表《为什么用物质利益关系而不用生产关系——政治经济学研究对象的进一步讨论》；董蕾（山东大学）（2017－5－11）的硕士论文题目为《戴维·麦克莱伦的马克思研究及其现实启示》；王娇（山东师范大学）（2017－6－13）的硕士论文题目是《论沃尔夫冈·弗里茨·豪格的商品美学思想》；宫玉松（山东财经大学经济学院）在《山东财经大学学报》（2017－1－16）期刊上发表《时代变迁与恩格斯对马克思证券市场理论的发展及其对当下中国的启示》；夏巍（山东大学马克思主义学院）在《华北水利水电大学学报》（社会科学版）（2017－10－15）期刊上发表《近年来国内资本逻辑问题研究概览》；王宁（山东省东阿县农业局）在《农业与技术》（2017－4－30）期刊上发表《浅谈我国农业增长方式的转变》；龚万达（江苏省社会主义学院科研处）和孙秀岗（山东省济宁市公共资源交易服务中心）在《甘肃理论学刊》（2017－9－20）期刊上发表《习近平国企党建重要论述的三重意蕴》；李娜娜（山东大学儒学高等研究院）在《枣庄学院学报》（2017－5－1）期刊上发表《试论陈守实的学术贡献》；孙民（山东理工大学）在《贵州社会科学》（2017－6－1）期刊上发表《论马克思幸福观的历史唯物主义向度》；刘森林（山东大学哲学与社会发展学院）在《学术月刊》（2017－10－20）期刊上发表《回归自然：马克思与尼采的共同旨趣》；谭好哲（山东大学文艺美学研究中心）在《济南大学学报》（社会科学版）（2017－9－15）期刊上发表《马克思主义文化理论的当代境遇与挑战》；刘玉安和玄理（山东大学当代社会主义研究所山东大学政治学与公共管理学院）在《当代世界社会主义问题》（2017－9－25）期刊上发表《英国工党何时东山再起?》；孙民（山东理工大学马克思主义学院）在《湖北社会科学》（2017－7－10）期刊上发表《论马克思实践观的生态意蕴》；褚敏（山东农业大学）（2017－6－7）的硕士论文《我国外派劳务人员权益保护研究——以山东省为例》；张涴瑜（山东师范大学）（2017－6－13）的硕士论文《马克思经济危机理论的当代审视》；李亚萍（山东师范大学）（2017－6－10）的硕士论文《福斯特生态革命思想探析》；李志华和赵航在《教育现代化》（2017－2－27）期刊上发表《浅析马克思的信用与货币流通量关系理论》；宋维霜（山东农业大学）（2017－6－7）的硕士论文《乡村生态旅游的理论与实践研究——以山东省为例》；孙新（山东大学）（2017－10－9）的博士论文《医科大学生人文关怀精神的培育研究》；杨昭（山东师范大学）（2017－5－15）的硕士论文《魏晋隋唐时期山东盐业研究》；张飞（山东大学）（2017－5－11）的硕士论文《十八大以来我国宏观经济理论发展研究》；张溪（山东大学）（2017－9－15）的博士论文《契约选择与农村土地经营权流转模式的创新研究——基于交易成本和农户选择的视角》；王娇（山东师范大学）（2017－6－13）的硕士论文《论沃尔夫冈·弗里茨·豪格的商品美学思想》；杨鹏（山东大学）（2017－5－27）的硕士论文《马克思语境下量的意识形态向度——基于〈1857－1858年经济学手稿〉的再批判》；董蕾（山东大学）（2017－5－11）的硕士论文《戴维·麦克莱伦的马克思研究及其现实启示》；杨昭（山东师范大学）（2017－5－15）的硕士论文《魏晋隋唐时期山东盐业研究》。

通过相关文献搜索，我们发现，山东在《资本论》和政治经济学方面的研究有一些较为明显的研究成果，但无论以什么方式进行搜索，包括对《资本论》相关观点的运用和讨论，山东学者的相关研究数量不多，因此在这里，我们不分文献研究深度如何，使用《资本论》观点恰当与否，所发表的刊物权威性和专业性怎样，凡所搜到的文献全部一一列出，对质量不加任何评论，以便客观地、准确地、更加形象和具体地显示山东省在《资本论》研究和使用上的成绩和不足。

下面我们就山东学者在涉及《资本论》研究的相关问题进行具体综述。

二、涉及《资本论》研究的相关内容

所搜文献部分对《资本论》相关观点进行发展，深化理解了马克思《资本论》中的相关理论。部分文献对《资本论》的方法、体系、观点加以介绍和评论，对相关理论进行叙述，并运用相关理论分析经济运行的具体问题。

（一）对《资本论》相关叙述的评述及发展

马克思在《资本论》第三卷中界定过政治经济学的产生①，并对政治经济学发展过程及其各种学说进行过批判、继承。侯风云在《区别政治经济学和经济学及其意义》一文，引用了马克思的相关叙述，并在此基础上阐述了政治经济学的产生过程，从这个产生过程中，讨论了政治经济学的研究对象，突出了政治经济学研究的是不同利益集团之间物质利益关系及其变化规律（侯风云，2017），这是对马克思在《资本论》第一卷中政治经济学研究对象②的一个更加具体形象的说明。说明了政治经济

① 马克思指出："政治经济学作为一门独立的科学，是在工场手工业时期才产生的" 马克思．资本论（第3卷）［M］．北京：人民出版社，1975：8.

② 在这里，马克思这样叙述政治经济学的研究对象："我要在本书研究的，是资本主义生产方式以及和它相适应的生产关系和交换关系。"（马克思．《资本论》第一卷［M］．北京：人民出版社，1975：8）。

学和经济学的不同，叙述了在政治经济学的发展过程中，随着资本主义社会经济条件的变化，研究不同利益集团之间利益关系的学科逐渐让位于研究单个经济学主体成本收益或效用的学科，因此政治经济学的研究转化为一般意义上的经济学研究即单个经济主体的成本收益比较的研究。该文献认为，政治经济学转化为纯经济学，变成了一个“去利益关系”的研究。并且详细叙述了这一转化的过程，分析了转化的原因。“19 世纪中叶，欧洲社会的经济矛盾激化，尤其是无产阶级和资产阶级的矛盾激化，工人运动兴起。这时的政治经济学为了维护资产阶级的统治，宣扬阶级和谐，停留在社会经济的表面现象、重视研究物的生产而不重视研究物的分配以及人与人之间的利益关系，所以马克思称之为‘见物不见人’（拜物教），并将这种政治经济学贬为庸俗经济学。1867 年出版的《资本论》第 1 卷以‘政治经济学批判’作为著作的副标题，一方面研究资本主义社会中的人与人之间的物质利益关系，另一方面则是对当时的资产阶级政治经济学进行批判。这种学说引起西方统治者及资产阶级政治经济学的一致抵抗。为了去政治经济学研究的人与人之间的物质利益关系的特点，专注于研究财富如何生产，专注于人与物的关系，于是便出现了一种去‘政治’化的趋势。由于从字面含义上，‘政治经济学’很容易被人理解为既研究‘政治’又研究‘经济’，是政治学和经济学的交叉学科。于是当政治学这个学科有其独立的研究领域，当人们认为经济学应该有自己的研究范围，不应该与政治学结合时，就自然地将‘政治经济学’‘政治’二字去掉，从而形成了‘经济学’。尤其是当一些学者认为经济运行是经济主体自身的事情，不需要政府进行干预时，于是经济学研究就更是有了一种去‘政治’的倾向，一些学者开始有意地改变‘政治经济学’的名称，其中麦克劳德提议改为‘经济学’，并将其定义为‘探讨支配可交换物品数量关系的规律的科学’。这一建议受到广泛支持，英国经济学家杰文斯（1835 ~ 1882）出版了《政治经济学理论》（1871 年）一书，在该书第 2 版时（1879 年），虽然书名没有变，但杰文斯在序言中明确说明将要放弃 political 这一形容词。1905 年在最后一次出版有关杰文斯的著作时，将书名改为《经济学原理》。”“马歇尔 1890 年出版了《经济学原理》，这是第一部使用‘经济学’作为标题的著作，由此这一学科的名称逐渐由‘政治经济学’改为‘经济学’，但马歇尔认为，政治经济学和经济学是通用的。马歇尔的《经济学原理》开篇就有‘政治经济学或经济学’的说法。随着资本主义社会的确立以及资本主义社会中阶级矛盾的不断出现，许多西方经济学者面对这些矛盾，将研究重点转移到微观经济主体的经济行为上，不再重点讨论经济制度或经济政策对于不同的人的不同影响，而是重点讨论微观经济主体的经济选择行为。这种研究便是在既定的资本主义制度下进行的研究，不涉及制度的好坏，而是将这种制度视为一种天然应该的制度，永远可以不变的制度作为研究的背景。自 19 世纪末，‘政治经济学’一词逐渐被‘经济学’一词所取代。人们在使用‘经济学’这一概念时，似乎侧重的是经济活动的技术层面或稀缺资源的配置问题，更强调作为科学的经济学的实证性质。20 世纪初，马歇尔的《经济学》直接将‘经济学’等同于‘政治经济学’：‘政治经济学或经济学是一门研究人类一般生活事物的学问。’他认为：‘经济学是一门研究财富的学问，同时也是研究人的学问；它研究个人和社会活动中与获取和使用物质福利必需品最密切相关的那一部分。因此，一个方面，它是一种研究财富的学科，另一方面也是更重要的方面它是研究人的学科的一个部分。’（《经济学原理》第一篇导言第一章绪论）既然是研究财富的，因此经济学与政治经济学没有区分。即使人们绕不开研究财富的分配，涉及人与人之间的利益关系时，往往会想起政治经济学，但这时更多地就是在个体经济主体经济活动的成本收益分析的经济学框架中进行，而不愿意重新提及政治经济学。在西方传统中，由于将政治经济学研究的内容定义为财富，这样便使政治经济学变得与技术科学没有差别，因此经济学的研究开始使用自然科学的研究方法进行。”（侯风云，2017）

该文献进一步分析了我国政治经济学的发展进程，认为我们曾经的经济学就是政治经济学，政治经济学的研究基本是建立在马克思《资本论》中阐述的劳动价值论基础上的。“改革开放前以及之后的一段时间内，政治经济学就是经济学，几乎所有的经济学专业都是从政治经济学专业开始。我们基本没有引进和创造专门就经济运行进行成本收益分析的微观经济学，以及对宏观经济运行进行总量和结构平衡分析的宏观经济学，于是经济学的学习就是在政治经济学学科基础上，……仔细体会这一时期各学科的经济学研究，基本是建立在马克思主义政治经济学基本理论基础上，即劳动创造价值，所有的财富都是由劳动者生产的基础上，建立在对资本主义利益关系进行批判，对社会主义利益关系加以肯定的基础上。"（侯风云，2017）认为改革开放后尤其是20世纪90年代以来，我们的经济学就不再是政治经济学，而是西方经济学，并将之当作主流经济学。"我们的经济学曾经和依旧是西方经济学。后来的经济学尤其是20世纪90年代以后的经济学则更多地注重宏观经济增长，注重微观个体利益即厂商利润和消费者效用的增进，注重个体之间的竞争导致的效率的提升，注重财政政策和货币政策实施对于经济增长的影响等，而不再注重对于不同利益集团利益增进影响程度的研究。尤其是在对外开放中，过分注重资本作用而忽视劳动作用，政府强调引进外资而忽视对劳动者利益的保护，经济学只注重研究引进外资对于经济增长的促进作用，而不重视研究外资带来的环境问题、不平等问题，不注重外资以及内资发展中对于劳动者利益的侵犯与否的研究，于是政治经济学成了可有可无的学科，政治经济学的研究者们或者自娱自乐，或者踏进别人的门槛，政治经济学对于社会的指导作用基本丢失。"（侯风云，2017）

侯风云对马克思在《资本论》中以及其他马克思主义经典作家在不同地方对政治经济学研究对象界定做了进一步的探讨，并在经典作家研究的基础上对政治经济学研究对象做了更具体的说明（侯风云，2017）。他认为："'生产关系'界定政治经济学的研究对象是从马克思开始的。马克思在《资本论》第一卷第一版序言中，就对自己的研究对象进行了这样的界定：'我要在本书研究的是资本主义生产方式以及和它相适应的生产关系和交换关系。'①；恩格斯在《反杜林论》中说：政治经济学是'研究人类各种社会进行生产和交换并相应地进行产品分配的条件和形式

① 马克思.《资本论》第1卷［M］. 北京：人民出版社，1975：8.

的科学'[①]；列宁也曾指出，'政治经济学绝不是研究'生产'，而是研究人们在生产上的社会关系，生产的社会制度'[②]。列宁更明确的表述是'政治经济学的对象决不像通常所说的那样是物质的生产（这是工艺学的对象），而是人们在生产中的社会关系'[③]。斯大林在《苏联社会主义经济问题》中说'政治经济学的对象是人们的生产关系，即经济关系[④]。'"

张新春在《中国特色社会主义政治经济学的话语体系建构》一文中，提出了"创新和发展中国特色学术话语体系是提升中国在国际学术领域话语权和主导权的前提，是当代中国学术界的重大责任。是当代中国学术界的重大责任。中国马克思主义政治经济学话语体系是我国学术话语体系的核心构成。"该作者从话语体系与理论体系的关系、马克思主义政治经济学已有的话语范式、马克思主义政治经济学话语体系的基本框架、马克思主义政治经济学话语体系的研究任务、马克思主义政治经济学话语体系建设路径五个方面对目前学术界已有的关于马克思主义政治经济学话语体系的研究进行了述评（张新春，2017）。文章总结了不同作者对于中国特色社会主义政治经济学构建过程中对马克思《资本论》指导意义的叙述。例如"洪银兴（2016）认为，理论经济学的话语体系包括经济学的范式和所使用的经济学范畴，中国特色社会主义政治经济学话语体系要以《资本论》提供的马克思主义经济学范式为基础，这个范式就是：第一，基本立场代表无产阶级根本利益；第二，研究对象是在一定生产力水平基础上的生产关系；第三，基本任务是阐述经济规律，尤其是社会主义代替资本主义的必然性；第四，研究方法是唯物辩证法和历史唯物主义。"（洪银兴，2017）张新春在对文献总结的基础上，认为"《资本论》提供的马克思主义经济学范式为我们研究马克思主义政治经济学话语体系界定了话语基础，明确了话语立场，提供了话语群构成。同时，也提供了当代马克思主义政治经济学话语体系的建构标准，也即：

---

① 《马克思和恩格斯选集》第 3 卷［M］. 北京：人民出版社，1995：184.
② 《列宁选集》第 1 卷［M］. 北京：人民出版社，1984：184.
③ 《列宁全集》第 3 卷［M］. 北京：人民出版社，1984：166.
④ 《斯大林选集》下卷［M］. 北京：人民出版社，1979：594.

话语立场是代表无产阶级的根本利益，话语对象是在一定生产力水平基础上的生产关系，话语任务是阐述经济规律，话语态度是辩证唯物主义和历史唯物主义”（张新春，2017），应该说，这样的理解是非常正确的。张新春在对大量文献进行研究的基础上进行的评价也是准确的，认为“这些研究并没有为当代中国马克思主义政治经济学话语体系构建提出明确的话语体系价值核心，并从建构思路、建构原则、建构路径等出发，整体、系统性地设计出一个当代中国马克思主义政治经济学话语体系的建设模式，更没有提出基于某一个主线的政治经济学话语体系的设计，这是当前马克思主义政治经济学话语体系研究的不足，也是当代中国马克思主义政治经济学话语体系研究的核心任务。”（张新春，2017）

（二）强调《资本论》的作用并对其进行解释

王立胜、刘岳、姚宇（山东省委党校）在《建构中国特色社会主义政治经济学的意义和方法——关于学习习近平“5·17讲话”精神的对话》一文中提出：“政治经济学的研究必须注重方法论反思，必须跟上时代，立足现实，独立创新，要坚持马克思主义的立场、观点和方法，科学运用《资本论》的精髓和灵魂，借鉴古今中外的科学方法，尤其是要以马克思社会有机体学说为哲学基础。”（王立胜、刘岳、姚宇，2017）这是一篇访谈文章，作者王立胜提到了习近平总书记十分重视政治经济学建设，重视政治经济学的应用和发展，指出“习近平总书记特别重视政治经济学这个学科。早在1998年他就在《经济学动态》第7期发表了《社会主义市场经济和马克思主义经济学的发展与完善》的论文”，“党的十八大之后，从2014年7月8日提出各级党委政府要学好用好政治经济学，到2016年7月8日号召‘要加强研究和探索，加强对规律性认识的总结，不断完善中国特色社会主义政治经济学理论体系，推进充分体现中国特色、中国风格、中国气派的经济学科建设’，两年时间习近平总书记多次谈及政治经济学建设问题。除了前述两次外，还有2015年11月主持政治局第二十八次集体学习时强调，要立足中国国情和发展实际，发展当代中国马克思主义政治经济学。2015 年 12 月在中央经济工作会议上提出坚持中国特色社会主义政治经济学重大原则。2016 年 1 月在省部级领导干部学习贯彻党的十八届五中全会精神专题研讨班上的讲话中，明确讲到中国提出的供给侧结构性改革不是西方供给学派的翻版，是从政治经济学角度提出的。再一次就是在‘5·17 讲话’中通过讲《资本论》谈出了政治经济学的作用。”（王立胜、刘岳、姚宇，2017）这里特别指出了习近平总书记重视《资本论》及其政治经济学的作用。在谈到政治经济学在社会科学中处于什么样的地位时引用了马克思的话：“物质生活的生产方式制约着整个社会生活、政治生活和精神生活的过程。”认为“马克思主义政治经济学是以物质生产方式为研究对象的学问，它所研究的是经济社会发展的一般规律。这种研究对象的特殊地位就决定了政治经济学在社会科学中的基础地位。正如恩格斯所说，无产阶级政党的‘全部理论内容是从研究政治经济学产生的’①；‘一切社会变迁和政治变革的终极原因’，‘不应当在有关的时代的哲学中去寻找，而应当在有关的时代的经济学中去寻找’②”。王立胜进一步提出习近平强调政治经济学在社会科学中的作用：“习近平在哲学社会科学工作座谈会上的讲话中指出：‘坚持以马克思主义为指导，是当代中国哲学社会科学区别于其他哲学社会科学的根本标志，必须旗帜鲜明加以坚持。’这就告诉我们，马克思主义政治经济学不是一般性的理论经济学，而是整个经济科学的指导思想。”（王立胜、刘岳、姚宇，2017）在这里，笔者理解习总书记的意思是，整个经济科学的研究都应该以政治经济学为指导思想，而这个政治经济学不是指所有学派的政治经济学，而是指马克思主义政治经济学，马克思主义政治经济学研究阶级之间、利益集团之间的利益关系，研究社会发展中什么样的利益关系是好的，什么样是不好，应该向哪个方向发展，采取什么样的方式和道路进行变革等，这些研究正好就是任何经济学科研究的指导思想。在谈到政治经济学要解决什么问题时，文章提到“严格说来，它要解决的不是纯经济学问题，在政治经济学的视域中，

① 马克思恩格斯选集：第 2 卷［M］. 北京：人民出版社，2012：116.

② 马克思恩格斯选集：第 3 卷［M］. 北京：人民出版社，2012：307.

它是通过对经济问题的研究探讨社会的政治问题，它要解决的是政治和经济之间的关系问题，是研究经济运行背后的政治意蕴。例如，马克思研究资本主义社会，写出了巨著《资本论》。在这部著作中，马克思通过对资本与雇佣劳动矛盾的分析和研究，得出了资本主义的内在矛盾是资本主义本身无法克服的矛盾这样一个结论，这必然导致无产阶级专政，无产阶级要团结起来进行革命斗争，从而推翻资本主义统治，建立社会主义社会和共产主义社会。马克思通过对资本主义的经济分析，最后得出了要实现科学社会主义的政治结论。”（王立胜、刘岳、姚宇，2017）在这里正确地解释了马克思《资本论》在社会发展中的重要意义。文中刘岳提出“马克思的研究本就不是单纯的经济学著作，而是力图解释人类社会运转发展的奥秘，从矛盾、冲突的角度解决社会结构的形成机制以及结构变迁的动力机制问题。这种整体性的方法论原则大概有助于政治经济学学科对中国问题的深入研究。”（王立胜、刘岳、姚宇，2017）指出了马克思研究方法上的整体性和系统性。在谈到政治经济学如何进行研究时，王立胜提到习总书记对马克思研究特点的说明。“所以现在总书记反复强调：我们要有问题意识，要面对现实，要以现实为出发点。政治经济学研究还是要回到马克思所说的要‘从当前的国民经济事实出发’，实际上就是聚焦到发现和解决问题上来，以问题意识为中心来思考。”（王立胜、刘岳、姚宇，2017）强调马克思研究政治经济学是从现实问题出发。实际上让马克思重视政治经济学的研究正是其在大学毕业后在《莱茵报》工作时，遇到了现实的利益关系问题而激发了他对政治经济学的研究热情。当时马克思是以解决实际问题为出发点和落脚点的。但在对当时社会的物质利益关系进行深入研究过程中，在对政治经济学进行深入研究中，马克思发现了不同社会发展中出现问题的规律性，提出了生产力和生产关系的辩证关系，由此揭示了资本主义现实社会的矛盾，研究由局部的小问题到一个社会的大问题，并找到了社会发展的方向。“马克思的《资本论》要解决的基本问题是什么？那就是探讨资本主义剥削的秘密，为了解决这个问题，他几乎用了社会科学的所有方法，能说《资本论》的写作就是用了哪一个学科的方法吗？《资本论》既是哲学著作，又是经济学著作，又是其他很多学科的著作。我们当然首先把《资本论》当作经济学著作来读，但是马克思写作《资本论》的一个重要支撑，就是隐含在这个文本中的一个庞大的哲学体系。所以列宁说如果你不懂黑格尔的逻辑学，你就读不懂《资本论》。《资本论》是一部重要的哲学著作。马克思的《资本论》通篇都在分析资本主义的矛盾运动，揭示资本主义的经济规律，研究的确实是经济学，但他最后得出的结论却是资本主义必然灭亡和社会主义必然胜利这样一个政治学的结论。”（王立胜、刘岳、姚宇，2017）王立胜强调了《资本论》的哲学价值，认为，“近些年哲学界对《资本论》的研究一直是个热点，取得的成果也很多，相对来说，经济学界的《资本论》研究成果反而少了些。马克思的《资本论》是唯物辩证法思想的真正教材，读《资本论》是掌握马克思唯物辩证法思想的一个重要途径。”（王立胜、刘岳、姚宇，2017）

宋金泽（2017）将《资本论》的逻辑和方法与现代经济学的方法进行比较，认为，“马克思的整体理论体系与现代经济学也是具有很大的一致性，都是从微观到宏观”“马克思在《资本论》中谈及的‘资本流通过程’和‘资本主义生产的总过程’中都相继地体现了现代的微观经济学和宏观经济学的思想，其将整体与部分之间的联系给予了充分和具体的诠释。”（宋金泽，2017）该作者正确地指出了马克思《资本论》不仅是规范研究，而且也是实证研究，并列出实证研究的几个问题：“对于经济现象，人们经常会从两个角度去对其进行思考，即：‘实际如何’和‘应该如何’，前者是实证，后者是规范。而针对事实的判断，会受于价值因素的影响。常常有人误以为马克思的《资本论》主要研究的是‘规范’，而非‘实证’，这与实际情况刚好相反。实证研究的第一个问题就是要回答‘是什么’的问题，其对经济学的现象数据进行整理和汇编，从而实现对重要特征的主要识别。马克思的《资本论》中就针对发展过程中的思想给予明确的阐述，这实际上也是一种发展史。实证研究的第二个问题就是要回答‘为什么’的问题，用经济学的观点，其主要是通过对经济现象的分析，来对背后的原因给予分析。而这种现象的解释也构成了马克思《资本论》的主体内容，其主要针对货币的转化，资本的转化，剩余价值等进行阐述。这都是实证解释的重要范例。实证研究的第三个问题就是要回答‘会如何’的问题，在预测经济学上，其主要是根据理论和假设去对未知的经济现象进行判断。而《资本论》中也针对资本主义必将被社会主义所代替进行了有效的预测。不仅如此，其已经得到了一定的部分证实。”（宋金泽，2017）不过，在这里作者将属于价值判断的内容如“为什么”和“会如何”这样的内容理解为属于实证研究，是值得进一步商榷的。问“为什么”和指出“会如何”都包括研究者内在的价值判断，实际上确实是实证研究内含价值判断，也就是说包括规范研究，二者是不能截然分开的。

有文献运用《资本论》研究方法构建中国特色社会主义政治经济学。朱燕在《马克思的“第二条道路”及其对中国特色社会主义政治经济学方法论的启示》中，提到“马克思在《〈政治经济学批判〉导言》中把政治经济学的方法总结为‘由表象到抽象’和‘由抽象到具体’两条道路，并认为第二条道路即‘由抽象到具体’是科学正确的方法。马克思认为，分析经济形式必须用抽象力，以比较抽象的范畴作为逻辑起点，从抽象向具体逐渐过渡，剖析资本主义社会的经济发展规律，同时在演绎推理过程中不断以历史现实作为例证。中国特色社会主义政治经济学是对马克思政治经济学的继承和发展，在研究过程中应借鉴马克思‘第二条道路’的逻辑方法，同时立足中国特色社会主义初级阶段的基本国情和改革发展实际，构建科学的中国特色社会主义政治经济学理论体系。”（朱燕，2017）朱燕梳理了马克思政治经济学的研究方法，对叙述过程中的方法进行了研究，正确地解释了马克思“第二条道路”由抽象到具体的渐次演进路径，指出“马克思运用科学的由抽象到具体的演绎法，剖析资本主义社会的经济运行规律，这种方法成为马克思主义政治经济学科学方法论体系中的重要方法，”（朱燕，2017）并提出依此构建中国特色社会主义政治经济学的指导意义。

（三）从政治经济学视角对具体问题进行研究

黄兰松和汪全胜在《立法中地方利益本位的政治经济学解释》一文

中，针对当前我国立法中存在的地方利益本位问题进行了政治经济学视角的研究，认为“要探讨立法中地方利益本位倾向的实质成因，还原出立法的实际运作过程，就必须确立一种与立法相关的政治经济学的‘总体性’视角”。论文谈到了立法的地方利益本位问题，并对其特征和后果加以分析。进一步讨论了“立法地方利益倾向的政治经济学原因”“从地方发展型政府体制及其衍生的行为偏好、国家能力的局部衰退、‘去政治化的政治’以及由此引发的民主的‘代表性断裂’、发展主义意识形态对立法政策取向的钳制和正当化等四个角度展开论述：这些实质性的政治经济学因素不仅规定了相应的制度环境，而且根本上就是立法这一国家行为的内在动力机制。”（黄兰松、汪全胜，2017）

李通在《券商竞争的政治经济学分析》的硕士论文中，力图用政治经济学的视角讨论券商竞争问题。分析了不同类型的券商（具有央行背景和本省背景的券商）在竞争中的不同业绩。但本书理解的政治经济学主要是从政治关联的角度进行，而不是从不同的利益集团的角度，更不是从不同阶级的角度进行。该作者指出：“国外学者是最早开始研究政治关联的……政治关联能够影响公司业绩，并且政治关联有利于提高公司业绩”“本文对券商投行业务经营绩效与政治关联的研究……”在文献综述中提到“Goldman（2006）将政治关联界定为公司董事会成员与政府官员的关联关系”，论文在对政治关联进行文献研究的基础上，提出“如果证券公司第一大股东为央企子公司，本文认为证券公司具有政治关联……”（李通，2017）李通进行研究假设时提到了“政治关联与新三板业务”。这里我们感到，虽然他的研究标准是政治经济学分析，但并没有进行真正意义上的政治经济学研究，也没有体现出对马克思《资本论》理论和方法的理解和应用。

三、结　语

山东省学者对于《资本论》的研究，有了一些深入的思考，能够结合社会发展的现实，对《资本论》研究对象的叙述进行发展。有些文献研究了政治经济学的方法，所搜到的相关文献，更多是在研究中引用《资本论》的相关观点加以说明，有的文献运用《资本论》中的某些观点对经济运行具体问题进行研究。总体看，山东学者 2017 年对于《资本论》的研究还是有新的突破，但与全国研究水平相比，研究数量还不够多，需要进一步加强。

（侯风云）

第二章

政治经济学研究的新发展

自2012年党的十八大以来，在以习近平同志为核心的党中央的带领下，我国的经济发展取得了历史性的成就：从国际层面看，在全球经济持续低迷的背景下，中国经济的年均增速达到7%，对世界经济的贡献率超过30%，成为世界经济的稳定器和主要动力源；从国内层面看，供给侧结构性改革推进了经济结构和产业结构的升级，改善了生态环境，经济增长由高速增长逐步向高质量发展转变。习近平新时代中国特色社会主义经济思想就是这段时期指导我国经济实践的理论结晶，是马克思主义与中国具体实际相结合的最新产物，是中国特色政治经济学的最新理论成果，也是在新时期新常态的背景下引领我国经济发展和经济改革的指导思想。

国内学者对于习近平新时代中国特色社会主义经济思想的研究，主要从党的十八大以后开始，尤其是近三年，相关研究成果的数量逐年增加，研究的角度主要集中在习近平经济思想的理论渊源（胡鞍钢、杨竺松，2016；李津燕、胡海龙，2016；顾海良，2016）、主要内容（程恩富，2013、2017；刘瑞，2015，王立胜，2016）、主要特征（顾海良，2015；韩庆祥，2016）和实践意义（裴长洪，2015；钱路波，2015）等方面。为了彰显山东省的学者在研究新时代中国特色政治经济学方面取得的成绩，本章主要对2017年度山东省的研究人员对于“习近平新时代中国特色社会主义经济思想”的相关研究成果进行梳理和归纳，总体来看，主要体现在以下几个方面。

一、习近平新时代中国特色社会主义经济思想理论渊源的研究

习近平新时代中国特色社会主义经济思想是在坚持马克思主义政治经济学思想、继承中国共产党历届领导集体的经济思想精粹、融合我国传统文化的经济智慧、借鉴西方经济理论的基础上，结合我国的基本国情与经济改革的实际状况，探索出的一套适应时代要求、有中国特色的经济思想体系。

刘永凌、张爱军认为，习近平新时代社会主义经济思想是具有中国特色的马克思主义观，充分体现了习近平对马克思主义的本质、内涵以及发展过程的清晰认知。习近平经济思想坚持马克思主义的指导地位，同时又反对以教条主义的态度继承马克思主义，注重马克思主义与实际问题的结合，进行理论的创新和发展（刘永凌，2017；张爱军，2017）。

李远认为，马克思主义赋予了中国特色社会主义经济理论无尽的生命力，习近平新时代中国特色社会主义经济思想是不断推进马克思主义中国化进程的产物，是对马克思主义的坚持，更是对马克思主义的发展（李远，2017）。

王立胜、刘岳、姚宇和何中华、郝书翠从理论逻辑的角度分析了习近平经济思想理论体系的马克思主义哲学基础，认为习近平经济思想理论体系是马克思主义的基本原则在当代中国的具体运用，这一理论体系的世界观和方法论充分体现了马克思主义的辩证唯物法（王立胜、刘岳、姚宇，2017；何中华、郝书翠，2017）。

吴文新和包心鉴认为，习近平新时代中国特色社会主义经济思想内在于马克思主义及其中国化的历史逻辑、理论逻辑和实践逻辑，是这些方面的逻辑产物，同时也是在坚持“解放思想、实事求是、与时俱进、求真务实”的思想路线的基础上创建起来的。新思想将马克思主义世界

观、方法论、历史观与价值观，充分应用到我国的社会主义经济建设和发展的具体实践中（吴文新，2017；包心鉴，2017）。

孙道壮、赵付科剖析了十九大报告中“四个伟大”① 的逻辑关系，并以此作为切入点，阐明了习近平新时代中国特色社会主义经济思想无论从价值高度、历史厚度还是从实践深度上看，都体现了马克思主义的时代意蕴和价值理想（孙道壮、赵付科，2017）。

张士海认为，习近平新时代中国特色社会主义经济思想是中国共产党人在吸收借鉴马克思主义政治经济理论的基础上，结合新时代中国特色社会主义经济建设的现实情况，着眼于社会主义经济建设思想资源深入挖掘而取得的阶段性成果。要认识和把握习近平新时代中国特色社会主义经济思想，必须要与中国特色社会主义理论体系的整体视域相融合（张士海，2017）。

田园通过分析“创新、协调、绿色、开放、共享”这五大发展理念的产生背景和内涵，阐述了其对马克思主义的继承意义和推进作用，指出“五大发展理念推动了马克思主义发展观的时代化，让马克思主义发展观在中国当代发展的历程上闪耀着更加理性的光芒”（田园，2017）。另外，田园还从思维方式的角度入手，分析了习近平新思想的战略思维和辩证思维，论证了其对马克思历史唯物主义和唯物辩证法的坚持和运用（田园，2017）。

以上专家和学者从不同的角度阐明了习近平新时代中国特色社会主义经济思想的马克思主义本质，是继承也是发展，有历史共性也有中国特色。对于习近平新经济思想的其他理论渊源的分析并不多，即使是对马克思主义理论渊源的分析，也主要在一个较为宏观的层面上，对马克思主义如何具体运用、和中国实际如何具体结合方面的分析较少。

---

① 伟大斗争，伟大工程，伟大事业，伟大梦想。实现伟大梦想，必须进行伟大斗争，必须建设伟大工程，必须推进伟大事业。

二、习近平新时代中国特色社会主义经济思想价值的研究

（一）从内涵和意义的角度

吴文新、徐向红和战世锴通过对党的十九大报告的归纳和总结，从“八个明确”的角度分析了习近平新时代中国特色社会主义思想的科学内涵和精神要义，结合“十四个坚持”①，阐述了习近平新时代中国特色社会主义思想的主要内容，前者相当于战略目标，后者则是行动纲领，彰显了时代特色和实践特色（吴文新，2017；徐向红，2017；战世锴，2017）。

崔桂田认为，习近平新时代中国特色社会主义思想实现了中国化马克思主义的一个新的飞跃，引领中国改革步入“深水区”和“经济新常态”，使中国特色社会主义进入了制度完善和内涵提高的新境界；同时，习近平新思想所提供的“中国智慧”和“中国方案”也在逐步改变资本主义和社会主义在世界格局中的力量对比，不断提升我们的国际影响力和话语权（崔桂田，2017）。

杨金卫从“实现中华民族伟大复兴的中国梦、坚持和发展中国特色社会主义、以新理念引领实现新发展、深入推进党的建设新的伟大工程”这四个方面，以战略目标和战略构想、战略选择和战略布局、战略纲领和战略指引、战略定力和战略保证的角度来解读习近平新时代中国特色社会主义思想理论体系（杨金卫，2017）。

---

① 坚持党对一切工作的领导；坚持以人民为中心；坚持全面深化改革；坚持新发展理念；坚持人民当家作主；坚持全面依法治国；坚持社会主义核心价值体系；坚持在发展中保障和改善民生；坚持人与自然和谐共生；坚持总体国家安全观；坚持党对人民军队的绝对领导；坚持“一国两制”和推进祖国统一；坚持推动构建人类命运共同体；坚持全面从严治党。

包心鉴认为，习近平新时代中国特色社会主义思想系统阐明了发展中国特色社会主义的总目标、总任务、总体布局、发展方向、发展方式、发展动力、外部条件和政治保证等基本问题，习近平新时代中国特色社会主义思想在邓小平理论、“三个代表”重要思想、科学发展观的基础上创造性地续写了中国特色社会主义的精彩篇章，体现了时代性、实践性、创新性和人民性的特点，是中国特色社会主义理论的新发展，它为中国特色社会主义进一步开创发展提供了新的着力点，为马克思主义中国化继续开拓前进提供新的逻辑起点，开辟了通过全面建成小康社会实现人的现代化的新境界（包心鉴，2017）。

田园分析了习近平新时代中国特色社会主义思想的思维方式，认为宏阔的战略思维、严密的辩证思维、强烈的创新思维和清醒的底线思维贯穿于整个习近平新思想的全领域和全方位。思维方式的提升有利于促进中国特色社会主义建设工作的科学性、预见性和创造性（田园，2017）。

周雯雯、林美卿、赵金科以习近平“人类命运共同体”思想作为研究对象，分析了其马克思“共同体”的思想根源，世界物质统一性的哲学根基，全方位、宽领域、多层次的内涵，以及对我国外交和“五位一体”[①] 战略布局实施的重要意义（周雯雯、林美卿、赵金科，2017）。

刘文俭认为，习近平新时代中国特色社会主义思想是马克思主义在世界范围的最新成果，也是中国共产党对科学社会主义的重大理论贡献。通过对新时代中国社会主义建设的任务、目标、矛盾和使命的全新认识，制定出新的战略和步骤，引领中国的经济和社会发展，也为其他国家提供全新的发展路径选择（刘文俭，2017）。

王存福从实现中华民族伟大复兴中国梦的奋斗目标、坚持和发展中国特色社会主义的发展道路、“四个全面”[②] 战略布局和五大发展理念[③]、

① 经济建设、政治建设、文化建设、社会建设、生态文明建设五位一体。

② 全面建成小康社会，全面深化改革，全面依法治国，全面从严治党。

③ 创新、协调、绿色、开放、共享。

“五位一体”的中国特色社会主义建设总体布局的角度阐述了习近平新时代中国特色社会主义思想的基本内涵，指出了其对推进我国社会主义建设事业的理论指导意义和实践意义（王存福，2017）。

徐玉营从战略目标、发展阶段、发展思想、发展动力、发展方式、战略布局和外部环境几个方面解读了习近平新时代中国特色社会主义思想的理论体系，认为这一理论体系既传承了科学社会主义的基本原则，又赋予了新的时代内容，为我国的社会主义事业提供了坚强的保证（徐玉营，2017）。

王政堂主要分析了习近平新时代中国特色社会主义思想的价值和意义，作为全国人民为实现中华民族伟大复兴而奋斗的行动指南，习近平新时代中国特色社会主义思想是当今时代发展的迫切需要，是马克思主义政党与时俱进理论品格的必然产物，也是推进中国特色社会主义建设事业的必然结果（王政堂，2017）。

王庆忠认为习近平新时代中国特色社会主义经济思想具有三大优势：不断加强和改进的中国共产党的领导赋予了其政治优势；社会主义制度的坚实及卓越的历史成就赋予了其制度优势；马列主义、毛泽东思想、邓小平理论、“三个代表”重要思想和科学发展观赋予了其理论优势。以此为契机的习近平新时代中国特色社会主义思想将会带领中国特色的社会主义事业达到一个新高度，带领全国人民实现富起来到强起来的转变（王庆忠，2017）。

（二）从创新性的角度

商志晓从时代条件、科学性质、完整体系和价值作用方面分析了习近平新思想的创新性，认为经济新常态、政治新挑战、文化新追求和国际新背景形成了当代中国创新理论的时代条件；现实需要、问题导向、民众期待和实践探索赋予了其科学性质；奋斗目标、发展道路、战略体系、践行途径和条件保障构建了其完整体系；理论上丰富发展、方法上拓展创新和实践上指导引领展现了其价值作用（商志晓，2017）。

王玉堂认为，习近平新时代中国特色社会主义思想具有划时代意义的理论创新、实践创新、制度创新和文化创新，为我国的社会主义经济建设提供了大智慧和大方略，我们要站在新的历史方位上，在习近平新时代中国特色社会主义思想的指引下，建设现代化的经济体系，增强我国经济的创新力和竞争力（王玉堂，2017）。

韩民青主要分析了习近平科技思想的理论创新，认为习近平提出的"并联式"发展和科技创新的新路径符合新科技革命这一时代背景的要求，有利于提高我国的社会生产力和综合国力，加快创新型国家建设的步伐（韩民青，2017）。

张兰君、贾永国、王治爱、陈淑英、朱婷主要观察了习近平经济思想中的"共享发展理念"，总结了"共享发展理论"的三个发展阶段，认为"共享发展理论"是实现社会主义本质的创新实践，以此进行的制度和体制创新将会引领我们在实现经济发展和共同富裕的道路上迈出更加坚定的步伐（张兰君、贾永国、王治爱、陈淑英、朱婷，2017）。

以上学者对习近平经济思想价值方面的研究角度多元化，有总体展现也有局部分解，研究成果显著。但总的来看较为零散，缺乏系统性、连贯性的分析，而且相关研究主要对新思想的内容进行剖析和阐述，分析的深度需要进一步加强。

三、习近平新时代中国特色社会主义经济思想中人民主体地位的研究

坚持以人民为中心的发展思想，是习近平新时代中国特色社会主义经济思想的重要内涵之一。以人民为中心的发展思想是坚持人民主体地位的内在要求，彰显了人民至上的价值取向，确立了新发展理念必须始终坚持的基本原则，具有重大的理论和现实意义。

李国涛从理论渊源、科学内涵和时代价值的角度分析了习近平的“人民观”，以坚持人民主体、坚持人民立场、改善人民生活为主要内容的“人民观”有助于加深党和人民群众的血肉联系，牢固社会主义核心价值观，进而推动社会主义经济建设和改革的有序进行（李国涛，2017）。

刘辉萍分析了“群众路线观”对于社会主义经济建设的重要意义，“群众路线是党和国家的生命线”“人民是我们党的工作的最高裁决者和最终评判者”“发展为了人民、发展依靠人民、发展成果由人民共享”，习近平的群众路线观是党的执政理念的新飞跃，更深刻的诠释了中国特色社会主义本质，同时也增强了人民群众对党和国家的认同，激发群众的创造力和凝聚力（刘辉萍，2017）。

商紫君、谢鸿昆从核心思想、核心要件和历史使命的角度阐述了习近平的人民发展观，认为“以人民为中心是人民发展观的核心思想”“聚焦国内发展是人民发展观的基础要件”“推动国际发展是人民发展观的使命承诺”。从新唯物主义的人本主义价值立场出发，把人民发展观落实到经济、政治和社会发展的各个方面，以“四个全面”战略布局为支撑和“五大发展理念”为依托，统筹国内和国际两大市场，实现共享发展（商紫君、谢鸿昆，2017）。

王莎莎在硕士论文中从时代背景、理论来源、基本内容和现实意义四个方面分析了习近平的群众观。其中“以人民为中心”的思想是习近平群众观乃至习近平经济思想的重要组成部分，新时代的经济改革、经济发展都要坚持“人民为中心”的导向，使发展成果惠及全体人民群众（王莎莎，2017）。

王瑞芳认为，习近平的“群众观”是对马克思主义群众观的继承和拓展，实现了党的群众路线实践方法的新发展。人民主体论是其基本内涵，具有更强的科学性和价值性，为中国特色社会主义事业的建设打造了更加坚实的实践基础和更为广阔的群众基础（王瑞芳，2017）。

刘刚通过梳理习近平民生观的发展背景、理论渊源和实践基础，介绍了习近平民生观的主要内容：坚持以人为本、以民为本的执政理念，大力推进以保障和改善民生为重点的社会建设，将“四个全面”作为民生建设的战略布局。具有人民性、时代性和创新性特点的习近平民生观在理论上丰富了中国特色的社会主义理论体系，在实践中有利于民生的保障和改善，有利于经济发展成果的全民共享（刘刚，2017）。

李丹也分析了习近平的人民主体地位思想，在这一思想体系中，人民是历史的主体，人民是权力的主体，人民是价值的主体。坚持人民主体地位的思想，就要把共同富裕作为经济建设的根本目的，以人民为中心来进行经济改革，完善分配制度，在推进城乡发展一体化的过程中保障农民的利益。习近平人民主体地位的思想不仅有助于巩固党的执政基础，也有助于实现人的全面自由发展，促进我国的发展（李丹，2017）。

王青、李先伦主要讨论了习近平以人民为中心思想体系的逻辑架构，包含坚持人民主体地位的理论基础、践行群众路线的实践依据、坚持共享发展理念的价值归宿这三个层面，体现了社会主义发展的根本目的和动力源泉，是对以人为本理念的凝练和升华（王青、李先伦，2017）。

蔡晓红认为，习近平的以人民为中心的思想应该是多领域的，在意识形态工作、政治工作、经济工作、文化和社会工作、国际合作和交往中都应该坚持以人民为中心，其中意识形态工作方面的“以人民为中心”是最为核心的部分，这不仅体现了党的群众路线和群众观点，也体现了党性和人民性的统一（蔡晓红，2017）。

学者们分析了习近平新时代中国特色社会主义经济思想中的“群众观”和“人民主体观”，阐明了以人民为中心的思想的理论渊源、战略布局，及其对稳步推进中国特色社会主义建设事业的重要意义。但相关研究同样存在综合性、系统性缺乏，偏重文本解读的不足。

四、习近平新时代中国特色社会主义经济思想中经济改革和经济发展的研究

（一）关于经济发展方面的研究

1. 农业发展和精准扶贫方面

王绍芳、朱阿丽、白云以习近平新时代中国特色社会主义经济思想中的“三农”发展思想作为研究对象，总结了习近平“三农”发展思想的主要内容和实践路径：将创新摆在突出位置，通过制度和政策创设，建立更适合“三农”发展要求的制度环境和内生机制，不断推进农业现代化、激发农村活力、促进农民增收（王绍芳、朱阿丽、白云，2017）。

吕彦瑶、周新辉将习近平与毛泽东的农民思想做了比较研究，认为二者在肯定农民主体地位、维护保障农民利益和权力、提高农民综合素质方面是一致的，但在相关背景和解决方法上又存在着差异。为了推动农村和农业的发展，我们应当以科技为载体，加快农业现代化进程，增加农民收入，同时要注重农村的环境治理，把长远利益和眼前利益结合，处理好生存与发展的关系，还给农民一个美丽乡村（吕彦瑶、周新辉，2017）。

刘明合、李霞、王安忠和胡炳琰从习近平新时代中国特色社会主义经济思想中的“扶贫思想”切入，论证了唯物辩证法为其提供的方法论支撑和精准思维为其提供的成效保障。在全面建成小康社会的内在要求下，习近平扶贫思想以发展作为根本路径，以实事求是、因地制宜作为基本原则，通过精准扶贫、转变扶贫方式和体制创新来解决贫困问题，带动经济的整体发展（刘明合、李霞，2017；王安忠，2017；胡炳琰，2017）。

同样也以习近平的“精准扶贫思想”作为研究对象的宁甜甜和丛松日，则是从主体、实践、创新和价值四个维度对该思想加以分析：“坚持人民至上的主体之维、推动中国特色社会主义扶贫新发展的实践之维、引领扶贫发展方式的创新之维、推动科学社会主义新飞跃的价值之维。”实现人的发展和社会的发展的统一（宁甜甜、丛松日，2017）。

2. 绿色发展方面

在经济发展和生态建设方面，习近平提出“绿水青山就是金山银山，既要金山银山也要绿水青山”的绿色发展理念，这也是“五大发展理念”中一个至关重要的维度，绿色发展理念既体现了马克思主义的生态思想，也符合人类代际发展的要求。

郭云泽分析了习近平经济思想中绿色发展理念的民生价值，认为这一发展理念维系着经济发展与生态文明的内在逻辑关联，权衡着社会进步和人的全面发展所遵守的历史维度和价值维度的双重评价尺度，契合民生的现实诉求，有助于缓解经济扩张与生态受损之间的矛盾，也有助于从认知层面对民众的经济观念加以引导，实现经济的持续健康发展（郭云泽，2017）。

焦艳、李合亮认为习近平的绿色发展理念是对经济建设和社会发展的全新思考，这一理念与经济的可持续发展相连，也与民生福祉相连，可富国也可富民；要转变传统的“黑色发展”方式，实现绿色发展，就要在制度、法治和科技的保障下，发展循环经济、低碳经济，筑牢生态安全屏障（焦艳、李合亮，2017）。

张寒、丁大尉通过分析习近平生态文明思想的哲学基础和基本理念，提出了推进生态发展的方法和路径：转变经济发展方式，环境保护与经济发展并重；促进民众思想观念变革，引导绿色低碳消费模式；完善环境治理、生态修复制度和责任追究制度；推动生态保护的国际合作（张寒、丁大尉，2017）。

毛振鹏分析了习近平的海洋强国战略思想，维护海洋权益、保护海洋环境是该战略的根本要求，发展海洋经济、海洋科技是其核心内容和实践路径。依托“二十一世纪海上丝绸之路”的伟大构想，使海洋产业成为国民经济的支柱产业，提高海洋对我国经济发展的贡献度（毛振鹏，2017）。

邓文钱对党的十八大以来学者们对习近平生态思想的研究做了述评，认为相关的研究主要集中在形成条件、思想内容和历史地位等方面，研究成果显著但也存在一定的不足之处：具体层面研究较多，系统性、整体性研究不足；文本阐释较多，深度学理研究不足；研究视角单一，跨学科综合性研究不足。要深化对习近平生态思想的研究，应重视多角度、跨学科研究，提升研究的理论深度和学理性研究（邓文钱，2017）。

（二）关于经济改革方面的研究

郭敬生把关注点放在了习近平经济思想的国有企业改革发展部分，认为习近平的国有企业改革发展思想，是我国国有企业改革发展的理论指导，是对马克思主义政治经济学的继承、创新和发展。推进国有企业改革要与社会主义市场经济改革发展方向相一致，要与中国的实际国情相一致，要与五大发展理念相一致（郭敬生，2017）。

潘妍妍、杜裕禄从供给侧结构性改革的角度对习近平经济思想加以分析，认为供给侧结构性改革是习近平经济思想的逻辑展开，也是突破当前经济发展瓶颈的路径选择。我们要通过增长动力的转换来优化经济结构，通过供给侧结构性改革来增强有效供给，配合金融供给侧改革，不断调整生产关系以适应且促进生产力发展（潘妍妍、杜裕禄，2017）。

（三）关于政府和市场关系方面的研究

经过近 40 年的改革开放，我国的市场经济体制不断完善，市场化程度也不断提高。处理好政府和市场的关系对于进一步完善社会主义市场经济体制至关重要，关于政府与市场的定位，习近平提出“坚持使市场在资源配置中起决定性作用，更好发挥政府作用”“市场在资源配置中起决定性作用，并不是起全部作用”。

徐艳玲从习近平新时代中国特色社会主义思想所提出的“人类命运共同体”的理念出发，分析了当今全球化的环境与我国的经济结构改革、制度变迁之间的作用和反作用；提出在不断完善市场经济体制、发挥市场作用、构筑相关的政策规制、法律和调控体系的同时，也要认清我国是一个政府主导型的市场经济国家，完全以市场为导向的制度安排并不合适，因此政府要充分发挥制度调节资源的作用，还要承担起联系内外市场、加强宏观调控的职责（徐艳玲，2017）。

张晶晶主要从宏观调控的角度对习近平的经济思想加以解读，认为新时期我国的宏观调控应该在促进经济发展、解决发展中的不平衡和不充分的问题以满足人民日益增长的美好生活需要的根本目标的指引下，深入推进供给侧结构改革，加强金融监管，在合作共赢的前提下借外力发展国力，通过统筹有效的宏观调控带动更具活力的微观调控（张晶晶，2017）。

总体来看，学者们对经济发展，特别是农业农村发展和绿色发展方面的研究更为侧重，相关研究也比较全面深入；对于经济改革方面的研究成果较少，而且侧重于局部而非整体的经济改革方面的分析；对于政府和市场关系及角色定位方面的研究也稍显不足，其中具体可行性操作方面的建议相对较少。

通过以上综述可以看出，山东省的专家学者 2017 年度关于习近平新时代中国特色社会主义经济思想的研究主要集中在理论渊源、思想价值、人民主体地位思想、经济改革和经济发展这几个方面，研究角度多元化，成果显著。但仍有不尽如人意之处，纵观这一年的相关学术成果，数量可观，但高水平文章较少；缺乏系统性和连贯性的分析，学术成果相对零散和碎片化；多数研究集中在理论和文件的解读和分析方面，分析深度有所欠缺，具体操作方面的成果较少。鉴于此，山东省的学者未来应该提升相关领域的研究深度，构建独立的研究体系，提升成果的连贯性和可操作性，让学术理论的研究更好地服务于我国的经济改革和经济发展。

（邵瑛瑛）

第三章

所有制的基础地位与改革

到2018年，我国改革开放已有40年的历程。40年来，伴随着改革开放的深入，我国在经济、政治、社会等方面取得了举世瞩目的成就。其中，所有制改革是大家关注的焦点，也是整个改革的“重牌”和难点，1978年之后党的数次会议真实地写照了所有制改革不断向前推进的过程。1981年党的十一届六中全会提出，国营经济和集体经济是我国基本的经济形式，一定范围的劳动者个体经济是公有制经济的必要补充。1987年党的十三大提出，以社会主义初级阶段理论为基础，把私营经济、外资经济和个体经济都作为公有制经济有益的必要的补充。到1997年，党的十五大第一次明确提出，“公有制为主体、多种所有制经济共同发展，是我国社会主义初级阶段的一项基本经济制度”。2002年党的十六大首次提出两个毫不动摇，加强社会主义建设和发展，就“必须毫不动摇地巩固和发展公有制经济，毫不动摇地鼓励、支持和引导非公有制经济发展。坚持公有制为主，促进非公有制经济发展，统一于社会主义现代化建设的进程中，不能把这两者对立起来”。2013年党的十八届三中全会进一步强调，公有制为主体、多种所有制经济共同发展的基本经济制度，是中国特色社会主义制度的重要支柱，也是社会主义市场经济的根基。公有制经济和非公有制经济都是社会主义市场经济的重要组成部分，都是我国经济社会发展的重要基础。2017年党的十九大再次强调，必须坚持和完善社会主义基本经济制度和分配制度，毫不动摇地巩固和发展公有制经济，毫不动摇地鼓励、支持、引导非公有制经济发展。我国理论界对所有制改革的研究，也伴随着整个改革的全过程，并随着改革实践的推进而不断深化，大家见仁见智，提出许多真知灼见，为改革的深化提供了有效的理论支撑。梳理2017年山东学者关于所有制改革研究的最新进展，主要聚焦于国有经济的合理定位、国有企业混合所有制改革和民营经济的提振发展等方面。

一、国有经济的定位和国有企业改革的重点

（一）国有经济的定位

国有经济是社会主义公有制经济的重要组成部分，在整个国民经济发展中发挥着主导作用。现阶段虽然我国改革进入深水区和攻坚阶段，但经济体制改革的核心仍然是国有企业改革，只不过国有经济的定位具有了新的阶段性特征。黄少安认为，根据中国经济发展所处的阶段，国有经济的定位和存在空间是：市场失灵领域，国有经济必须主体性存在，即必须提供公共产品；一些自然垄断行业，虽然产品不是公共物品性质，但是国有资本垄断有经济上的相对优势，国有资本以国有垄断企业形式存在，也可能吸收非国有资本参加、国有控股。中国的国有经济还可在一些竞争领域存在，国家需要有更多的经济控制力，在关系国计民生的材料、装备制造、金融、信息、能源等竞争性领域，国有经济需要有足够的存在（黄少安，2017）。

文洪朝认为，国有企业产权具有代理性和不可转让性的特点，由此决定国有企业在国民经济发展中承担着特殊的公共职能，正是这些特殊的公共职能决定国有企业在国民经济发展中具有不可替代的作用。国有企业公共职能是：提供公共产品和公共服务；修复市场经济的周期性波动；保证国民经济的协调发展；保障社会公平；发挥对国民经济的引导、带动作用；维护国家安全和社会稳定（文洪朝，2017）。

（二）国有企业改革的重点和难点

国有企业是我国经济体制改革的中心环节，也是供给侧结构性改革的主题与改革成功的基础。鉴于此，现阶段如何进一步搞好国企改革，成为大家关注的焦点。黄少安提出，现阶段国有企业改革的基本方向或必须坚持的基本原则，是建立社会主义市场经济体制。国有企业改革的重点内容或主要任务主要是四个方面：对现有企业中的国有资产或具有国有资产的企业进行科学分类；国有资产适度退出，相关的国有或国有控股企业改制或转让；国家作为所有者（代表）对必须保留的企业国有资产怎么管理；国有和国有控股企业的公司治理结构改革。四项任务中，重点是公司治理结构改革，即公司内部治理结构改革和国家对企业中国有资产的管理体制改革。因为四大改革任务会涉及许多人的利益，所以，黄少安认为国有企业改革最大的阻力或困难是隐性利益主体也包括国有企业的一些管理层的隐性阻挠（黄少安，2017）。

二、国有企业混合所有制改革

改革开放以来，特别是1992年邓小平南方谈话促进了人们思想的进一步解放，制约混合所有制发展的思想障碍和政策障碍得以破除，混合所有制经济在社会主义市场经济中的地位和作用得到认可和重视。1997年党的十五大报告提出，混合所有制经济是公有制的实现形式之一，一切符合“三个有利于”的所有制形式都可以而且应该用来为社会主义服务。1999年，十五届四中全会将发展混合所有制经济作为国有大中型企业改革的一个主要方向提出来。2002年党的十六大指出，“除极少数必须由国家独资经营的企业外，积极推行股份制，发展混合所有制经济”。2003年党的十六届三中全会通过的《中共中央关于完善社会主义市场经济体制若干问题的决定》明确提出，大力发展国有资本、集体资本和非公有资本等参股的混合所有制经济。2013 年党的十八届三中全会通过的《中共中央关于全面深化改革若干重大问题的决定》进一步提出，积极发展国有资本、集体资本、非公有资本等交叉持股、相互融合的混合所有制经济，将混合所有制经济认可为社会主义初级阶段基本经济制度的重要实现形式。许多学者认为，从党的十五大提出发展混合所有制到现在已经有 20 年的时间，20 年来混合所有制经济在得到快速发展的同时，也存在着许多制约发展的障碍和问题。

（一）混合所有制经济的界定

对于混合所有制的内涵，学术界并没有权威定义，大家仍有不同的解释。綦好东等认为，混合所有制经济，在宏观上体现为一个国家或地区不同所有制成分共存的经济形态，在微观上则表现为由不同性质产权主体构成的企业经济形式（綦好东等，2017）。张倩认为，混合所有制应当有两方面的含义：一是国民经济中包含国有和集体所有等公有制成分以及其他非公有制成分，它们共同形成了公有制为主体、多种所有制经济共同发展的格局；二是在具体的企业产权结构中，除了国家和集体成分之外还有其他非公有制成分（张倩，2017）。张福平等提出，混合所有制经济是指财产权分属于不同性质所有者的经济形式。从宏观层次看，国民经济的所有制结构既包含公有制成分，也包含非公有制成分。从微观层次看，企业的产权结构由不同所有制性质的投资主体构成，形成多元产权主体的资本共融（张福平等，2017）。张露认为，混合所有制是指在经济发展过程中，公有制、私有制以一定基础为出发点，做到资本的混合和融合（张露，2017）。张涛等认为，混合所有制经济是指财产权由属性各异的所有者共同掌握的经济形式。从微观视角而言，它是指两种及两种以上性质各异的所有制企业通过资本联合或互相参股等方式形成的企业发展模式（张涛等，2017）。任栋等认为，混合所有制经济是指公有制资本与其他多种经济形式的非公资本，通过股份公司形式，共同从事生产经营活动，实现产权主体多元投资、交叉持股、融合发展，形成的具有多元产权结构、治理结构优化特征的现代企业形态和微观经济形式（任栋等，2017）。曹广平等认为，混合所有制经济是国有资本、集体资本、非公有资本等交叉持股，治理结构相互融合的所有制形态（曹广平等，2017）。

（二）国有企业混合所有制改革的动力和必要性

积极发展混合所有制经济，对于推动国有经济改革，引导非公有制经济发展具有重要意义。綦好东等认为，国企混合所有制改革有三大动力：提升国有资本效率；改善国有企业的公司治理；重塑国有企业与政府形象、提升公共服务质量，以促进社会稳定与可持续发展（綦好东等，2017）。张倩认为，混合所有制经济与公有制经济并不矛盾，非公有制成分能辅助公有制经济的发展，为市场经济提供活力；混合所有制可以改善“一股独大”所带来的管理问题，健全企业管理体制，加强信息披露；有利于打破国有资本的行业垄断（张倩，2017）。张涛等认为，混合所有制经济有利于打破单一所有制之间的壁垒，优势互补，激活各类资本，提高他们的运营效率；可以让国民经济围绕整个社会经济目标运营，实现国有资本保值增值；以多元化的产权结构为主要特点的混合所有制能够帮助国企实现政企分开；可以使国有企业通过收购、兼并等市场手段实现国有资本的快速扩张（张涛，2017）。臧秀玲认为，发展混合所有制是社会主义市场经济条件下国有企业改革进一步深化的必然要求和有效路径，也是实现社会主义公有制与市场经济有机融合的重要途径；发展混合所有制是国有企业明晰产权、健全国有企业法人治理结构的必然要求；国企实行混合所有制改革不仅不会导致国有资产私有化，反而会进一步增强我国国有企业的主导地位和作用，催生出更高发展水平、更具世界影响力的民族企业集团（臧秀玲，2017）。

（三）国企混合所有制改革的障碍与阻力

国有企业混合所有制改革是一项复杂的系统工程，需要克服改革深水区的重重阻力和障碍。学者们聚焦于此的研究相对较多。綦好东等认为，混合所有制改革所面对的阻力主要来自当前国企经营模式下的既得利益者、国有资产经营的激励制度落后于经济市场化改革的步伐、当前社会状态下民众对于非公有制经济片面认识的意识形态固化及对于改革中非国有资本进入公共服务领域后所产生后果的担忧三方面（綦好东等，2017）。张涛等从两个方面分析了国有企业混合所有制改革中面临着的阻力。一是由于国有企业和非国有企业文化差异和财务理念不同，文化融合不到位，导致矛盾难以协调，从而出现融合难的问题；二是由于不同性质产权的价值取向不同，对于混合所有制企业控制权归属问题，成为各方产权关注的焦点（张涛等，2017）。任栋等提出，虽然混合所有制改革取得显著成果，但仍存在较多问题，诸如混合所有制经济发展不充分，国企混合所有制改革仍需提速，发展中仍存在结构失衡、产权制度不明晰、民营资本进入困难、市场化程度较低等诸多障碍（任栋等，2017）。张月玲等认为，国企混改中公司治理方面仍存在较多问题：国有资本与非国有资本的股权结构不明确；国有股“一股独大”，中小股东利益受到损害；董事会治理缺乏规范；职业经理人市场不成熟，经理人存在道德风险；国有企业外部监督力量薄弱等（张月玲等，2017）。

（四）推动混合所有制改革发展的方略

为进一步推动混合所有制经济的发展，有效解决混合所有制经济发展中的阻力和障碍，大家提出了许多有针对性的建议。綦好东等认为，混合所有制改革虽然多有阻力，只要精心设计便可实现，其实现路径主要有：因企施策，多方式推进混合所有制改革；完善制度设计、改革国有资产经营激励机制；同等保护各类产权，维护公众利益，并强调革新落后的国有资产经营激励机制才是此次改革取得预期成效的关键（綦好东等，2017）。任栋等提出了三点改革意见：以推动股权多元化为抓手，深化国有企业改革；以现代企业制度建设为核心，提升混合所有制企业效率；以产权制度改革为基础，优化混合所有制经济发展环境（任栋，2017）。张涛等则认为，应从加强混合所有制企业国有资本管理的角度，深化企业产权结构改革，构建均衡权力体系；完善公司治理结构，下放经营自主权（张涛等，2017）。张露认为，推动国有企业混合所有制改革，要对多元化投资主体进行引进，激活国有企业。要加强国有资产的监管机制管理，实时做好监管工作。要充分发挥市场机制的作用，真正实现政企分开（张露，2017）。张倩提出，对国有企业混合所有制进行分类改革：公益类国有企业例如供水、供电、交通等领域内的国有企业要以更好服务人民为中心，牢牢把握国有企业的控制力，通过政府的力量来保证人民群众的切身利益；部分商业类国有企业如石油、金融、军工等国有企业，要以服务国家、保障国家安全为宗旨，采用特殊的形式实现资源的优化配置。建筑、道路建设等工程建设类国有企业，需要规范公司治理机构以及市场化的运营机制（张倩，2017）。

三、民营经济的提振发展

2013 年党的十八届三中全会通过的《中共中央关于全面深化改革若干重大问题的决定》提出，“必须毫不动摇鼓励、支持、引导非公有制经济发展，激发非公有制经济活力和创造力”。民营经济是我国社会主义市场经济的重要组成部分，是促进经济社会发展的重要力量，在支撑经济增长、促进技术创新、扩大就业、增加税收等方面具有非常重要的作用。当前，我国非公有制经济国内生产总值所占比重超 60%，税收贡献超 50%，就业贡献超 80%，新增就业贡献超 90%。2017 年，民营经济的提振发展仍然是学界关注的焦点。大家的研究主要集中在两个方面：一是当下困扰民营经济发展的深层次问题；二是促进民营经济发展有效的对策措施。

（一）民营经济发展的制约因素

1. 外部环境因素

思想观念方面，李国慧认为，受传统“一大二公”思想观念的影响，一些政府部门还是习惯戴着“有色眼镜”来看待民营经济，在政策与管理过程中对民营企业“守左勿右”“守紧勿松”，使得民营企业的政治安全感比较低（李国慧，2017）。政策环境方面，张迪认为，民营经济政策理论性过强，进而降低了政策在市场经济发展中的实践引导作用。另外，由于我国经济政策制定需要相关部门复杂的讨论过程，大部分政策制定中往往存在滞后性，影响了非公经济的发展（张迪，2017）。李国慧认为，政策具体执行过程中存在着“两难一不到位”的现象：好政策落实难，遇到问题协调难，政策宣传落实不到位，政策在执行过程中存在层层递减或执行梗阻现象（李国慧，2017）。法制建设滞后，市场经济就是法治经济，只有建立完善的法律法规体系，才能保证市场经济有序运行。但是，在民营经济发展的实践中，法制建设仍然显得滞后。张迪认为，我国针对新兴经济的立法过程较慢，进而形成了立法过程与市场建设的不匹配。同时，现阶段我国并没有独立的非公有制经济法，而是将其融入《反垄断法》《税法》《价格法》等法律法规中，没有形成完整的管理法律体系，造成我国非公有制经济法律管理体系不完善（张迪，2017）。市场压力方面，张亮认为，民营经济面临的国内外市场竞争压力越来越大，特别是国家政策法规不断完善，如《环境保护法》《知识产权保护法》、新《劳动合同法》等法规的出台，对企业长远发展固然是有利的，但也会造成民营企业创新压力和动力不足，产品技术含量不高，竞争力不强（张亮，2017）。

2. 体制机制障碍

从实践看，目前民营经济发展过程中仍然存在着一些体制机制方面障碍和问题。李国慧认为，民营经济发展过程中面临着许多体制机制障碍：行业准入有不少限制。国有、民营企业不能真正实现待遇平等，民营企业进入门槛高，难以享受国民待遇，隐性壁垒还在一定程度上存在。审批事项多、手续烦琐。很多主管部门要求提供的审批材料互为前置，让企业无所适从。中介市场秩序乱、收费高。政府公共服务有待加强。公共服务体系不完善。现有的政府公共服务平台专业性不强，服务不规范，服务内容趋同，民营企业所需的个性化、可订制的服务较少，服务质量和水平有待提高（李国慧，2017）。张迪则认为，在非公经济发展需要的政府服务、公共服务、中介服务三大服务体系中，标准化建设都存在不足和问题。政府服务，不同地区、部门之间的服务内容与规定存在一定差异，直接影响着非公经济的发展。公共服务，非公经济对于法律、财务、教育培训等公共服务领域的需求较大。但是由于不同的服务部门间存在着不同的管理标准，因此经常造成公共服务质量降低，影响企业经营的正常开展。中介服务，不规范的现象较为突出，且收费相对较高（张迪，2017）。

3. 市场要素配置环境

从民营经济发展实践看，其要素配置环境虽然有较大改善，但仍然存在一些现实障碍。

（1）融资渠道不畅

表现在融资体系建设滞后，融资难，融资成本高。张亮认为，民营企业融资难主要是源于企业规模小而且以劳动密集型为主，它们享受融资优惠政策受限、融资渠道狭窄，而民间融资又不规范（张亮，2017）。李国慧则认为，90%以上的民营企业有资金方面需求，明显存在融资难和融资成本高的问题：一方面银行“抓大放小”现象突出，贷款更愿意放给大型企业，对民营企业贷款以短期为主，且审批环节多、链条长、效率低。另一方面企业融资渠道单一，大多数以贷款为主，对集合票据、融资租赁、上市等直接融资方式缺乏认识、利用不够（李国慧，2017）。

（2）难以正常获得企业用地

李国慧认为，随着民营经济规模的不断膨胀，企业用地需求扩大与用地指标趋紧的矛盾加剧，特别是国家对工业用地指标从严控制，许多企业发展空间受限，无法新上项目进行扩产，土地问题已成为民营经济发展的制约瓶颈（李国慧，2017）。

（3）招智引才难度大

随着我国经济的快速发展以及产业结构的调整，劳动力供给需求发生逆转，再加上民营经济大多是传统制造业、劳动密集型企业，用工需求量大，很多企业存在着用工短缺问题。不少企业，因招不到足够的一线工人，导致企业开工不足。高层次人才缺乏的问题也非常突出。张亮认为，民营企业高层次人才匮乏，具有行业领军地位的高级经营管理人才和科技创新、研发人才尤为缺乏。许多民营企业的员工中，中专、高中及以下学历人员仍占多数。引才难，一方面是受传统择业观念的影响，高端人才的首选往往不是到民营企业尤其是民营中小微企业从事岗位创业，另一方面是具有较高知名度和美誉度的民营企业绝对值仍然偏少，多数民营企业管理层次低、发展空间小，对人才的集聚力不强（张亮，2017）。

4. 民营企业自身存在的问题

制约民营经济发展的因素，有外部的，也有企业自身的问题。李国慧认为，管理水平普遍不高是制约民营经济发展的重要因素。多数民营企业没有建立起现代企业制度，有的虽然实行了公司制、股份制改造，但产权不清晰，法人治理结构不完善，管理方式比较落后。大多数企业的重要决策都是由企业主一人说了算，即使是董事会决策，也是董事长"一人独票"，决策的随意性、人为性、盲目性影响了企业发展。还有30%以上的小微企业仍沿袭"父子店""夫妻店"等传统的家族式管理方式。产业层次低和创新能力弱也是制约民营经济发展的重要因素。现阶段我国民营经济中传统产业占比达到七成以上，工业企业多以原料工业和初加工为主，技术含量低、附加值低、同质化竞争严重，重点培植的优势主导产业还没有形成大中小协作、上下游贯通的完整产业链。多数民营企业引进、转化科技成果能力不强，一些配套协作企业过分依赖主厂的技术供给，基本没有产品及相关技术研发。不少企业品牌创建意识差，大多停留在原始加工、模仿制造、局部改进以及贴牌生产阶段，市场竞争力和可持续发展能力不强（李国慧，2017）。在人才使用和培养上，张亮认为，大部分民营企业仍沿用家族制的传统管理模式，引进人才却不能用足人才，在人才培养上缺乏紧迫感，在分配上随意性大，激励机制不健全，难以调动人才的积极性（张亮，2017）。

（二）促进民营经济更好更快发展

如何促进民营经济更好更快发展，发挥民营经济在我国社会主义市场经济中的重要作用，成为大家研究的重点内容。

1. 为民营经济发展创造更好的外部环境

民营经济要实现快速发展，李国慧认为，需要首先在思想观念上实现突破。非公有制经济也是社会主义市场经济的重要组成部分，不能再纠结于姓社姓资；同时要将民营经济发展纳入法制化轨道，加强民营经济立法，修订民营经济发展限制法规，严格规范准入限入领域，切实将民营经济由“依权监管”过渡到“依法监管”上来（李国慧，2017）。张迪提出，为提高法律对非公有制经济的支持作用，在经济立法中应做到简化立法程序，加强立法执行的监管力度，形成整体化法律体系（张迪，2017）。王世彬认为，要牢固树立公平理念，对国有企业、民营企业一视同仁，确保民营企业家、民营企业获得和国有企业同等的政治地位（王世彬，2017）。

2. 完善服务体系，优化服务环境

对此，张迪认为，在政府服务环境建设中，管理者应利用优化服务标准措施，优化政府服务环境。包括简化服务手续、提高服务管理质量、

优化服务环境等。在法律、教育、财务等不同的公共服务工作中，管理部门应统一各项工作与管理标准，进而形成市场内的统一化公共服务体系。对中介服务进行统一标准化管理（张迪，2017）。李国慧提出，要完善民营企业公共服务平台功能，整合各类涉企服务平台资源，完善平台服务功能，构建以一般性公共服务为基础，专业化、个性化服务为主体，实体与网络服务相补充的平台服务体系。加大对民营企业和企业家权益的保护力度，注重对民营企业和民营企业家人身权、财产权的法律保护，保护民营企业的合法权益。加大政策宣传解读力度，实施重点政策落实政府督查追责制度，确保政策落实的真正实效。建立政企沟通联系的桥梁纽带（李国慧，2017）。张亮则认为，要强化政策扶持，加大财政扶持力度，每年安排相关资金对民营经济发展专项扶持，对投资大、有潜力、效益好的民营企业重点扶持。强化靠前服务，实行地方领导包重点企业制度，采取有效措施，切实解决民营企业在发展中存在的办公场所不足、融资难、用工短缺等客观实际问题。优化政务环境，继续实行简政放权，建立快速高效的“绿色通道”服务制度，为民营企业提供全过程的快捷服务。依托市场监管局，建立民营企业投诉接待中心，坚决杜绝对民营企业乱罚款、乱收费和乱摊派行为（张亮，2017）。

3. 改善民营企业要素市场环境

破解融资难是促进民营企业发展的首要问题，张亮认为，应放开商业银行放贷额度，鼓励新增贷款向中小企业倾斜，甚至可以规定商业银行向中小企业贷款应占的比率；落实中小企业专项贷款政策；设立中小企业发展专项资金；创建为中小企业融资的社会担保体系；从中小企业自身看，不要把银行贷款作为融资的唯一渠道，要根据自身的比较优势与发展阶段的特点，寻求担保、股权融资、集资、典当等多种形式的融资（张亮，2017）。破解市场准入和土地使用与供应难题，李国慧认为，应尽快研究制定民营企业进入特许经营领域具体办法，制定实施投资准入负面清单，按照“非禁即入”原则，引导民间资本进入基础产业和基础设施、市政公用事业及保障性住房等领域。落实民营企业与国有集体企业同等待遇，对民营企业投资技术含量高、带动作用强的好项目大项目，优先安排用地指标。鼓励民营企业节约集约利用土地，盘活存量闲置和低效利用土地（李国慧，2017）。破解人才难题方面，张亮提出，各级政府应该制定相应培训计划，特别突出对民营经济组织中的企业经济管理人才、高技能人才和领军人才的培训。各级财政应该每年安排专项资金，深入实施“企业经营者素质提升计划”，组织好重点商学院 EMBA 高端培训、特训班和“企业家大讲堂”，组织经营管理人才分批到国内重点院校进行专题学习。以校企对接、名师带徒等有效形式持续抓好高技能人才培训，进一步规范和完善“校企合作”的技能人才培养模式，加强职业技术院校和培训基地建设，规范职业技术学校的办学条件，完善培训标准，加快形成技能人才培养体系；鼓励企业推行企业培训师和名师带徒制度，建立较为完善的高技能人才代际传承推广机制，开展技能大师工作室建设（张亮，2017）。

4. 提高民营企业的创新水平和管理水平

对此，李国慧认为要建立现代企业制度，坚持以明晰产权为核心，积极实行股份制改造，建构多元化产权结构，不断完善法人治理，健全职业经理人使用机制，不断提升民营企业管理水平和自身抵御市场经济风险能力（李国慧，2017）。张亮提出，要积极引导民营企业在产权制度、组织结构、内联外合等方面探索新路子，加快建立现代企业制度，积极对接多层次资本市场，推动民营企业实现结构战略性调整。要加大商业模式创新力度，构建“品牌 + 研发 + 标准 + 渠道 + 供应链管理”的新型模式，引领民营企业加快转型升级（张亮，2017）。

（姜绍华）

第四章

农村土地制度改革

农村土地具有固定供给的特性，是最为稀缺的农业基本生产要素。习近平总书记指出，新形势下深化农村改革，主线仍然是处理好农民和土地的关系。随着城镇化进程的推进，党的十八大报告首次提出改革征地制度，2016 年，习近平总书记主持中央深化改革小组会议，审定下发《关于完善农村土地所有权承包权经营权分置办法的意见》，坚持和完善农地基本经营制度依然是农村改革的亮点，党的十九大报告进一步强调，要完善承包地“三权分置”制度。土地“三权分置”，是继家庭承包责任制后农村改革又一重大制度创新，是习近平“三农”思想的重要组成部分。围绕农村土地制度，近年来的学术研究也主要集中于农村土地集体所有制基础上的新型经营模式创新和探索，包括农村土地流转、农村土地规模经营与新型农业经营主体、农村土地征收征用制度与失地农民安置、“三权分置”改革、农业现代化等。

针对农村土地制度专题，2017 年山东省高校及科研机构发表的成果总数约有 60 多篇，其中 CSSCI 来源期刊近 20 篇，包括发表在《改革》《经济学家》《马克思主义与现实》《农业经济问题》《经济社会体制比较》《东岳论丛》《山东社会科学》等国内较有影响力的杂志，硕博士论文近 20 篇，包括山东大学、山东师范大学、山东农业大学、山东理工大学等高校，其中硕士论文居多。从山东省 2017 年有关农村土地制度的研究范畴和领域来看，主要集中于土地所有制、土地经营制度、三权分置改革、农地非农化、现代高效农业等。

一、农村土地所有制及产权关系研究

土地所有制是指在一定的生产力条件下，由国家法律确认土地所有权归属的制度，土地所有制是土地制度的核心和基础。我们国家实行土地的社会主义公有制，即城市土地国有制和农村土地集体所有制。中国当前实行的是农村土地集体所有制基础上的家庭联产承包制度，这一制度既有集体“统”的生产关系也包含家庭“分”的方面，新中国成立以来，这种集体所有制度未能完全解决中国的三农问题，农村土地产权制度的改革也在不断探索和创新，改革的核心，是在保持集体所有制不变基础上进行土地产权制度的完善和优化。辛宝英认为土地私有化不符合中国的国情，并提出应当制定城市和农村土地公有制的统一土地法律，建立保护农村土地产权的制度基础（辛宝英，2017）。虽然辛宝英提出了土地所有制度的改革方案，但是并未明确指出这种城乡统一的土地法律到底是什么，是国有土地制度还是集体土地制度，笔者认为这一统一的法律制度肯定不是集体的，因为城市区域内根本不可能划分集体范畴，因此可以将辛宝英的土地所有权理解为城乡统一的国有土地制度。山东是全国最早试点实行农村土地承包经营权确权颁证的省份，也是最早进行“三权分置”改革的省份，2017 年山东省基本完成农村土地的确权登记颁证工作，针对确权，学术界争议比较大的是确定了集体的权还是农民的权。虽然部分学者表示土地确权就是要将土地排他性地量化给农户，但是大部分学者认为农村土地确权并不等同于土地所有权的改变，“三权分置”改革确切的含义是不改变农村集体的土地所有权的基础上，稳定农户的承包权，放活土地的经营权和使用权，因此确权并不是要赋予农民个体更多的权利，而是在所有权不变的基础上将土地权利的重心向承包权经营权的明晰化转移（杨宏力，2017）。

二、农村土地流转相关研究

从山东省学界已经发表的研究成果来看，2017 年山东省对于农村土地流转研究多与土地流转模式和农地规模经营有关，2017 年中国土地流转面积超过 35%，增速放缓，从流转去向来看，企业流转占比较小，长期以来保持在 10% 左右，流入农户的面积最大，增长速度最快的是合作社，2017 年底，全国土地确权工作和农地三项改革试点基本完成，针对中国农地制度改革的政策实施，本小节将重点从流转模式的理论和实证研究以及农地规模经营两个方面进行综述。

（一）土地流转模式

农村土地流转是当前实现农业规模经营的主要途径，山东学者对农地流转的研究更多的是基于新制度经济学的交易费用理论和契约理论，对流转模式、流转的契约选择以及流转案例进行分析。王晓明从“镇改街”背景农村土地流转存在的主要问题为出发点，特别是土地归属权问题，结合 F 县“镇改街”背景下的农村土地流转实践经验，分析了不健全的土地流转制度对“镇改街”的影响，提出土地流转只有规范有序进行，才能真正实现“镇改街”，需要更加注意保护广大农民的利益，避免把土地问题作为“镇改街”的一个侧面来分析土地流转问题。对于“镇改街”后农村土地权属不清，出现与民争地，集体土地与国有土地交错，农村土地流转困难等问题，从法律法规的角度进行解读，并为“镇改街”背景下的农村土地流转提供依据（王晓明，2017）。张溪、黄少安指出，在农地流转中存在农户间以口头契约为主的小规模小范围的土地流转现象，导致农地分割细碎化严重；口头契约的不完整性是造成农地流转后产生纠纷的根源。文章以交易费用理论为基础和视角，利用完全信息静态博弈研究农地流转模式与契约选择之间的关系，得出书面契约有效地推动了有序规模化农业生产经营，从根本上解决了农地分割细碎化的问题（张溪、黄少安，2017）。张溪通过对中国农村土地流转制度变迁和实现状况的分析，探索出农地流转制度变迁的一般规律：农村土地流转与社会生产力的发展水平相一致；政府作为农地流转制度的决定性主体的作用不可替代；农地流转模式的创新和多样化均以实现农地规模化效益和增加农民收入为侧重点；农地流转模式的创新应该充分考虑土地资源条件的约束；农地流转模式的创新应该充分重视流转市场等配套设施的完善。通过探讨研究交易费用和不同契约对中国农村土地流转模式的发展影响，发现交易费用的高低差异以及不同的契约形式直接制约了农户选择农地流转模式的行为，采用交易费用的衡量标准对农地流转模式和契约形式进行判断选择，与全国各地农地流转模式中的典型性实例相结合进行研究分析，提出了农地集中流转模式（张溪，2017）。王蔚、徐勤航、周雪从土地托管的概念入手，分析了土地托管的主体、客体及托管中介方，探讨了土地托管实现农业服务规模化的路径，介绍了山东高密市的具体做法，提出了相应的政策建议。根据山东的经验，土地托管要想做好，必须把为农服务中心建设好，而为农服务中心建设需要解决土地问题、资金问题与运营问题（王蔚、徐勤航、周雪，2017）。

（二）农地规模经营

农地适度规模经营是中国农业现代化的必由之路，也是农业经济学领域持续讨论的议题，以小规模、细碎化的过密型家庭经营方式已经不能适应农业现代化产业化发展的需求，这是学术界和农业政策界普遍的共识，因此学术研究的重心已经不是是否要适度规模经营的问题，而是探讨中国农业规模经营的现实含义以及如何规模经营的问题。

山东省农业规模经营的焦点则体现在规模经营的影响因素与社会化服务的规模化上。赵金国、岳书铭以山东省621户农户为样本，分析了农户规模经营意愿的影响因素及其层次结构，分析结果显示，转包土地稳定性、机械化耕种条件、土地情感、融资能力和保守倾向等5项因素是直接影响因素；种养殖收入比例、农业补贴和种地体力技能水平等 3 项因素是中间层影响因素；种地人口年龄、打工人口年龄、户主年龄、户主文化程度和土地规模等 5 项因素是基本影响因素（赵金国、岳书铭，2017）。针对当前中国农村土地“三权分置”的背景下，重点实施经营权整体流转还是细分流转，或者说是重点发展土地规模化还是发展服务规模化以及该如何协调两者之间的关系，山东财经大学农业与农村经济研究中心召开了以“规模经营视角下的农业土地流转和农业土地托管”主题的第五届中国农业经营创新论坛，论坛紧扣中央《关于完善产权保护制度依法保护产权的意见》及《关于稳步推进农村集体产权制度改革的意见》，结合各地涌现出的诸多有益实践，尤其是发端于山东省供销社系统的土地托管服务模式，探索“三权分置”新形势下农业土地规模和社会化服务规模协调匹配的路径，以更好地推进中国农业现代化建设（宫同瑶、刘智浩，2017）。论坛中，罗必良提出农业经营组织和农业分工的假说，对我国的农业经营制度问题进行了理论回顾；滕希群总结了山东省土地托管的经验做法；王蔚介绍了山东省供销社系统的土地托管实践；澳大利亚农场主顾祖儿指出中国人大规模到澳洲购买农场经营农场，尤其需要关注农场种类、经营成本、土地产权和相关政策法律等方面的问题，此外，与会企业家、村支书、专家学者还就中国农地制度变迁、农村土地“三权分置”的政策内涵和法律表达、农业供给侧结构性改革、土地细碎化治理等进行了研讨。

三、“三权分置”改革研究新动向

2014 年中央首次提出农村土地集体所有权、农户承包权、农地经营权“三权分置”改革。2016 年 10 月，中共中央、国务院办公厅印发《关于完善农村土地所有权承包权经营权分置办法的意见》，确保“三权分置”的有效实施。2017 年中央一号文件再次强调落实农村土地“三权分置”意见，扩大试点范围。从“两权分离”到“三权分置”改革的重点是放活经营权，让农村土地“动”起来，以产权的“流动”促进土地的流转，通过产权的细分突破农地的规模经营局限，进而实现农业的集约化和现代化。

（一）“三权分置”法律制度

从法律权属的界定来看，《物权法》将承包经营权界定为用益物权并可以自由转让，但分置后的土地经营权并不具备物权的基本属性，而是债权，债权的法律流通性和转让的安全性是不足的，将债权用来设置抵押也是没有法律依据的，因此经营权的物权化是亟待解决的问题。“三权分置”改革通过将经营权从承包经营权成分离出来，认可了经营权的独立性，这就为农地经营权的权属奠定了法律和制度基础。管洪彦、孔祥智指出，在“坚持制度创新与固有体系协调”“反映政策原义与遵循法理”的原则上对农户承包权进行立法表达。指出“三权分置”在立法上可以表达为“集体土地所有权—土地承包经营权—土地经营权”的权利结构。并进一步明确区分“三权分置”中的农户承包权与集体成员权的诸多差异，指出做好农户承包权的立法表达需要配合“保护和稳定农户承包权”的制度设计（管洪彦、孔祥智，2017a）。管洪彦、孔祥智在另一篇论文中还强调，推进“三权分置”改革应该在基本概念达成共识的前提下实现“三权分置”的制度化与法律化，“三权分置”的法律表达需要重点界定好农户承包权与土地承包经营权的关系；对农村集体土地所有权、农户承包权、土地经营权的权能进行科学划分，明确“农户承包权”强调农户为单位的土地承包经营权的身份性，但是它并不是集体成员权，而是集体成员权行使的结果，其本质上是具有用益物权性质的土地承包经营权；更需要明确土地经营权的性质，将土地经营权定位为用益物权的性质（管洪彦、孔祥智，2017b）。

（二）“三权分置”经济绩效

关于“三权分置”改革的经营绩效，多数学者认为确权颁证和产权细分制度增强了流动主体对地权投资稳定性的信心，降低了产权交易费用，有助于加快农地经营权的流转，一方面，产权流入能显著提高农业劳动生产率，增加农户的经营性收入；另一方面，经营权流出可以增加农户的财产性收入，并通过提高非农业劳动生产率增加工资性收入，这会形成产权流转的良好互动机制。王桂英认为“三权分置”对于稳定农民土地承包权、放活土地经营权，从而推进农业现代化发展具有重要意义。文章对农村土地“三权分置”的含义、历史演进和权利主体进行阐述，从农村劳动力不断流失、农村土地产权不明晰两方面分析了实施农村土地“三权分置”改革的必要性，同时提出了改革的合理性（王桂英，2017）。然而邹倩基于山东省 17 地市的 210 份调查问卷数据，运用 Logistic 模型就“三权分置”对土地经营权流转的影响进行了实证分析，研究结果表明，农村土地“三权分置”政策对土地经营权转入和转出并没有显著影响，而农户对土地经营权可以抵押的权属认知显著影响农户土地经营权的转出。此外，农村土地流转中介组织、社会保障制度、户主非农就业收入比重和接受农业培训情况显著影响农户的土地经营权流转行为（邹倩，2017）。由于“三权分置”政策实施时间尚短，政策的评价和实施效果很难在短期得到客观准确的衡量，故而学术界观点不一也是可以理解的。

（三）农地经营权抵押

虽然正式法律制度并未禁止农地经营权的抵押贷款，但是现实实践操作中农地经营权抵押的案例却少之又少，究其原因在于农地经营权的抵押属性和农地经营权的抵押风险使得金融机构接收农地经营权抵押贷款业务的主观意愿不强。张玉采用理论分析、博弈分析和案例分析相结合的研究方式，结合山东省枣庄市农村土地利用的实际情况，对农村土地承包经营权抵押贷款展开进行研究，通过对银行和农业经营大户在贷款时策略选择的博弈分析探究能够推动其发展的内在动力。分析表明：只有土地承包经营权能够变现，才会成为一个银行接受、对农业经营大户有制约的抵押物，这样银行才会向农业经营大户发放贷款，农业经营大户也会选择归还贷款本息，政府应该从实际出发帮助银行降低贷款风险，同时帮助农业经营大户降低农业生产风险，获取收入偿还贷款本息。枣庄市当前土地承包经营权抵押贷款存在的问题主要表现在抵押物价值确定难、抵押品处置难、贷款风险防范难、相关法律制度不完善和银行放贷积极性不高这五个方面。农业生产的性质决定了农业经营大户通过正常生产有可能无法到期偿还贷款本息，这时银行需要变现抵押的土地承包经营权用于弥补贷款损失，所以，方便快捷的变现抵押的土地承包经营权是抵押贷款正常办理的有力保障。最后，根据博弈分析结果结合业务开办中存在的问题，从操作流程、政策优化和风险防范等三个方面对如何更好地开展枣庄市当前土地承包经营权抵押贷款提出了相关建议（张玉，2017）。

四、新型农业经营主体研究

新型农业经营主体共有家庭农场、农业合作社、农业产业化经营组织等三类，根据《关于加快构建政策体系培育新型农业经营主体的意见》，新型农业经营主体的引导作用主要体现在其多元融合发展、多路径提升规模经营水平、多模式完善利益分享机制以及多形式提高发展质量四个方面。目前，山东省有关新型农业经营主体的研究相对单一，多数集中在家庭农场上面。张明月、薛兴利从新制度经济学的视角，对家庭农场的环境相容性、功能约束及破解路径进行了分析。分析表明，家庭农场制度与环境具有较高的时间、空间、利益、激励、信息相容性，制度变迁的路径依赖性、土地契约的不完备。应有效界定土地产权促进产权功能发挥，补偿外部效应的同时内部化外部成本，促进边缘制度创新以增强对核心制度的支撑，鼓励社会精英领办家庭农场并提高农户学习能力，从而促进家庭农场制度功能的有效发挥（张明月、薛兴利，2017）。苏昕、刘昊龙在梳理中国农业发展历史沿革和时代诉求的基础上，归纳了中国特色家庭农场的时代特征、逻辑关系及表现形式。农户家庭经营、农业收入为主、市场主体资质、现代化生产经营构成中国特色家庭农场的时代特征，现代化生产经营包含了适度规模化、集约化生产、商品化经营等具体要求。在此基础上，文章从主体建设、农民培育、土地流转、惠农资金、科技服务、产业服务等方面提出支持中国特色家庭农场的政策建议（苏昕、刘昊龙，2017）。杨唯希根据2017年对山东省潍坊及德州地区家庭农场的调研情况，认为农民的土地产权效力弱、土地权利无法得到保障是家庭农场业主最为担忧的权利侵害问题，目前农场土地制度的症结在于农民权利的贫困，他认为“三权分置”改革推动了产权细分，实质上是对农民赋权、护权（杨唯希，2017）。除了家庭农场之外，新型农业合作社主体也是学术界关注的热点，如管洪彦和孔祥智认为农民专业合作社法人财产权从目的属性上讲是复合性质的法人，从基本属性上看是人合性质的互助经济组织，是残缺的法人财产权，这是合作社融资难的直接根源，需要从法律上加以完善（管洪彦、孔祥智，2017）。

五、现代高效农业研究

为深入贯彻落实习近平新时代中国特色社会主义思想和党的十九大精神，加快推进农业农村现代化进程，山东省委、省政府部署制定了《山东省新旧动能转换综合试验区建设总体方案》《山东省新旧动能转换重大工程实施规划》《山东省农业现代化规划（2016－2020年）》《山东省新旧动能转换现代高效农业专项规划（2018－2022年）》等一系列决策，深入推进山东农业实现由大到强的战略转变，为农业新旧动能转换打造良好的基础。学术界对现代高效农业的理论内涵、实现路径、政策评价等进行了分析，认为我国农业现代化发展面临劳动力结构失衡、农业技术相对滞后、农村要素市场机制落后等诸多制约因素，衡量现代高效农业的主要标准是农业生产率与资源利用率，而提高农业现代化的主要方法和路径是农业技术进步，并从产业交融发展、农村金融体系建设、优良的物质装备、集约型组织方式、新型农业从业人才、推进长产业链条、推进绿色生产，提高产品质量，提升经济效益，加快实现农业由传统农业向高效高质农业产业转变。曹俊杰在论文指出，随着土地流转市场的逐渐发展，尤其是地租的不断提高，以亲缘为纽带的流转逐渐转向以租金为纽带的流转，从而工商企业参与农业经营的机会在增加，这就为农业带来了现金的生产要素，创新了农业现代化新模式，但是工商企业非农化占地倾向也使得土地流转存在重大隐患，需加以规范（曹俊杰，2017）。刘海丽、董德利通过分析山东省农村土地金融创新发展的局限与不足，认为建设强大的资本市场和金融市场是山东省由农业大省迈向农业强省的必然选择。在中央已明确提出农村土地“三权分置”的背景下，山东省应以土地产权制度和信用制度创新为基础，加强农地金融基础设施建设，构建功能互补、结构合理的农村土地金融服务体系（刘海丽、董德利，2017）。

六、失地农民与城镇化研究

土地制度不仅关系到农业和农民，也是确保新型城镇化健康持续发展的重大课题。随着城镇化工业化的快速推进，因为征地侵犯农民利益进而诱发社会冲突的现象时有发生，土地配置方式，尤其是城乡建设用地市场的矛盾变得尤为尖锐，党的十八大报告首次提出改革征地制度，强调要“提高农民在土地增值收益中的分配比例”，这就要求构建平等进入、公平交易的土地市场，允许农村集体土地与国有土地平等进入非农用地市场，更好地保护被征地农民的利益，同时有利于遏制乱占乱征问题。2017 年山东省有关征地问题的研究主要分布在失地农民的就业安置和新型城镇化土地供给方面。

（一）失地农民就业安置

城镇化的过程同时也是农民做出贡献的过程，由于主观能力、技术、年龄等方面的因素，目前相当大一部分的农民找工作是有困难的，失地农民安置包括住房安置、生活安置、就业安置、社会保障安置、货币安置等，其中最为基础的就是就业安置。山东省学术界关注的失地农民安置也主要是就业领域。张新洁、黄少安指出，随着工业化和城市化进程的加快推进，土地一定会发生流转和用途的改变，失地农民的摩擦性失业现象会不可避免的显现出来，失地的冲击对农民的就业状况存在磁滞效应。调查发现，在 16～59 岁的失地农民中，仅有 2.2% 的人因为非自愿性的原因而未在 1 年之内找到工作，因而可能会遭受生存威胁，需要政府予以扶持，给予相应的生存保障。而对于绝大多数的农民来说，失去土地对他们的生存冲击并不大，因为绝大多数的农民会在 1 年以内找到工作。此外，失地农民的性别、年龄、文化程度、健康状况、培训情况、非农工作经验、失地前收入来源以及失地农民所在地区经济的发达情况均为影响其摩擦性失业时间的重要因素（张新洁、黄少安，2017）。臧士成指出在征地拆迁过程中，由于板块发展缺少长远的整体规划、土地征用补偿政策不健全、房屋安置政策不完善、村务公开缺少透明度、失地农民自身欠缺劳动素质和技能、市民化进度缓慢等原因，出现安置片区发展缓慢、土地补偿呈递减趋势、失地农民并没有实现“安居”、大量上访导致社会稳定形势严峻、就业率和薪酬偏低、市民自我认同感不高等问题（臧士成，2017）。辛宝英在分析农业转移人口市民化成本障碍的基础上，分析了依靠农村土地流转、突破农业转移人口市民化成本障碍的必然性与可行性，认为土地承包权和经营权作为农业转移人口在农村的最重要的责任财产权利，能否获得有效处置，实现经营权的流转，在一定程度上影响着农业转移人口市民化的个人决策（辛宝英，2017）。

（二）土地供给与城镇化

《国家新型城镇化规划（2014－2020 年）》明确指出，到 2020 年，要努力实现一亿左右农业转移人口和其他常住人口在城镇落户，一方面这些人口的居住和就业需要大量城镇建设用地，另一方面城镇商品房价格居高不下，必须高度重视城镇化发展中的土地问题，不断探索土地改革的新办法、新思路，同步推进集约节约用地和农地产权制度改革，着力建设新型城镇化土地、人口、产业协同发展机制，切实保护土地利用。孙继国、董志勇构建了一个反映城镇化水平、土地供给与房地产价格相互作用关系的理论模型，利用动态面板分析的方法实证比较大城市和中小城市城镇化、土地供给与房价之间的作用关系。研究发现：大城市城镇化对房价的影响不显著，中小城市城镇化与房价相互促进和相互作用；相对于中小城市，大城市土地供给量增加对房价的影响效果更强；土地供给对城镇化影响不明显，中小城市土地供给对人口城镇化产生了扭曲效应。概括说来，我国大多数城市的土地市场、房地产市场与城镇化并未实现协调均衡发展，这一现象在大城市表现更为明显（孙继国、董志勇，2017）。王恳、李新举通过遥感技术识别土地利用类型，发现研究期内济南市土地利用程度有所提高，济南市土地利用正处于发展期，济南城镇化进程加快对建设用地需求大，建设用地占用耕地现象明显，城镇化进程中处理好建设用地和耕地之间的关系，深入现存建设用地潜力挖掘、提高农村居民点整治力度，是促进人地关系协调和可持续发展的必经之路。赵婧壹评析了现存的土地定价方式，参考当前的收益还原的定价方式，引入资本资产定价理论及模型，并在此基础上推出了新的农村土地定价模型，将农村土地资产收益率作为折算系数进一步对农村土地定价。该方法考虑到了农村土地作为资产时的风险溢价，反映出了农村土地的经济价值与非经济价值，进一步完善了收益还原法中收益率的计算方法，为我国农村土地市场定价研究提供了一种新思路（赵婧壹，2017）。王雪琪尝试使用空间计量方法对土地财政相关数据进行分类讨论，探索在新型城镇化背景下地方财政的现状及问题，为因地制宜地制定实体经济政策提供参考。选取 2004 ~ 2015 年全国 31 个省份的省际数据，从空间计量视角研究各省土地财政的空间分布及土地财政与新型城镇化的发展的关系。实证发现：①各省份土地财政水平存在明显的区域差异；②人均教育支出、人均社会保障及就业支出与土地出让金收入呈现显著正相关关系，失业率与土地财政则为显著的负相关关系；③在新型城镇化的建设过程中，一方面肯定土地财政对新型城镇化有着积极的支持作用，另一方面新型城镇化的建设也在改善土地财政的负面效应（王雪琪，2017）。

七、山东省土地调查案例研究

在山东各大高校，很多研究生都将山东省地区农村土地制度案例作为硕博士论文的研究方向，形成了一系列具有山东特色和齐鲁风格的土地调查案例。张冠强以山东肥城市 4 个土地整治项目为研究区，综合采用实地调查法、层次分析法、多因素综合评价法、有序 Logistic 模型等，分析土地整治对农民生产生活影响及农民对村委工作、项目实施满意度，构建评价指标体系，基于255 份调查问卷，对研究区土地整治农民满意度进行评价，并探究其影响因素，提出提高土地整治农民满意度的建议（张冠强，2017）。许海超根据农户家庭收入结构将农户划分为五种类型，首先分析了不同类型农户家庭基本特征、土地利用行为特征、土地利用投入产特征；其次选取农业资本投入金额、劳动力投入和土地投入作为投入变量，选用农户农业总产值作为产出变量，借助数据包络分析（DEA）方法，对农户的土地利用效率进行测算，揭示了不同类型农户的土地利用效率差异；最后，从家庭基本特征、土地资源禀赋、家庭经营特征、种植意愿、水土保持五个方面，共选取了15 个变量，构建 Tobit 回归模型，揭示了不同类型农户土地利用效率的影响因素。结果表明：农村优质劳动力大量转向非农生产；同类型农户土地利用的差异主要表现在种植规模、作物种植类型、土地撂荒率、土地流转以及种植意愿方面；不同类型农户土地投入产出水平差异很大，这与农户家庭劳动力数量、劳动力素质以及经营目的有着一定关系；调研区内农户土地利用效率整体偏低；不同类型农户土地利用效率的影响因素存在差异，同一因素对不同农户的影响也有所不同（许海超，2017）。侯继升在回顾了农村土地金融理论、现代产权理论、三权分置理论等相关理论的基础上，对国内外土地经营权抵押贷款的相关资料和有关文献进行了系统梳理。采用实地调研等方法，获得了枣庄市土地经营权抵押贷款一手数据。通过静态分析与动态分析相结合法等研究方法，梳理了枣庄市土地经营权抵押贷款的发展进程、采取的主要措施及成本效益分析，并对枣庄市土地经营权抵押贷款相关数据进行横向对比和纵向对比，得出以下结论：通过开展确权登记、搭建交易平台、深化农村土地改革、建立风险防控和纠纷调解机制等途径；配套政策支持体系、金融服务体系、司法保障体系等支撑体系，有助于土地承包经营权的流通，从而改善农村金融服务供给不足的现状，缓解土地承包经营权抵押贷款难、放款速度慢、贷款成本高等现状（侯继升，2017）。宗传齐以章丘为例，应用文献研究法、问卷调查法和实地分析法针对农村土地经营权流转进行研究，主要研究内容包括以下几个方面：第一，介绍农村土地经营权流转的主要概念与理论；第二，调查研究当前章丘农村土地经营权流转的基本情况，明确存在的主要问题，并针对阻碍章丘农村土地经营权流转的相关因素进行分析；第三，针对完善章丘农村土地经营权流转的实际情况，提出具体对策建议，包括建立规范的流转交易市场、加快推进农村土地确权、加强惠农政策宣传、构建完善的农村社保体系、规范土地流转行为等（宗传齐，2017）。崔广明利用综合集成赋权法和多目标综合评价模型等方法对2007～2014年山东半岛蓝色经济区各土地资源支撑子系统的承载力和土地综合承载力进行了评价并分析了时空差异情况及限制因素，主要结论如下：①2007～2014年山东半岛蓝色经济区7个地市土地综合承载力均有不同程度的提高，在时间序列上总体呈现波动上升趋势，但2011年后，除东营市外，其余城市土地综合承载力上升的增速处于放缓状态；②山东半岛蓝色经济区7城市的土地综合承载力分Ⅰ级、Ⅱ级、Ⅲ级3个等级，其中Ⅰ级承载力高，包括东营市、威海市，Ⅱ级承载力中等，仅包括青岛市、烟台市，Ⅲ级承载力低，包括日照市、滨州市、潍坊市，土地综合承载力大致表现出东高西低的区域差异；③山东半岛蓝色经济区土地综合承载力的障碍因素主要包括GDP增长率、人均GDP、水土协调度、人均建设用地、人均耕地面积、地均 GDP、土地开发强度、湿地面积比例、人均水资源量、人口密度等。根据结论，提出了提高经济发展速度、提高土地利用集约化水平和生态环境治理水平、降低第一产业占 GDP 的比重和节能减排等提高土地综合承载力的对策（崔广明，2017）。

总评：农村土地制度改革，牵一发而动全身。目前我国农村“三权分置”改革、农村土地征收征用制度、集体建设用地与城市建设用地同地同价同权改革、农村宅基地改革等是农村土地制度改革的“重头戏”。改革的根本目的都是在坚持社会主义集体所有制的同时，完善承包经营制度，使农民收入增加，农业生产效率提高。“十三五”期间，我国全面开展自然资源的统一确权登记工作，建立权责明确的山水林田湖草自然资源产权体系，农村土地改革必须“四块一体”整体推进，保证改革的系统性、协调性、统一性和整体性。

（崔宝敏）

第五章

农业经营方式转变

近年来，随着工业化、城市化的快速发展，劳动力成本急剧上涨，农业劳动力大量转移，农业比较效益持续下降（周婕，2017），单一的农户承包经营已经难以适应国民经济的发展需求，迫切需要转变农业经营方式、壮大农业经营主体，寻求农业发展的新突破，促进由分散独立的小农经济向规模化的现代农业转变（时崇崇，2017）。

农业经营方式可以从技术和制度两个不同的角度进行定义，从技术的角度看，农业经营方式是指农业在经营活动中所采取的方式和方法，如手工生产、半机械化生产、机械化生产等。从制度的角度看，农业经营方式是所有者和经营者相互关系的表现形式，如在体制改革前，中国的农业经营实行人民公社体制下的农业集体经营；在体制改革后，实行家庭联产承包责任制下的以家庭为单位的自主经营。因此，农业经营方式就是农业生产要素的组合方式，或者要达到经营目标所选择的生产技术道路、技术途径（周婕，2017）。本专题主要从制度的角度来评述农业经营方式的转变。山东学者对农业经营方式转变做了大量研究，研究文献与相关成果颇为丰富，同时也存在一定差异。

本章研究述评参考文献 60 余篇，多来自中国知网，主要涉及农业经营方式转变相关研究，其中包括新型农业经营主体发展促进农业经营方式转变、农业生产方式的绿色转变、农业社会化服务主体的转变与发展、新型销售模式发展及促进农业经营方式转变的政策建议等五大方面，系统地总结了 2017 年山东省学者在农业经营方式转变方面的研究成果，为该领域进一步研究奠定了基础。

一、新型农业经营主体发展促进农业经营方式转变

随着非农经济发展及现代化农业的快速推进，农业经营主体结构不断发生变化（刘召客，2017），传统小农经营主体已不能适应激烈的市场竞争，“谁来种地”成为现代农业亟须解决的问题（周婕，2017）。在此背景下，以专业大户、家庭农场、农民专业合作社和农业企业为代表的新型农业经营主体逐渐成为我国农业现代化建设过程中的主导力量（刘庆斌，2017）。新型农业经营主体的发展和壮大可以推动农业产业结构转变，促进农业产业化发展，改变我国落后的农业经营方式（黄立国，2017）。因此，培育新型农业经营主体是我国当前进一步深化农村改革的重要任务，是同步推进信息化、工业化、城镇化、农业现代化的必然要求，同时也是我国农业现代化的必经之路（刘小颖，2017）。

（一）家庭农场发挥了农业家庭经营的优势

当前，小而分散的家庭经营已经不能适应我国经济与社会发展的需要（张明月、薛兴利，2017），伴随着农业兼业化、农民老弱化、农村空心化、土地细碎化等问题的出现（赵金国、岳书铭，2017），家庭农场作为规模经营的重要承载形式，在当前农业发展的特殊阶段应运而生，保留了家庭经营的内核，稳定了家庭经营的基础性地位，提高了农业经营的市场效率和组织化水平，是对传统农业经营方式的改良与完善（于家海，2017），具有保障粮食安全、促进农民增收、缩减城乡发展差距等功能，是发展现代农业的有生力量（高杨、李佩，2017）。

家庭农场是以家庭成员为主要劳动力，利用家庭承包土地或流转土地，从事规模化、集约化、商品化生产经营，并以农业收入作为家庭主要收入来源的新型农业经营主体（翟瑞芹，2017；赵娴、刘佳、吕泓成，

2017；陈晓倩、崔新群，2017）。家庭农场已成为引领适度规模经营、发展现代农业的有生力量（于家海，2017）。

1. 家庭农场可以发挥农业家庭经营的天然优势

山东学者对家庭农场的发展优势给予了广泛的关注。家庭经营是家庭农场最天然的制度优势，能够降低代理成本并实现自我激励（苏昕、刘昊龙，2017），家庭农场规模化生产则大幅度提高机械化水平，降低生产和交易成本（苗兴武，2017）。家庭农场主是身兼劳动者与管理者的双重身份，相比其他形式的新型农业经营主体，家庭农场更有积极性、更具有活力、劳动效率更高（于家海，2017）。此外，农户的不稳定性、土地流转的不断加速、农业技术的不断创新，均为发挥中国特色家庭农场的制度优势提供了合意的空间与土壤（陈晓倩、崔新群，2017）。但家庭农场的优势只限于农业中的直接生产环节，而在与直接生产相衔接的产前、产后环节中并无优势（韩朝华，2017）。

2. 家庭农场的发展引起相关农户家庭收入的变化

赵金国、岳书铭（2017）的研究中发现农场主和劳动雇工、资金及土地是培育家庭农场的核心影响因素，家庭农场的经营不仅需要家庭劳动力的投入，还需要一定的季节性雇工，这些劳动者除少数年轻的农机手，多数为缺乏技能、体力或不愿外出就业的老人和妇女，家庭农场的雇工可以为这部分农村劳动力提供他们最熟悉、可操作的就业岗位，可为其提供一定收入。同时，家庭农场经营多是租用普通农户的土地，这除了为这部分农户交付土地租金外，也为大部分流出耕地的农户腾出了务工时间，增加了务工收入。

3. 家庭农场的发展受到生产要素、外部环境的影响

家庭农场的培育发展受到农场主个人因素、经济发展水平、人力资本、外部环境、农业生产性服务发展水平等因素的影响。例如，高杨、李佩（2017）基于华北平原 5 省 467 户粮食类家庭农场的调研数据发现，

融资环境、法律与政策环境、生产设备完善程度和社会化服务环境是影响家庭农场发展的重要因素，其次为农场主受教育程度、管理规章制度规范程度和技术环境；高杨、张笑、吴蕾（2017）探究了个体层面变量和省域层面变量对粮食类家庭农场成长的结构性影响差异和交互作用，结果发现成长差异主要由个体层面因素所导致，但省域层面因素的影响也不可忽视。

4. 家庭农场的发展依赖于地权关系的明晰和外部环境的支撑

如何更好地推动家庭农场的发展，翟瑞芹（2017）认为首先要确定土地权属关系，这是发展家庭农场最关键的问题；赵金国、岳书铭（2017）认为，加快基础设施建设，增强农场农业机械化生产是家庭农场发展最基本的条件（高杨、李佩，2017）；徐祜华（2017）认为强化社会对家庭农场的认知，加强经营者的个人培训和农业生产性服务有利于家庭农场的发展。

（二）农民专业合作社促进了农业合作经营发展

农民专业合作社是在农村家庭承包经营基础上，同类农产品的生产经营者或者同类农业生产经营服务的提供者、利用者，自愿联合、民主管理的互助性经济组织。也有学者将农民专业合作社定义为：在农民自愿基础上，将部分农户组织在一起，实现资源的优化配置来顺利完成生产经营活动，有效提高农业生产经营水平的新型农民组织（王云，2017）。乌兰托亚、马龙波、房桂芝（2017）认为，合作社是实现农户合作与联合机制最重要的载体，上下联系普通农户与产业化龙头企业，内外连接家庭农场、专业大户与农业社会化服务组织，提高农业生产效率。按照运作模式，农民专业合作社分为基层政府推动型、能人大户牵头型、龙头企业带动型、农技部门依托型（刘站站，2017；段晓东、张兰，2017）。

1. 农民专业合作社快速发展丰富了农业经营形式

自2007年7月1日《农民专业合作社法》实施至今，农民专业合作社呈现出蓬勃发展的态势，目前已成为我国农业经济发展不可或缺的新型农业经营主体之一。特别是2016年国家出台了《关于完善农村土地所有权承包权经营权分置办法的意见》，国家积极推动集体所有权、农户承包权和土地经营权“三权分置”改革，此项改革为农民专业合作社新一轮的发展和转型升级提供了新的政策动力（武嘉盟、路春城，2017）。据工商总局统计，截至2017年11月底，全国注册登记的农民合作社超过199.9万家，实有入社农户超过1亿户，约占全国农户总数的46.8%。农民专业合作社在为农户或新型经营主体提供服务的同时，实现了生产要素的集中与整合，提高了资源利用效率，达到了规模经济效应（苏昕、刘昊龙，2017）。

2. 农民专业合作社充分发挥了农业合作经营的优势

农民专业合作社的本质是社员合作经营，通过合作经营，扩大经营规模、发挥精英社员的带动优势，可较好地克服小农户分散经营的弊端。农民专业合作社通过统一提供技术、生产资料、销售等一条龙服务，形成了规模化生产经营，增强了农产品的市场竞争力（刘站站，2017）；通过提高农民的组织化程度，促进农业技术的广泛推广，实现农业增产、农民增收（丁锁、臧宏伟，2017）；通过生产、加工、销售一体化，实现农业产业链条的延伸，促进了三产融合（姜道奎、李晓钰、江文斌，2017；聂左玲、汪崇金，2017）；推动了发展与服务的一体化深度融合，成为衔接“小农户”与“现代农业”的主渠道（刘萍，2017）。

3. 农民专业合作社将是我国发展农业合作经营的主力军

农业经营主体在不同的历史阶段，不同的经济发展地区，其农业经营方式是不同的（汪艳涛、金炜博，2017）。近年来的历史实践已经证明了农民专业合作社是适合中国国情、农情的一种组织形式，其未来发展趋势也成为学者们的研究重点。汪艳涛、金炜博（2017）认为农业生产逐渐转向多元化、产业化、专业化、集约化经营；刘站站（2017）认为农民专业合作社的发展趋势将呈现以下特点：合作领域逐步提高、市场主体开办呈现多元化态势、品牌意识逐步提升、农业机械化水平不断提高。王少营（2017）认为农民专业合作社未来发展模式呈现多样化，内部管理趋于规范化，经营方式实现可持续性。

4. 多方协作促进农业合作经营发展

随着国家对农业扶持力度的不断加大以及对专业合作社发展的逐步引导与支持，农民专业合作社在助力农业发展中取得了巨大成绩，但是受发展的时间比较短暂以及我国农村实际宏观环境的制约，农民专业合作社在进一步发展的过程中也存在一些亟待解决的问题。农民专业合作社存在的规模小、发展环境不够宽松、管理水平不高、缺乏技术人才等问题都会阻碍合作社的不断壮大（陈安童，2017）；合作社管理制度不健全、运行不规范，以及品牌意识不强、市场竞争能力较弱是阻碍合作社发展的内部原因（丁锁、臧宏伟，2017）。还有学者认为山东省供销合作社农民参与程度较低，农业全程社会化服务开展少，自身实力不足，融资能力不足，管理体制和运作机制不灵活（韩备提，2017）。卢永妮、周维宏、唐衡（2017）认为中国农民专业合作社发展态势良好，但是目前还处于建设和发展并重的关键时期，还存在结构松散、治理不规范、竞争力弱、带动力不强等问题。

针对以上农民专业合作社存在的问题，众多学者提出了相关的意见建议。于明燕（2017）认为要解决合作社存在的问题就要大扶持力度，落实配套政策；围绕特色主导产业，扩大合作社发展规模；完善运行机制，加强合作社规范化管理；不断完善产业化经营模式。王云（2017）认为要推进合作社快速发展需要加强宣传引导，营造良好氛围；强化领导，健全机制；坚持量质并举，构建新型农业经营体系；引导农民专业合作社实施商标品牌战略；打造一批龙头企业。孙洪月（2017）认为加强合作社之间的互助、培养选拔专业人才也是发展农村合作社的重要举措之一。管洪彦、孔祥智（2017）坚持着力解决合作社融资难问题是未来政府支持合作社发展的着力点。

（三）农业企业带来了农业规模化经营、企业化管理与产业化发展的多态势

随着我国传统农业逐渐向现代农业转变以及农村土地流转政策的不断放宽，农村现有资本已不能满足现代农业的发展需要，工商企业开始逐渐下乡参与农业经营。工商资本下乡经营农业，为现代农业发展注入了先进生产要素，促进了农业供给侧结构性改革（曹俊杰，2017），是推动农业产业化经营发展、带动农户走向市场、实现农民增收以及加快农业现代化进程的重要举措。

1. 农业企业带动了农户经营与农业发展

农业企业与其他一般类企业有着共同之处，都是使用一定劳动资料，独立经营与自负盈亏（陈友山、杨叶亮，2017），有着较强的资金实力，能够提供技术支持（赵金国、岳书铭，2017），利用资本、技术、人才等优势生产要素（王兴国、王新志，2017），带动农户发展专业化、标准化、规模化、集约化生产（霍秀娜、赵萌，2017），提高了农业经营效率和收益。农业企业化是新时期对农村农业经济改革的一项深刻制度变迁及社会变迁的过程（陈友山、杨叶亮，2017），对于提高农业组织化程度、加快转变农业发展方式、促进现代农业建设和农民就业具有十分重要的作用（霍秀娜、赵萌，2017）。

农业和农村经济结构的调整过程中，农业企业承担着农业技术革新、农民生产技术改良以及带领农民进入市场的重任（张颖，2017）。农业企业经营规模较大，呈现辐射带动效应，通过“公司 + 农户”或“公司 + 基地 + 农户”等联结方式，不仅稳定了原料供应，而且带动了周边农户。农业企业的发展还有利于改良提升农民生产技术（陈友山、杨叶亮，

2017)，提高农产品深加工程度，对于带动社会主义新农村建设，增加农民收入、促进农村经济的发展等方面也有积极作用。

2. 合理引导、规范与支持农业企业发展

农业企业体现了改造传统农业的历史规律性，引领着现代农业的发展方向，符合提升农业现代性的基本要求，但其总体上还处于成长阶段，既面临着发展困境，自身成长中又存在一定问题。曹俊杰认为目前相关法律法规和政策不完善；存在乱占耕地和“非农化”倾向；对农民产生挤出效应或侵害农民利益；工商企业下乡还具有一定的盲目性和风险性（曹俊杰，2017）。而张颖则认为农业企业产业链不完整，生产基地布局不合理；同类农产品或替代产品较多，市场综合竞争力不强；产品层次不高，科技含量较低，附加值低；缺乏有影响力的自主品牌等（张颖，2017）。为了妥善解决以上问题，相关政府部门应该完善相关法律法规和制度，优化工商企业下乡政策环境，规范企业下乡行为，合理控制企业经营农业规模，创新农地流转与合作模式，完善社会保障和农业保险体系（曹俊杰，2017）。

二、农业经营方式转变带来农业生产方式的绿色转变

农业经营方式的转变是与农业技术变迁、宏观经济变化引致的农户行为变化，农产品消费结构、方式变化引致的供给结构升级，要素依赖演变、资源环境约束加剧引致的创新驱动范围拓展等因素互动的结果。因此，要加快转变农业经营方式，实现农业绿色发展、保障国家粮食安全，就要积极推动农业技术创新，有效缓解“三农”问题（王俊杰，2017），为新农村建设、农业增产增收实现可持续发展提供一条可行之路（李乐新，2017）。

（一）带来农业收获方式的绿色转变

随着社会主义新农村和城乡一体化进程的推进，农村生活方式改变，秸秆直接燃烧作为一种传统落后的能源利用形式逐渐被抛弃，大量的秸秆被丢弃或焚烧，产生大量烟气，对大气造成严重污染，焚烧秸秆还会对土壤造成危害，降低土壤的肥力，使耕地越来越贫瘠（梅艳艳等，2017）。为了更好发展绿色农业，要不断探索秸秆综合利用方法，提高秸秆利用率。实施秸秆还田是其综合利用的重要途径，它在一定程度上促进大气环境的改善，改善土壤肥力，促进农作物的生长（李鹏等，2017），同时具有保水抑盐、改良盐渍土地的效果（杨东，2017）。虽然农业技术创新推动秸秆还田技术快速发展，但因相关研究起步较晚仍然存在一定问题，投入和产出不成比例、农民技术使用率仍然较低、秸秆还田技术不成熟等因素均阻碍了秸秆还田技术的推广应用（梅艳艳等，2017）。因此，强化政府管理职能、全面推动秸秆禁烧工作，创新秸秆综合利用方法，不断完善秸秆还田技术等是推动秸秆还田技术不断发展的有效途径（徐冠勇，2017）。

（二）带来农业施肥方式的绿色转变

目前，我国的农业生产中存在着化肥的利用率低、施肥量超标、施肥结构不合理、施肥养分缺乏针对性等问题，导致土壤污染，土壤肥力下降，农产品质量安全问题日益凸显，生态环境受到破坏严重制约着农业生产的积极性，与农业可持续发展理念相违背。2017 年中央“一号文件”明确强调要推行“绿色生产方式，推进化肥农药零增长行动，深入实施土壤污染防治行动”计划，在此背景下，测土配方施肥技术应运而生（张复宏、宋晓丽、霍明，2017）。

测土配方施肥又称为平衡施肥，以土壤测试和肥料田间试验为基础，根据作物生长需要合理需肥规律、土壤供肥性能和肥料效应，在合理施用有机肥料的基础上，提出氮、磷、钾及中、微量元素等肥料的施用数量、施肥时期和施用方法，并提出施肥建议或施肥配方的一种农业技术，是实现科学种田的有效途径。经过实践发现，测土配方施肥技术通过降低化肥投入量，降低了农业生产成本，减少了农业面源污染，明显提高农作物产量，促进农民增产增收。但在技术推广中存在着认识不到位、土地经营规模化程度低、供销社服务能力不强等问题。为了推动秸秆还田技术推广，提高农民技术使用率，需要强化农民认识、全面普及测土配方施肥技术，培育规模经营主体、扩大土地规模经营，培育壮大市场主体、提高服务市场能力（陈宪信、肖莹，2017；魏翠芬等，2017）。

（三）带来农业防控方式的绿色转变

绿色防控技术，又称为病虫害综合防治技术（IPM），是一种坚持"预防为主、综合防治"的植保方针，综合利用生物防治、物理防治、农业防治、科学用药等多种技术措施控制农作物病虫害，从而最大限度减少农户对化学农药的依赖性的资源节约型与环境友好型病虫害管理技术（高杨等，2017）。IPM 技术是防治农业有害生物的重要手段，有利于增加作物产量，同时还能够解决农民一家一户防治难、效果差、成本高、浪费多、污染重等问题，对保障农业生产、农产品质量、生态环境安全能力具有重要作用，建议加大推广力度，扩大应用范围（钟凯等，2017）。

三、农业经营方式转变带来农业社会化服务主体的转变与发展

在现代农业发展中，农村劳动力成本上涨，农业劳动力大量转移到非农部门，农村劳动力锐减，土地撂荒等问题突出。面对这些挑战，农业规模经营应声兴起成为新的重要特征（周婕，2017）。现阶段，农业适

度规模经营虽然形式多样，但主要路径有两条：一是通过农村土地经营权流转，扩大农户土地经营规模，培育家庭农场、专业大户等新型农业经营主体；二是农业生产服务规模化，以农业生产托管为例，形成以新型农业服务主体为主导发展农业适度规模经营（王蔚、徐勤航、周雪，2017）。因此，培育新型农业服务主体、发展农业生产托管服务是转变农业经营方式、发展多种形式农业适度规模经营的主要方法之一。

农业生产托管是农户等经营主体在不流转土地经营权的条件下，将农业生产中的耕、种、防、收等全部或部分作业环节委托给农业生产服务组织完成的农业经营方式。其中，农业生产服务组织主要包括种粮大户、家庭农场、服务型农民合作社、专业服务队、龙头企业、农业服务公司等托管服务主体（宫同瑶、刘智浩，2017；王蔚、徐勤航、周雪，2017）。培育新型农业服务主体，创新农业服务形式，在很大程度上助推小农户成为规模生产中的一分子。托管后的土地可以实现统一耕种、施肥、打药、收割，农资服务也由单纯的农资销售，变为与技术服务相结合，实现降本增效：托起“五高”、助降“五低”，一方面带动了区域内农业发展方式的转变，促进了农业增效、农民增收，另一方面推动了第一、二、三产业融合发展（王蔚、徐勤航、周雪，2017）。

新型服务经营主体深入挖掘地域特色农业产业，以多功能、多层面服务为切入点，积极推进建设涵盖农资直供、测土配方、智能配肥、农民培训、土地托管、统防统治、粮食烘干及仓储等多功能为一体的服务体系，助力农业适度规模经营，推进农业现代化建设。同时坚持用现代工业理念发展服务组织，探索推进把农业生产、销售、市场运营、产品消费服务融为一体，进一步改造提升传统农业向农业现代化发展（李贵平，2017）。

四、农业经营方式转变需要新型的销售模式对接

中国作为一个农业大国，农业领域在国民经济中起着举足轻重的作

用。而农业生产最大的问题之一就是农产品的销售问题，发达的农产品销售体系是农村经济发展必不可少的保障。但是由于农产品生产周期长、不易储存和运输条件差等因素的影响，给销售带来了很大的困难，农产品销售不畅是制约农业发展的重要因素之一。目前，传统的农产品销售模式有集贸市场模式、批发市场模式、经销商销售模式等，但存在销售价格偏低、交易成本较高、销售过程复杂等问题，在此背景下，农超对接销售模式、电子商务销售模式等新型销售模式应运而生。

（一）“农超对接”销售模式应运而生

2010年中央一号文件提出全面推进“农超对接”，“农超对接”供应链涉及从生产到销售的完整过程，包括诸多环节，可实现农产品营销渠道中“点”“线”“面”的有机衔接与联合，有效解决小农户与大市场之间的矛盾，调节生产与供给，减少物流成本，进而优化资源配置（王明明、郑军、张明月，2017）。

“农超对接”是以产品为媒介，以合作社、超市为实施主体，实现了超市、农户、消费者多方共赢，减少农产品流通环节，降低农产品流通成本的一种全新农产品流通模式（张明月、郑军、薛兴利，2017）。“农超对接”作为推进统筹城乡发展的具体实践，是中国农产品流通方式的一次创新和优化。其中，“农户＋合作社＋超市”是最具代表性的模式，合作社充当农产品交易的中介，在农户与超市之间起着重要的纽带作用，可以提高合作社的农产品流通效率，使合作社获得持续的销售渠道（张明月、郑军、薛兴利，2017）。

但是，在实际操作中，“农超对接”还存在实施范围小、销售比重低、作用效果有限以及超市积极性不高等问题（张明月、郑军、薛兴利，2017）。因此，建立合理的利益分配机制、加大扶持农村金融机构、完善物流中心建设等是推动“农超对接”健康发展的重要举措。

（二）电子商务销售模式成为农产品营销模式的新秀

近几年来，农产品电子商务模式逐步发展成为农产品营销模式的新秀，特别是2012年后，在“互联网+”农业背景下，互联网和农业充分结合发展，越来越多的农产品走向网络。农产品电子商务是将农产品销售与电子销售结合起来的一种新兴农产品销售方式（赵兴冉，2017），为农产品的销售提供了新的途径，减少了因农产品信息流通不顺利而导致的农产品滞销现象，改变了传统的农产品销售方式，对现代农业的生产和销售产生了深远的影响。

在现代互联网高速发展的现阶段，农民改变了以往生产销售过程中的被动地位，开始主动参与到市场经济的发展建设中来，以网络技术为支撑，以高科技电子信息为抓手，以商品交换为中心的商务活动，将农产品的销售与高新电子科技结合起来，以达到促进销售，减少成本，使利益最大化的目的。其中，新型O2O电商模式与B2C、B2B等传统电商模式相比，较大程度克服了农产品产地限制，给消费者带来更佳的消费体验，形成线上线下的消费闭环，在一定程度上克服传统电商固有的弊端（胡尊宇，2017）。但同样农产品电子商务销售模式中还存在产品来源混乱、质量参差不齐，缺乏品牌培养意识、缺乏专业的电子商务人才培养机制，物流体系待完善，缺乏监管机制、市场标准化不强等问题。因此，陈霄、矫永芹、刘夏青（2017）提出改善产品供求信息不对称的问题，实现产销对接；推进产品生产标准化，形成产业链；政府采取有力政策措施引进技术人才等相关建议。

五、理顺生产关系，推进农业经营方式转变

（一）完善土地流转制度，提高土地流转效率

当前中国农业土地细碎化严重，土地流转意愿偏低且稳定性较差

（张明月、薛兴利，2017），造成农业生产效率偏低（赵金国、岳书铭，2017），不利于农业规模化经营。创新农业经营体系，培育新型经营主体，扩大农业经营规模已成为我国农业持续健康发展的理性选择。因此，在“三权分置”的制度基础上，应进一步细化农村土地流转制度，增强制度的可操作性，提高土地流转效率。

（二）健全新型经营主体培育机制，提升农业经营主体整体素质

专业化和综合化是衡量农业现代化发展状况的标准之一，也是先进农业经营方式的重要特征。中国大部分地区农民专业化水平较低，限制了农业规模化发展。针对中国农民素质较低的现状，可通过科技下乡、经验交流、现场学习等多种形式进行农业职业教育，提升农业经营主体的综合素质，提高他们学习和掌握现代化技术的能力，促进农业规模化生产（周婕，2017）。因此，为了更好地推动新型农业经营主体的发展，相关政府部门应加大资金补贴力度，完善人才培养培训等相关制度（翟瑞芹，2017），促进新型农业经营主体适度规模经营和可持续发展（时崇崇，2017）。

（三）健全农业生产性服务体系，提升专业化与综合化水平

健全的农业生产性服务体系能够有效地促进新型农业经营方式的转变。当前中国生产性服务供给相对不足，生产性服务体系不够完善，通过强化农业公共服务能力建设、大力培育农业生产性服务组织、创新农业生产性服务机制来提升农业社会化服务体系的专业化和综合化水平，为农业生产经营方式转变创造良好环境。一个全面发展的生产性服务体系，可以有效地把各种现代生产要素注入农业经营之中，促进农业经营主体的快速发展（赵金国、岳书铭，2017）。

六、结　　语

从现有文献来看，山东省学者在 2017 年对农业经营方式的研究取得了一定成就，农业经营体系的理论框架正在不断深化与完善。研究方向主要集中在新型农业经营主体、农业经营方式转变两个方面，大部分山东学者认同现有的新型农业经营主体包括专业大户、家庭农场、农民专业合作社、农业企业等，提出的对策建议对于农业经营方式创新也具有一定程度的借鉴意义。然而，山东学者关于农业经营方式的研究还存在一定不足：

一是农业经营方式转变中生产关系转变的研究不足。目前，山东省学者对这个问题的研究不够深入，只是简单从技术和制度两层面定义了农业经营方式的概念，现有的研究也更多关注农业生产方式的转变，对农业生产关系转变的研究较少、对农业生产关系转变促进生产力发展的研究则相对更少。

二是农业经营方式的变迁过程研究不足。农业经营方式变迁的相关研究有助于学者们了解农业经营方式的发展历史，探究未来农业经营方式的发展方向。但山东学者关于农业经营方式的研究多集中于新型农业经营主体的培育以及农业经营过程中绿色生产技术的应用两方面，对农业经营方式变迁的具体过程研究相对不足。

三是现有研究多集中在农业经营方式理论方面，实证研究相对匮乏。目前大部分山东学者只关注了农业经营方式的理论研究，很少有对农业经营方式生产效率及影响因素等方面做实证研究的，未来的研究重点要放到资本、土地、人口等各要素对农业经营方式的影响及贡献率的实证研究上。

（孙小燕）

第六章

国有企业改革与治理

从国有企业的改革历程来看，国有企业先后经历了放权让利、两权分离，建立现代企业制度，完善国有资产管理体制以及当前正在推进的混合所有制改革等阶段。事实上，国有企业是一种组织形式，而组织是制度的要素之一，同时制度属于生产关系的范畴，因此国有企业依次改革的各个阶段不乏生产力的发展，但更多的则体现为生产关系的变革。不过，尽管与国有企业的变革相伴随的是生产力的释放，以及国有企业绩效的提高，但是学界依然对国有企业的产权、垄断、效率等问题予以诟病。为此，本章通过对2017年山东省学者在国有企业改革方面研究成果的综述，为国有企业进一步在微观治理上的调整与整体上的根本性改革提供相应的借鉴。对既有文献的归纳总结发现，2017年山东省学者对国有企业的研究主要集中在三个方面，即国有企业的治理、国有企业的绩效以及国有企业混合所有制改革与国有资产管理体制改革。接下来，本章将依次对这三个方面进行梳理。

一、国有企业改革与治理

国有企业的改革是一项系统性的工程，不仅涉及诸如产权改革、国有资产管理模式等根本性的变革，也有特定框架下国有企业内部治理机制以及外部治理环境的调整或改变。文中通过对有关国有企业治理文献的梳理发现，2017 年山东省学界对国有企业治理的对象可归结三个层面，即国有企业的高管激励、国有企业的投资与创新以及国有企业的融资。尽管不同的治理机制或治理环境对国有企业发展呈现出或促进或阻碍的作用，但可为国有企业改革提供经验或教训上的借鉴。

（一）国有企业高管激励与治理

委托—代理问题是现代企业中普遍的问题，在国有企业中也不例外。由于委托—代理问题中的高管激励程度直接关系到所有者的利益，为此石冠儒从规范企业发展的外部环境，完善国有企业公司治理结构，建立科学的绩效考核体系，以及落实企业高管薪酬披露制度等方面系统性提出完善国有企业高管激励机制的政策建议（石冠儒，2017）。然而，石冠儒对国有企业高管激励机制论述略显宽泛（石冠儒，2017）。具体地，王敏等引入非执行董事考察国有上市公司高管对薪酬激励契约的选择，研究发现非执行董事能够显著提高国有公司高管薪酬激励契约的有效性，抑制公司高管对于在职消费隐形激励契约的选择；且在市场化水平较高地区或者机构投资者持股比例较低的国有公司，非执行董事对高管在职消费激励契约选择的抑制作用更明显（王敏，2017）。相应地，王昌荣在分析薪酬契约时将视角转换为高管自身的权力，重点研究了高管权力对薪酬契约的影响，以及市场竞争对高管权力与高管薪酬之间关系的调节作用，认为我国国有企业高管权力的膨胀可能导致其在高管薪酬契约的制定中谋求私利，从而获得更高的薪酬。进一步研究发现，市场竞争作为企业的外部影响因素，能够有效地减少管理层利用权力影响高管薪酬的可能，提高高管薪酬设置的客观性；国有企业由于缺乏股东与董事会的有效监督，从而高管权力对高管薪酬的影响在国有企业中更为显著（王昌荣，2017）。由此可见，作为外部治理机制的非执行董事，以及外部治理环境的市场化水平在约束国有企业高管选择或制定以自身利益最大化而违背激励相容约束的薪酬契约上具有积极的作用。不过，尽管限制高管对更高薪酬的追求可提高国有企业所有者的收益，但高管在更高薪酬上的激励也有其可取之处。朱彩婕、刘长翠通过检验内部控制缺陷暴露后公司治理如何影响内部控制缺陷修复，验证国有企业治理主体在内部控制缺陷修复过程中的作用，结果显示内部控制缺陷暴露后，高管薪酬与内部控制缺陷修复显著正相关（朱彩婕、刘长翠，2017）。除此之外，凌士显、白锐锋以不同主体控股公司为样本检验公司治理的另外一个外部治理机制，即董事高管责任险，研究表明董事高管责任险对非国有控股公司总资产周转率的影响水平明显高于对国有控股公司的影响，这意味着董事高管责任险对非国有公司的激励作用明显大于对国有控股公司的激励作用（凌士显、白锐锋，2017）。

（二）国有企业投资、创新与治理

对于国有企业中高管的投资行为，周军基于国有企业最终控制人性质审视了国有企业高管权力与企业过度投资行为之间的关系，发现地方国有企业高管权力越大，企业越倾向于过度投资，而中央国有企业高管权力与企业过度投资之间的关系不显著；低在职消费的国有企业高管权力越大，企业越倾向于过度投资，而高在职消费的国有企业高管权力与企业过度投资之间的关系不显著，且在职消费对高管权力与过度投资之间关系的影响在地方国有企业中尤为明显，而在中央国有企业中并不显著。国有企业投资除了受到作为内部治理机制的高管权力影响外，也对外部治理环境的改变做出反应（周军，2017）。吴晓飞实证检验了地方领导人更替与中国国有经济投资行为，认为省委书记更替对当年的国有经济投资具有显著的负向影响，而省长更替对当年的国有经济投资则具有显著的正向影响；同时，进一步研究指出地方领导人更替对国有经济投资行为的影响主要是由实质性更替所引起的，连任对于国有经济投资行为的影响则相对较低（吴晓飞，2017）。此外，马红、王元月研究作为外部治理环境的去杠杆在提高我国企业投资效率上的有效性，其结论为债务杠杆的下降对企业投资效率提高的促进作用在国有企业和成长性较差的企业、在行业竞争性较小的企业、在金融发展水平较低的地区、货币政策宽松时期更为显著（马红、王元月，2017）。

在国有企业创新与治理机制方面，徐伟等通过企业创新投入研究了影响国有企业投资的国有控股方治理机制，结果显示国有控股方激励机制、控制机制有利于促进公司创新投入，而监督机制抑制公司创新投入；在低竞争市场环境下，中央控股方的有效治理机制为强激励、弱控制，而地方控股方则为强激励、弱约束；在高竞争市场环境下，中央控股方呈强激励、弱控制、弱约束的有效机制组合，而地方控股方则呈弱约束（徐伟等，2017）。进一步地，韩庆潇等考察了战略性新兴产业中国有企业高管团队异质性对企业创新效率的影响，研究发现：对于国有战略性新兴企业，高管团队年龄异质性和职能背景异质性与创新效率之间呈倒“U”型关系；高管团队任期异质性始终对创新效率有负面影响；高管团队教育水平异质性始终对创新效率产生正面影响（韩庆潇，2017）。

（三）国有企业融资与治理

国有企业在融资上的可得性以及融资的成本不仅关系到企业的收益，甚至关系到企业的发展与生存。惠楠、陈晨分析了会计信息质量、资产可抵押性与融资约束三者之间的关系，发现在国有企业中，会计信息质量与资产可抵押性由于企业自身的政治关联对融资约束并没有显著的影响；而在民营企业中，会计信息质量与资产可抵押性均对企业的融资约束有较为显著的缓解作用（惠楠、陈晨，2017）。类似地，王营、曹廷求也将融资约束作为研究的视角，进而证实董事网络在信息效应和资源效应上的双重优势，认为由于国有企业具有“先天性”的政府偏袒，因而中心位置和结构洞位置对国有企业的作用均不显著，而中心位置对民营企业的信息效应和资源效应均显著，结构洞位置对民营企业的信息效应显著、资源效应不显著（王营、曹廷求，2017）。与上述研究不同，董玲玲将研究的重点放在财务违规与债务融资成本上，研究显示，相比于国有企业，民营企业中财务违规与债务融资之间的正相关更为显著，并且进一步对结论作出解释，即国有企业的政治关联作为一种隐性担保，降低了企业因财务违规受到一会两所的公告处罚，且更易于从银行机构获得利率较低的融资（董玲玲，2017）。贾筱则在实证检验了不同产权性质下信息披露质量、审计质量与企业商业信用融资规模之间的关系后指出，无论是在国有企业，还是在民营企业，信息披露质量、审计质量与商业信用融资规模均呈正相关关系，但由于国有企业的政治关联使其更容易以较低的成本获得各种融资，因而相对于国有企业，民营企业在信息披露质量和审计质量上对商业信用融资规模的促进作用更为明显（贾筱，2017）。另外，吉晓莉、李鹏飞对上市公司营运资本投资和经济增长预期之间的关系进行了实证研究，认为上市公司流动资产和流动负债对经济增长预期反应的共同作用导致了营运资本投资的变化，而在二者当中，由于信贷部门的歧视，国有企业和非国有企业仅在流动负债融资上有显著的差异，且相对于国有企业来说，非国有企业流动负债融资对预期的经济增长波动更为敏感；国有企业和非国有企业流动资产投资对经济波动都有反映，但二者之间的差异不显著。由此可见，呈现出的单边偏向使其相对于民营企业具有绝对的优势，这使得在民营企业中显著发挥作用的诸如会计信息质量与资产可抵押性、财务违规、信息披露质量与审计质量以及预期经济波动等治理机制，在国有企业中弱有效或者甚至无效（李鹏飞，2017）。相对而言，金鹏辉等的研究则在国有企业政治关联的基础上更进一步，其在既定增长目标下通过对金融摩擦与杠杆治理关系的实证检验为适度提高国有企业融资摩擦系数提供支持，其结论表明，在其他因素不变的条件下，隐性担保的降低非但不影响国有企业的投资和产出，而且降低了其杠杆率，提高了民营企业的间接融资，同时提高了民营企业的投资和产出，最终的促进作用在融资约束、融资成本、融资规模，抑或是流动负债融资，以及国有企业社会总产出的增加和杠杆率的下降上（金鹏辉，2017）。

二、国有企业改革中的目标定位与绩效考察

不同于民营企业以单一的利润最大化为目标，基于全民所有制的性

质，以及所有者缺位，政府作为全民代表实际控制国有企业产权的现实，国有企业决策时的目标导向已超出经济绩效的范畴，因而对国有企业的绩效，有必要结合国有企业的特殊性而从广泛的意义予以考察。不过，尽管如此，2017 年山东省的多数学者在研究国有企业绩效时更多地关注其经济绩效，而仅仅少数学者将国有企业的经济绩效与社会责任同时考虑在内。

（一）国有企业的效率目标：经济绩效

王营、曹廷求以三年困难时期为切入点分析 CEO 的早年饥荒经历是否能够影响企业慈善捐赠，其结论认为国有企业而非民营企业 CEO 的饥荒经历使其所在企业的慈善捐赠表现更加积极，而且饥荒经历 CEO 对慈善捐赠的促进作用源于满足其私有收益的个人动机而非利于企业发展的组织动机，损害企业未来绩效（王营、曹廷求，2017）。同样是以高管个人利益为激励，任天龙等通过对政治晋升、薪酬、股权等激励方式的激励效应的分析，进而研究其对国有企业绩效的影响，研究发现政治晋升激励对于国企高管存在双重效应，既能有效地调动高管工作积极性，提升公司短期绩效，同时也可能导致高管为了职位晋升和政绩需求产生短期行为，不利于企业长远发展。国企高管的政治晋升激励与薪酬激励在公司绩效上表现为替代关系；而同为显性激励的薪酬与股权激励之间的互补关系在国有企业中并不显著（任天龙，2017）。进一步地，任天龙、陈志军则从公司业务多元化的角度也证实了国有企业高管政治晋升与企业绩效之间的上述关系，即当国企高管面临的政治晋升机会较高时，倾向于采取有利于快速扩张的多元化战略，以便为自己赢得更多的晋升筹码；但“做大”不等于“做强”，出于晋升诉求和压力采取的多元化战略有利于改善短期经营业绩，但会损害公司长期绩效表现（任天龙、陈志军，2017）。

除了国有企业高管激励在企业绩效上的作用，杨德明等以政府补贴为切入点研究了不同产权性质下寻租与企业绩效之间的因果关系，研究表明无论是国有企业还是民营企业，寻租活动均有助于获得更多政府补贴，但民营企业通过寻租获得的政府补贴对企业绩效具有一定的促进作用；而国有企业通过寻租获得的政府补贴不利于企业绩效的提高（杨德明，2017）。具体到确定的行业而言，庞雨蒙考察了环境政策实施背景下竞争性改革对异质性发电企业效率的影响，结果表明市场竞争、有效规制与环境政策提升了电力生产企业的生产效率，而产权改革的效果并不明显；进一步研究显示竞争政策提高了国有发电企业的全要素生产率，对私有企业影响甚微；环境规制不但提高了火电企业的生产效率，也促进了清洁能源发电企业效率的提升（庞雨蒙，2017）。此外，俞宪忠将国有企业绩效研究的视角由微观拓展到宏观，其在考察全球范围内的长期试验及中国经济的转轨绩效后，认为国有经济或国有企业因其无效率的国有产权和市场垄断，而无法主导任何优质高效的经济发展转型，从而只能成为并已经成为经济发展的约束瓶颈和充分就业的“制度陷阱”，并基于此，进一步提出中国经济市场化转型可以通过产权制度变革，重建明晰排他的产权基础，大力压缩在本质上劣质低效的国有企业产权和国有经济规模，在“国退民进”的变革进程中，重构一个民营经济主导的市场经济制度框架（俞宪忠，2017）。

（二）国有企业的双重目标：经济绩效与社会责任

经济绩效是国有企业的重要目标，但这并不意味着国有企业的社会目标可以忽视。文洪朝认为国有企业的改革之所以不尽如人意，根本原因是没有深刻认识到国有企业的产权特点，错误地理解了国有企业的真正功能，把国有企业当作一般的企业来对待，让企业只负责盈利而忽略其社会目标（文洪朝，2017）。除了文洪朝之外，刘新民等以国有企业效率和社会责任为研究对象从不同的角度在实证上作了一系列的研究（刘新民，2017）。在以股东异质性为切入点的研究中，刘新民等揭示了中国国企股权混合所有制改革下国有股东、外资股东、机构股东与个人股东对董事会功能偏好和双重任务的差异影响，以及通过董事会功能偏好影响双重任务的作用机理，研究发现国有股东与经济绩效负相关、与社会责任正相关；在对董事会功能的选择上，除国有股东对决策偏好和监管偏好都有正向影响外，其他股东都倾向一种功能偏好的选择；除董事会监管偏好对国有股东与企业任务的中介效应不存在外，董事会功能偏好的中介效应在股东对企业双重任务的影响中显著存在，而且中介作用还因股东与企业任务的不同而出现强弱差异（刘新民，2017）。在将研究的切入点转换为股权制衡度后，刘新民等探究了非国有股东与国有股东的股权制衡度对双重任务的影响差异，以及通过企业社会责任滞后影响企业经济绩效的动态作用机理，研究表明外资股东与国有股东的股权制衡度和企业社会责任正相关、和企业经济绩效负相关，机构股东及个人股东与国有股东的股权制衡度和企业社会责任负相关、和企业经济绩效正相关；更进一步发现，不仅企业社会责任对企业经济绩效存在滞后性影响效应，而且企业社会责任在股权制衡度与企业经济绩效之间的中介效应也存在显著滞后性（刘新民，2017）。此外，刘新民等进一步研究了不同职能背景主导下的高管团队对于企业双重任务的选择偏好，并考察了企业股权混合程度对于高管团队与企业任务的调节效应，结论显示生产技术型职能背景为主的高管团队与经济绩效正相关、与社会责任负相关；管理服务型职能背景为主的高管团队与经济绩效和社会责任均正相关；股权混合度会显著加强生产技术型职能背景为主的高管团队对企业任务的作用，而削弱管理服务型职能背景为主的高管团队对企业社会责任的作用，且此调节效应在商业竞争类国企中存在、在特殊功能类国企中不存在（刘新民，2017）。

三、国有企业混合所有制改革与国有资产管理体制改革

混合所有制经济是基本经济制度的重要实现形式，而作为混合所有制经济的重要参与主体——国有企业的混合所有制改革自然成为国有企

业改革历程中的又一关键节点。从本章梳理的文献来看，2017 年山东省学界对国有企业混合所有制的研究主要集中在两个方面，即国有企业混合所有制改革的路径和混合所有制企业中的股权混合度。尽管国有企业中的国有资产管理体制也是国有企业改革的主要内容之一，不过 2017 年山东省学界对此关注相对较少，仅有对以管资本为主的管理资产监管模式的落实及其对国有企业审计的挑战的个别研究。

（一）混合所有制改革的路径

黄少安将国有企业的现状归结为覆盖面太广、与民争利和挤出民营资本、一定程度上滋养腐败、经营效率低下，并以此为基础提出改革的基本方向与重点内容以及难点，即国有企业改革的方向是建立社会主义市场经济体制；改革的重点内容则依照逻辑和先后顺序分为对现有的企业国有资产或有国有资产的企业进行科学分类，国有资产的适度退出以及相关的国有或国有控股企业改制或转让，对必须保留的企业国有资产的管理体制改革和国有及国有控股企业的公司治理结构改革；改革难点是利益集团的阻挠和在国有企业改革与公司治理认识上的偏差（黄少安，2017）。不同于黄少安在科学分类基础上对部分国有资产进行私有化改革的观点，臧秀玲、王增剑认为发展混合所有制是社会主义市场经济条件下国有企业改革进一步深化的必然要求和有效路径，也是实现社会主义公有制与市场经济有机融合的重要途径，不仅不会导致国有资产私有化，反而会进一步增强我国国有企业的主导地位和作用（臧秀玲、王增剑，2017）。与臧秀玲、王增剑相呼应，张月玲等从优化产业结构、提高国有企业竞争力的角度肯定了国有企业混合所有制的积极作用，同时也分析了混合所有制改革下国有企业公司治理中存在诸如股权结构不明确、国有股“一股独大”、中小股东利益受损、董事会治理缺少规范性、经理人市场不完善、外部监督力量薄弱等问题，并在此基础上提出引入利益相关者理论，构建基于利益相关者的公司治理模式，以促进混合所有制的发展（张月玲，2017）。綦好东等也将发展混合所有制视为现阶段我国国有企业改革的重要内容和关键突破口，并进一步指出国有企业混合所有制改革的动力、阻力及其实现路径，认为改革的动力主要在于提升经济绩效、改善企业治理、促进社会稳定与发展；改革的阻力主要来自部分既得利益者的阻碍、落后激励机制的制约、意识形态的固化及公众对变革的担忧；改革的路径则主要是多方式推进混合所有制改革，加大国有资产经营机制改革力度，切实加强各类产权的法律保护，维护公众利益（綦好东，2017）。相对具体地，张涛通过对不同类型工业企业发展的基本状况、财务绩效及社会责任比较，发现混合所有制企业在实现规模效应、提升财务绩效、优化资源配置等方面具有一定的优势，并从深化企业产权结构改革以构建均衡权力体系，完善公司治理结构以下放经营自主权，建立新型财务管理模式以完善风险防控体系三个方面提出加强混合所有制企业国有资本管理的政策建议（张涛，2017）。与上述研究中对国有企业混合所有制改革路径的笼统性阐述不同，李东升等的研究切入点则相对聚焦，其通过构建国有股东、非国有股东和监管机构的三方博弈模型，探究了不同主体利益博弈互动关系，结论认为国有股东侵占非国有股东利益的概率受到非国有股东的上诉成本、监管机构可以获得的处罚收益以及查出概率、惩罚力度等因素影响，而判定国有股东对非国有股东的侵占比例是否在可容忍范围，关乎国有企业混合所有制改造的推进步伐（李东升，2017）。此外，赵子坤等将分析的视角集中于民营企业，实证检验其跨所有制并购的经济绩效，从而为民营企业积极参与混合所有制改革提供了可行的路径选择，结果表明民营企业参与混合所有制改革并不意味着制度或交易陷阱的普遍存在，跨所有制并购能有效提升并购后的组织绩效，这种绩效提升与民营资本能否取得控制权无关；进一步分析发现，如相较于属地和多元化并购，异地和专业化的跨所有制并购效果更好，由此证明相较于治理层面隐性的控制权归属，经营层面的地域选择与行业协同才是其业绩实现的必备条件（赵子坤，2017）。

（二）混合所有制企业中的股权混合度

国有企业混合所有制改革必然不可避免地涉及国有企业与其他性质

企业的股权混合度问题。张伟、于良春从理论上研究了不同混合所有制改革方案对企业产权结构以及市场运行结果的影响，发现如果非国有产权企业是市场中的新进入企业，混合所有制企业中最优的国有产权比重将下降，而且社会总福利水平将上升；但如果非国有产权企业由原在位混合所有制企业转换而来，那么只有当产品差异化程度较高时，混合所有制企业中最优的国有产权比重才会下降，而且社会总福利水平将下降（张伟、于良春，2017）。与张伟、于良春的研究互补，王小晗通过研究股权混合度对国有企业治理绩效的影响证实了混合所有制企业中最优产权比重的存在性，发现从混合比例来看，非国有股东混合比例与公司治理效果呈现显著的倒“U”型关系，且非国有股东混合比例处于30%～40%时，治理绩效表现最佳；从混合强度来看，与单一所有制公司相比，主要股东混合程度越高，越能促进公司治理透明化，改善市场对上市公司的长期评价，从而增强市场对上市公司长期盈利能力的信心；从混合类型来看，国有企业混合所有制改革的过程中，更多地融入外资资本比融入民营资本对公司治理效果更有益（王小晗，2017）。不同于张伟、于良春和王小晗以绩效作为国有企业混合所有制改革落脚点的研究，陈艳等基于混合所有制改革背景考察了资本成本和投资支出之间的关系，结果显示混合主体多样性会带来企业资本成本的差异，而资本成本与投资支出负相关；混合主体制衡度与国有企业资本成本呈负向关系，且在以资本成本为中介变量时，混合主体制衡度与投资支出正相关；混合主体深入性与国有企业资本成本呈不显著的倒“U”型非线性关系；混合主体深入性与投资支出呈不显著的“U”型非线性关系（陈艳，2017）。王京、罗福凯则检验了类似于陈艳等所谓的混合主体制衡度的混合股权、决策权配置与企业技术创新的关系，同时考察了不同决策权配置下股权混合程度对技术创新经济后果的影响，研究发现决策控制权与决策制定权分离有利于企业技术创新；企业股权混合度越高，对控制权与决策制定权分离对企业技术创新的正向调节效应越明显；得益于混合股权的治理作用，决策权合一时混合股权对技术创新与企业价值正向关系的促进作用比决策权分离时更大（王京、罗福凯，2017）。此外，于洋以企业盈余管理为研究视角，探究了混合所有制企业盈余管理对企业信贷融资的影响，结果显示与民营性质的混合所有制企业倾向于通过真实盈余管理来获取信贷融资不同，国有性质的混合所有制企业更加倾向于通过应计盈余管理来获信贷融资，而且国有持股比例的大小对混合所有制企业通过盈余管理手段获得信贷融资无显著影响（于洋，2017）。

（三）以管资本为主的国有资产管理体制改革

十八届三中全会发布的《中共中央关于全面深化改革若干重大问题的决定》首次提出“以管资本为主加强国有资产监管”，标志着国有资产管理体制的重大转变。綦好东、郭骏超认为以管资本为主加强国有资产监管，推进国有资产监管机构职能转变是改革国有资产管理体制的关键环节，对国有经济的转型发展具有重要意义（綦好东、郭骏超，2017）。张志平、罗昕也将混合所有制背景下以管资本为主的国有资本监管模式视为全面深化国企改革的新的突破口，不过，该研究同时认为国有企业本身存在的资本运作手段欠缺、国有产权交易机制不完善等问题使国有资本管理模式难以落实，为此进一步从国有资本管理与监督机制、运营机制两方面研究以管资本为主的国有资本管理模式的实施机制与对策；从公司治理机制、决策机制和风险管控机制三方面深入探讨国有资本投资运营公司的实施机制与对策（张志平、罗昕，2017）。另外，随着国资监管由管企业向以管资本为主转型，綦好东、郭骏超以国有企业审计所面临的新挑战为切入点，从加强程序性制度建设，采用多元化的审计方式方法，优化审计全覆盖实施策略，整合审计资源以及加强审计信息化“软设施”建设等方面提出适应国资监管转型，创新国有企业审计之对策（綦好东、郭骏超，2017）。

四、结　　语

本章对2017年山东省学界在国有企业改革上的研究文献进行了梳理。

按照研究对象的不同，这些研究可归纳为国有企业的治理、国有企业的绩效以及国有企业混合所有制改革与国有资产管理体制改革三个主要方面。对于国有企业的治理，在高管激励方面，非执行董事、市场竞争、高管权力、高管薪酬、董事高管责任险等内部治理机制和外部治理环境对国有企业高管具有明显的正向或负向激励；在国有企业投资、创新方面，不同性质国有企业高管权力、地方领导人更替和去杠杆对国有企业投资行为的影响各有差异，而国有控股方治理机制、高管团队异质性对国有企业创新的作用也有不同，甚至存在截然相反的表现；在国有企业的投资方面，国有企业的政治关联使其在融资约束、融资成本、融资规模以及流动负债融资上具有优势，进而使会计信息质量与资产可抵押性、财务违规、信息披露质量与审计质量以及预期经济波动等治理机制的作用弱化或无效。对于国有企业的绩效，不同学者因偏重目标的差异而在研究维度上有所区别，其中多数学者以国有企业的经济绩效为研究的落脚点，研究了慈善捐赠、激励效应、寻租、竞争性改革以及产权等与经济绩效间的促进或抑制关系；极少数学者将经济绩效与社会责任作为国有企业的绩效同时进行考虑，但仅限于对股东类型、股权制衡度、不同职能背景主导下的高管团队作用于经济绩效和社会责任的程度的考察。对于国有企业混合所有制改革与国有资产管理体制改革，学界基于混合所有制企业在治理上的缺陷以及国有企业混合所有制改革的阻力等，相应地提出混合所有制改革的路径，同时通过对混合所有制企业中股权混合度的分析，不仅从理论与实证上证明了混合所有制企业中最优股权比例的存在性，而且验证了股权混合度对资本成本、投资支出、技术创新后果和以盈余管理手段获得信贷融资的影响；而在以管资本为主的国有资产管理体制改革方面，学者在肯定其积极意义的同时，也对随之而来的挑战提出了相应的政策建议。

尽管 2017 年山东省学界对国有企业的改革与发展从治理、绩效、混合所有制改革以及国有资产管理体制等多个角度开展了相当丰富的研究，但是依然有其研究的不足，主要体现在以下三个方面：

第一，国有企业的高管激励是国有企业治理不可忽视的重要问题，然而学者的研究大多局限于如何限制高管追求个人利益最大化，但并没有提出如何进行机制设计或治理以满足国有企业高管的激励相容条件，而且国有企业的激励问题不仅仅是高管的激励，而作为国有企业雇员的激励没有得到相应的研究。此外，国有企业政治关联的存在使信贷资源在国有企业和民营企业之间分配不均，进而导致信贷资源的错配，以至于难以实现资源配置的帕累托最优，然而已有的文献并未对国有企业的政治关联问题进行深入的研究，更未提出相应的治理举措。

第二，既有文献研究了不同的变量对国有企业绩效的影响，但是这些研究并未对国有企业的效率给以微观上的测度，更谈不上与民营企业效率相对比，以客观地认识二者间的差异；另外，少数学者虽然在国有企业的绩效中考虑了社会责任维度，但忽视了国有企业作为产业政策实施载体、宏观调控工具等所承担的政策性负担，从而难以对国有企业的绩效作出全面的衡量。

第三，任何制度的改革必然是因客观约束条件的改变而使原有制度失去其本来的相对优势，因此国有企业的混合所有制改革也不例外。然而，尽管学者对国有企业混合所有制的改革路径与股权混合度多有研究，但对国有企业实施混合所有制改革的原因却未提出学理上的合理解释；除此之外，对国有资产管理体制由管资产向以管资本为主的转变，其中所内含的实质性逻辑，既有文献中也缺少理论与实证上的论证。

（徐宝亮）

第七章

人口规律、政策与经济发展

山东省国民经济和社会发展统计公告数据显示，山东省人口现状凸显比较明显的特点。首先，人口总量大，增速较快，二孩出生率高。2017 年山东省常住人口达 10005.83 万人，人口总量仅次于广东省。全年出生人口 174.98 万人，自然增长率 10.14‰，常住人口增量位列全国第二，尤其是二孩出生率是全国最高的省份。其次，山东省老龄化问题日益突出。目前，山东省已进入中度老龄化社会，老龄人口多，老龄化进程加快。2001 年山东省 65 岁以上人口占总人口的比率为 8.2%，而到 2017 年这一比例已升至 13.99%。最后，山东省人口迁移不断增加。人口迁移不仅包括省内城乡迁移也包括省际间的迁移。2017 年，山东省常住人口城镇化率达到 60.58%，比上年末提高 1.56 个百分点，280 万农业转移人口获得市民待遇。更值得关注的是省际间人口迁移发生了很大变化，山东省已由人口净流入省份变成人口净流出省份。

在目前发展阶段，人口因素对社会经济发展的影响日益加强。作为人口大省的山东省面临着新旧动能转换的重大任务，如何充分发挥人口优势为新旧动能转换提供人才支撑成为重要议题。2017 年省内的专家学者围绕人口与社会经济关系展开全面研究。运用知网搜索关键词“年龄结构”共得到核心期刊论文 407 篇，主要涉及年龄结构对消费升级、消费支出、经济增长等的影响分析。通过知网搜索关键词“人口老龄化”共搜得核心期刊论文 39 篇，涉及如何影响人口老龄化消费、投资、劳动力供给等主题。“人口红利”方面的核心期刊文章共 318 篇，主要涉及是否仍旧存在人口红利以及对人口红利的未来预测。“全面二孩”生育政策相关的核心期刊论文共217篇，主要涉及全面二孩政策对人口走势的影响以及对女性就业的影响等方面。人口分布研究相关的核心期刊论文497篇，主要涉及人口分布、影响因素及空间差异分析。人口流动方面的核心期刊论文373篇，主要研究人口流动的影响因素及空间差异分析。

一、年龄结构、老龄化与经济发展

（一）年龄结构与经济发展

人口年龄结构差异会对消费、投资、储蓄等宏观经济变量产生不同的影响，有的专家学者就关注该领域，尤其是对年龄结构与消费研究较多。黄彩虹、张晓青、陈双双探讨了人口年龄结构对中国城乡居民消费率及消费差距的影响，论文利用2000～2014年中国省级面板数据，建立动态面板及空间面板数据模型，研究了人口年龄结构对城镇消费率、农村消费率及城乡消费差距的影响。研究结果显示，少儿抚养比与老年抚养比对城镇居民消费率具有正向影响，但这两者对农村地区居民消费率分别产生负效应和正效应；城乡少儿抚养系数比、城乡老年抚养系数比对城乡消费差距均具有正效应，城乡居民消费差距存在空间集聚格局，呈现正的空间依赖性；研究显示，“全面两孩”生育政策将有助于改善人口年龄结构，从而有利于缩小城乡消费差距（黄彩虹、张晓青、陈双双，2017）。郝云飞的博士论文对人口年龄结构变动与中国居民消费进行了研究，根据他的研究，中国居民的消费行为与传统的生命周期理论的观点不完全相符，少儿抚养比对居民消费率的影响与生命周期理论一致为正向作用，老年抚养比对居民消费率的影响为负，因此，近些年中国老年人口比例的上升不仅没有拉升居民消费率，反而构成了居民消费率下降的又一原因（郝云飞，2017）。

人口年龄结构不仅会影响到宏观经济变量，它也会对居民收入、居民消费、居民财富等微观经济变量产生一定的影响。郝云飞、宋明月、臧旭恒围绕人口年龄结构对家庭财富积累的影响进行了分析，根据他们研究，无论家庭富裕程度如何，子女数量和家庭财富积累都具有相互替代效应，而只有当家庭达到一定富裕程度，老人数量对财富积累才能产生影响，并随家庭富裕程度的提高，老人数量对财富积累的正向作用也越来越强（郝云飞、宋明月、臧旭恒，2017）。

除了人口年龄结构外，人口社会结构也引起了学者的注意。靳卫东、宫杰婧、尹义龙研究了我国人口社会结构失衡的理论机制与经验事实，论文基于教育资源稀释理论，从理论和实践两个方面研究了教育与生育率之间的相互作用以及由此所决定的人口发展规律，文章最后论证了人口社会结构失衡现象及其形成机制（靳卫东、宫杰婧、尹义龙，2017）。

（二）人口老龄化与宏观经济发展

目前，人口老龄化已成为各国政府和学者关注的热点问题，山东省人口老龄化问题更是全国各省份中比较突出的。因此，山东省内的学者围绕人口老龄化现状、发展趋势、空间分布以及对宏观经济的影响展开了广泛而全面的研究。

许多学者对山东省老龄化现状特点进行了研究。黄婷婷、朱家明、刘丹丹基于灰色理论对山东省人口老龄化进行了分析，针对山东省未来20年内人口老龄化的变化趋势以及人口老龄化的影响因素等，分别构建灰色GM（1，1）、灰色关联度和主成分分析等模型，通过研究得到山东省未来20年内人口老龄化的趋势加快，人口密度和性别比是人口老龄化的主要影响因素等结论，并针对山东省人口老龄化问题提出一些切实可行的建议（黄婷婷、朱家明、刘丹丹，2017）。安涛对山东省人口老龄化区域差异及影响因素进行了研究，论文基于2000年、2010年两次人口普查数据，分析了山东省人口老龄化的现状、特征及影响因素。研究发现：

山东省老龄化呈现老龄人口持续增长、男女性别比偏低、高龄化与老龄化相伴而生等特点。另外，山东省人口老龄化区域差异明显，主要表现为东西部、城乡间的差异，老龄化区域差异的形成原因主要是区域经济发展水平差异和区域间的人口流动（安涛，2017）。

省内学者对人口老龄化与消费关系探讨较多。汪伟、刘玉飞对人口老龄化与居民家庭消费结构升级进行了研究。论文运用中国家庭追踪调查（CFPS 2012）数据实证检验了人口老龄化对消费结构变动的影响。研究显示，人口老龄化会带来居民家庭消费结构的改善，改善作用主要是通过提升居民家庭的医疗保健消费支出占比来实现的，与此相反，人口老龄化对居民家庭交通通信消费支出以及文教娱乐消费支出占比的影响均为负。另外，相比于城镇地区，农村地区人口老龄化的消费结构升级效应表现得更为强烈，原因是我国大量的青壮年人口从农村迁移到城市，导致农村的人口老化程度比城镇地区更加严峻；对于健康状况良好的家庭而言，人口老龄化的消费结构升级效应反而更弱。健康状况良好意味着对医疗保健消费支出更低，相应的对消费结构升级的作用效果越小，意味着人口老龄化的消费结构升级效应还是浅层次的（汪伟、刘玉飞，2017）。

人口老龄化也会通过影响劳动力供给、资本投资、人力资本等宏观变量，进而影响经济发展。盖骁敏、张双双基于劳动力供给和资本投资视角研究了人口老龄化对中国经济增长的影响。论文通过选取31个省份2002～2013年的面板数据，实证检验了人口老龄化对经济增长的影响。研究显示，人口老龄化对经济增长表现出负向作用，在一定程度上抑制了人力资本对经济增长的正向作用；在人口老龄化背景下，人力资本投资对经济增长的作用显著。因此，增加人力资本投资、提高劳动力知识储备和专业素质是应对人口老龄化进而促进经济增长的必然选择。另外，引入民间资本发展老年产业、开发利用老年人口资源也是人口老龄化背景下促进经济增长的可行办法（盖骁敏、张双双，2017）。刘文、张琪研究了人口老龄化对人力资本投资的影响效应，论文利用个体固定效应模型和中、日、韩三国1971～2013年的面板数据进行分析研究，研究结果显示三国的拟合图形呈现“倒 U 型”，即人口老龄化对人力资本投资影响先正后负，转折的临界点在 10% 左右。当跨过临界点后，随着老龄化水平不断加深，人力资本投资减少的速度将加快，当老龄化水平达到 30% 左右时，老龄化水平每提高 1%，人力资本投资水平会减少 1%（刘文、张琪，2017）。

人口老龄化对社会经济的影响是多方面的，比如住房、寿险等都会产生一定的影响，有的学者就对这些领域进行了探讨。龚立双研究了山东省人口老龄化对寿险需求的影响。文章对山东省人口老龄化与养老保险需求现状进行分析，通过山东省人口老龄化对寿险需求影响进行了 VAR 模型分析，得出实证结论。实证结果发现老年人口抚养比、平均家庭人口数量、山东省人均 GDP、一年期存款基准利率都是寿险密度的格兰杰因，说明这些变量能够引起 HPAPI 的变动。根据研究发现平均家庭人口数量、山东省人均 GDP、一年期存款基准利率与寿险密度互为格兰杰因果，说明平均家庭人口数量、山东省人均 GDP、一年期存款基准利率与寿险密度能够彼此影响。通过对各变量进行协整检验和脉冲响应分析，结果发现山东省寿险需求与人口老龄化、人均 GDP 及家庭规模呈正相关关系，与银行一年期存款基准利率呈负相关关系（龚立双，2017）。

（三）养老产业与经济发展

在人口老龄化快速发展的背景下，养老产业逐渐成为政府和民众关注的热点，许多学者也对养老产业的现状及问题进行了探讨。崔树义、田杨基于山东省 45 家养老机构的调查，研究了养老机构发展“瓶颈”及其破解对策。研究表明，养老机构发展过程中面临床位空置率高、无证经营制约民办机构发展、医养结合资源整合难、地区间发展不均衡、护理员队伍水平低及政策落实难等突出问题。破解养老机构发展“瓶颈”主要从养老机构和外部发展环境两方面着手（崔树义、田杨，2017）。

王飞鹏、白卫国在对山东省17个地级市农村调研数据的基础上对农村基本养老服务可及性进行了研究。文章以中国农村基本养老服务实际状况为基础，结合可及性内涵，应用层次分析法和可及性分析展开研究。研究表明，山东省农村老人以居家养老为主，疾病支出已成为农村老人的主要负担，其基本养老服务可及性总体较低而且地区差异较大。因此，应加强城乡基本养老服务均等化建设，在缩小地区和城乡差距的同时，进一步加大农村养老服务体系和服务能力建设，尤其要建立健全农村老人养老的家庭支持与社会支持的平衡机制，为农村老人提供可及的基本养老服务（王飞鹏、白卫国，2017）。

李冲对人口老龄化背景下的山东养老服务业发展进行了研究，研究认为山东省养老服务类型单一、养老机构规模不大、市场化运作程度低、城乡发展不均衡等问题在各县市普遍存在。提出政府推动全社会更加重视人口老龄化带来的各项问题，主动采取积极举措推动养老服务业发展壮大，顺应当前广大老年人更加多元化的养老服务需求，是实现经济社会协调发展、持续保障和改善民生、积极应对老龄化挑战的必然选择（李冲，2017）。

二、人口数量、生育政策与经济发展

（一）人口红利与劳动力市场

2017年，我国新生儿出生数量和出生率出现双下降，与此同时，就业市场供求关系并没出现太大变化。究竟我国的劳动力市场现状如何以及人口红利是否结束引起了一些专家的关注。杨帆、黄少安等对中国人口红利是否结束进行了研判，根据他们的研究，尽管无限供给的劳动力已经不再是我国经济增长的主要驱动力，但中国的刘易斯拐点并没有真正到来。通过对现有研究中多种人口红利定义进行梳理、融合，重新界定了“人口红利”的概念。结合数据分析了中国人口红利的现状，提出人口红利变动趋势的概念模型，并用该模型预测了中国人口红利的结束期。中国人口红利的存量仍然巨大，但存量的下降趋势明显，中国人口红利的机会窗口将于2035年关闭（杨帆、黄少安，2017）。孙熠譞、黄少安围绕劳动力到底是短缺还是过剩展开进一步的研究，论文结合已有的人口、就业数据对当前劳动力市场进行供求分析，并采用人口预测、产业结构升级模型预测等预测方式，对截至2035年劳动力市场上的劳动力供给和需求进行了预测。研究结果显示，从现在起相当一段时间内，我国的劳动力市场仍旧是供大于求的态势，失业人口十分庞大，并未进入劳动力短缺时代（孙熠譞、黄少安，2017）。

（二）生育政策与人口预测

自2016年以来，我国开始推行“全面二孩”生育政策，但该政策效果并不明显。2017年甚至出现出生人口数量和人口出生率双双下降的现象，2017年全国共出生人口1723万人，比2016年减少63万人。如何解释这种生育现象，“全面二孩”政策对人口走势及女性就业到底产生何种影响值得关注。范其鹏对山东省调整生育政策以来出生人口走势做了深入研究（范其鹏，2017）。黄彩虹的研究表明，东部地区普遍落入“低生育率陷阱”，中、西部地区暂未落入该陷阱；经济社会发展对生育率主要体现负向影响，总和生育率存在显著空间依赖；未来生育率将处于1.5～1.8的范围，生育水平提升压力尚存。尝试从未来人口发展规划的角度，对中国生育政策调整完善给出政策建议，主要包括：适应人口新政，谨防陷阱桎梏；顺应新常态，调整完善社会政策；各界协同，探索人口健康发展新方略（黄彩虹，2017）。

吕俊兴、徐天琛对新二孩政策下基于Leslie矩阵等数学模型对山东省人口进行了预测。通过对比不同政策下的预测结果，结合新生儿预测可知，“单独二孩”政策短期内有稳定山东省人口作用，但长期看对人口老龄化的迟滞作用较差；相对前者，“全面二孩”政策将带来长期有效的人口保持作用，对维持劳动力人口数量效果显著，但短期内新生儿数量呈快速增长趋势，建议应当加强儿童基础设施建设（吕俊兴、徐天琛，2017）。王颖、宋翠、杨紫菲同样基于 Leslie 模型对全面二孩政策下的人口规模预测，论文选用年龄组生育率、年龄组死亡率、出生人口性别比三个参数构建了 Leslie 模型。Leslie 模型属于一种以年龄和性别为基础的离散矩阵模型，该模型在预测人口总量的同时，在一定程度上也可以反映人口结构的发展趋势。首先按年龄以女性某一初始时期的分年龄别人口数作为一个列向量，通过年龄别生育率、年龄别死亡率构建 Leslie 矩阵，其次通过左乘分年龄别人口数的列向量，得到的新的列向量即为预测的女性人口，最后由男女性别比例推算总人口规模（王颖、宋翠、杨紫菲，2017）。

（三）人口数量与宏观经济

人口数量对经济影响向来是人口经济学研究的主要内容，人口数量主要通过影响就业、投资、储蓄等宏观经济变量，进而影响经济增长。张同全、张亚军重点研究了“全面二孩”政策对女性就业的影响，论文从企业人工成本角度结合适龄职业女性问卷调查数据，采用探索性因子分析、验证性因子分析和层级回归分析等方法，研究了“全面二孩”政策对女性就业的影响。研究结论显示，“全面二孩”政策对女性就业造成求职艰难、薪酬福利减少、退出劳动力市场等影响，且企业人工成本在“全面二孩”政策对女性就业的影响中起着显著中介作用（张同全、张亚军，2017）。傅程远、陈蕾利用全国省域面板数据研究了人口因素对居民储蓄率的影响，研究显示人口增长率与储蓄率呈反向关系，中国人口增长率的下降与储蓄率的上升具有一定联系（傅程远、陈蕾，2017）。

三、人口结构、产业结构与经济协调发展

（一）人口结构与产业结构、产业布局关系

人口结构与产业结构、产业布局、城镇化协调发展也是省内学者关注的重要议题。包玉香围绕山东省劳动力结构对经济结构转型升级的支撑进行了研究。论文应用灰色关联度方法和支撑度模型综合评价山东省及其 17 个地级市之间的劳动力结构对经济结构转型升级的支撑能力（包玉香，2017）。赵振华对山东半岛人口和产业布局适宜性进行了评价分析，文章通过选择环境敏感性、交通优势度、水土资源丰度、人口聚集程度及附属设施 4 个方面的 12 个指标构建评价要素体系，对山东半岛地区人口和产业布局适宜性进行分类评价，利用 AHP 求取各指标权重，借助 GIS 软件空间叠加功能，计算人口和产业布局适宜性大小，并将其分为 5 个等级。评价结果显示：人口布局适宜性以强区为主，主要分布在胶莱盆地及烟台东部地区；制造业布局适宜性强区主要分布在潍北地区、威海市中部地区、青岛市环胶州湾地区、日照市东港区；新兴产业布局适宜性强区主要分布在威海市北部地区、青岛市沿胶州湾地区，烟台市北部地区有零星分布；物流行业布局适宜性强区主要分布在烟台市北部沿海、环胶州湾地区及潍坊市市域范围内（赵振华，2017）。

（二）人口结构与产业发展、经济增长耦合关联研究

人口结构和产业发展、经济增长的耦合关联研究比较多见。付瑞莹、刘富刚对山东省人口结构与经济耦合关联进行了研究，基于山东省统计年鉴的人口与经济数据，运用灰色关联模型，借助 Arc GIS 及相关统计软件，对山东省人口结构与区域经济发展之间的关系进行定量研究。研究

结果表明，山东省人口结构与区域经济发展的整体协调度较高；沿海区域和内陆区域的耦合度类型存在较大差异；人口结构与区域经济发展的相互制约作用呈现加强的趋势（付瑞莹、刘富刚，2017）。刘璐、逯进对山东省人口结构、产业发展与经济增长的耦合度进行了研究，基于山东省 17 地级市 2003 ~ 2014 年面板数据，运用三系统耦合模型，测算了人口结构、产业结构、经济增长三大系统的综合指数、协调度及耦合水平，揭示了三系统协调发展的动态演化特征。研究结果表明，山东省人口结构、产业结构、经济增长水平均保持了较为稳定的发展态势，三系统耦合协调水平逐年提升，但提升的主要动力“人口红利”正逐渐消失，产业系统与经济系统发展尚不具备十足的动力。地区差异问题犹存，东西部地区差异缩小，南北向呈现“倒 U 型”分布。此外，二元系统耦合与三系统耦合变动存在较强的正向相关性，发展趋势基本一致。这提示优化产业发展结构，并进一步优化三系统之间的协调发展水平，将有助于切实提高本省三系统的耦合协调发展水平（刘璐、逯进，2017）。

（三）人口—经济—城镇化协调发展研究

刘建志、刘志刚等对山东省人口—经济—土地城镇化耦合协调度时空差异分析，文章选取 2005 年、2010 年和 2015 年 3 个时间截面，通过构建人口—经济—土地城镇化协调性评价体系，采用熵值法和耦合协调度模型对山东省人口—经济—土地城镇化三个子系统的协调性进行分析。研究发现，2005 年以来，山东省人口—经济—土地城镇化的协调度水平呈现明显上升趋势，但各地市上升幅度呈现显著的不均衡特征。在空间差异方面，三个系统的协调度呈现自沿海向内陆逐渐递减的梯度格局，并且以胶济线为界，胶济线以北地区明显高于以南地区；省内次级区域协调状态比较，半岛城市群地区优于省会城市群经济圈，鲁南经济带协调性最差。同时，对山东省 17 地市人口—经济—土地城镇化耦合协调类型进行划分（刘建志、刘志刚，2017）。高宝棣对山东省“人口—经济—空间”城镇化协调发展研究，构建“人口—经济—空间”城镇化发展的指标体系，通过对 103 个县市近 15 年城镇化发展相关数据，利用首位度模型、重心转移模型、协调发展模型、格兰杰因果检验模型，研究了山东省城镇化发展的时空演变特征，探究了城镇化协调发展的影响因素和动力机制（高宝棣，2017）。

四、区域人口分布与人口迁移

（一）区域人口分布研究

区域人口分布现状及影响因素也是人口经济学的重要内容，有的省内学者也进行了相关研究。林彬、夏春林对山东省人口空间分布模式及其影响因素进行了研究，他们基于 2010 年《山东统计年鉴》和全国第六次人口普查数据，以县域为研究单元，通过空间自相关分析人口的空间分布模式，运用因子分析和 Pearson 相关分析探究人口空间分布模式的影响因素。研究结果表明：山东省人口分布呈现“东北—西南”的空间分布模式，人口空间分布整体上呈现显著的空间集聚，主要集中在青岛市的中心城区；经济增长因素和地形条件是山东省人口空间分布模式形成的主要推动力（林彬、夏春林，2017）。

（二）区域人口迁移研究

董贝、于伟对山东省县域人口迁移的空间分异进行了研究，采用人口迁移综合指数分析了山东省 138 个县域人口迁移的空间分异情况，并利用空间关联指数探索了人口迁移的空间集聚模式。研究结果表明，山东省县域人口迁移具有明显的空间差异性，人口迁移地域类型也随时间不断变化。山东省县域人口迁移的地理集聚特征显著且存在明显的正相关性，表现在济南和青岛市辖区不仅为人口净迁入型活跃区，同时也是人口净迁移率高—高集聚类型区；鲁西南的菏泽市不仅为人口净迁出型活跃区，同时也是人口净迁移率低—低集聚类型区，山东省总体以低—低类型分布占主要地位（董贝、于伟，2017）。段成荣、刘涛、吕利丹对当前我国人口流动形势及其影响因素进行了研究。根据研究，我国流动人口的总体形势是流动人口规模仍将持续增长，东南沿海仍是跨省流动的主要目的地，人口流动整体趋于稳定化、家庭化，定居意愿普遍增强，新生代和老年期流动人口占比持续提高，少数民族人口流动进程滞后于全国的状况开始改变，大规模国际移民时代可能到来。人口流动面临的挑战是：劳动力供求关系的规模和结构性矛盾将长期并存，流动儿童与留守儿童面临教育和亲情的双重缺失，流动人口的公共卫生服务压力持续增加，流动人口面临永久定居决策的深层次结构性矛盾。应充分认识人口流动的新趋势和规律性，深化户籍制度改革，构建面向家庭的流动人口公共服务体系，提升服务管理供给能力，加强民族人口流出－流入地管理（段成荣、刘涛、吕利丹，2017）。杨素雯、崔树义对 2016 年山东省流动人口动态监测数据进行了分析，论文阐述当前山东省流动人口的结构、流动特征、健康状况以及公共卫生服务利用现状，揭示流动人口基本公共卫生服务存在的问题（杨素雯、崔树人，2017）。

五、结　　语

根据对省内专家学者 2017 年的研究成果梳理，我们可以看出以下亮点：

参与研究专业多样化，经济学角度研究增多。从事人口与经济研究的学者专业多样化，地理学、经济学、人口学、社会保障、计算机科学与工程、数学等专业的学者专家都积极投入该领域的研究。这种现象充分体现了人口经济学交叉学科的特点，同时也体现了专家学者对人口问题的关注度不断提高。鉴于人口因素对经济增长的重要性日益突出，也有越来越多经济学专业的专家学者投入大量的研究精力。如山东大学黄少安教授和臧旭恒教授都有相关的高质量研究成果，经济学视角的研究不断增多。

研究方法多样，高层次研究增多。在人口与经济研究领域，大量用到面板数据模型、灰色关联度模型、Leslie 矩阵数学模型、耦合度模型、GIS 空间计量模型等研究方法，研究方法的多样性，有利于我们提高对相关问题的研究深度。另外，研究成果层次比较高，受到普遍关注。如山东大学刘文与张琪发表在《中国人口·资源与环境》杂志发表的论文《老龄化对人力资本投资的“倒 U”影响效应——理论机制与中日韩比较研究》，下载量达 528 次。山东财经大学靳卫东教授等人发表的《我国人口的社会结构失衡：理论机制与经验事实》，下载量达到 385 次。

总体来看，省内专家学者对人口与经济研究比较全面，但仍旧有一些问题值得我们深入探讨。例如，2017 年以来全国各地的“抢人大战”愈演愈烈。在这场没有硝烟的战争中，山东省人口却出现大规模的人口流出，这种人口流出现象将对山东省经济可持续发展、人口结构、养老保障等方面产生深重影响。研究省级人口迁移的关键因素有哪些，如何制定切实可行的人才政策值得下一阶段专家学者探讨。

（张英）

第八章

劳动关系的新特征

劳动关系是在劳动过程中发生的劳动者与用人单位之间的经济社会关系。劳动关系的各种问题是随着工业化生产方式的确立而产生的，并且随着社会经济的发展不断暴露出来。劳动关系问题的表现形式和矛盾累积的程度受社会经济发展水平和法律制度建设水平的差异以及社会文化差异的影响。随着中国工业化进程的不断深入，社会对劳动关系问题的关注越来越多，这也引发了理论工作者们的研究兴趣。

2017 年山东省学者发表在各级各类期刊上的论文及学位论文 80 余篇，和 2016 年相比数量基本持平，较 2015 年和 2014 年均减少约 20 篇。历年相关成果中学术性较强的约占 50%。具体研究方向各年份相差不大，涉及和谐劳动关系的构建、企业层面的劳动关系问题及企业用工风险防范措施、农民工和大学生等特定劳动者群体的劳动关系问题、劳动法制环境建设、工会的作用及改革方向、工资集体协商制度的缺陷与对策、涉外劳动关系矛盾问题及对策、国外劳动关系及制度、中国特定历史时期的劳动关系制度及劳动精神、媒体在解决劳动关系纠纷中的作用等诸多方面。

2017 年的学术成果中有 43 篇学术性研究。从学术成果的单位来源来看，山东大学 10 篇，其中 8 篇为硕士学位论文，山东管理学院 4 篇，山东省总工会 3 篇，山东工商学院 2 篇，剩余 24 篇分散在其他不同高校和研究单位。这些研究成果中有 1 篇获国家社会科学基金支持，1 篇获中国博士后科学基金支持。本章主要梳理 2017 年山东省学者对劳动关系问题的研究现状，为进一步拓宽研究视角提供借鉴。

一、和谐劳动关系

和谐劳动关系理论是在和谐社会理论基础上发展起来的。赵同芳认为，建设和谐的劳动关系，首先，要重视“责任定位问题”，明确政府、企业、劳动者这三方劳动关系主体的责、权、利关系。其次，要重视“劳动保障问题”，涉及工资收入、福利保障、赡养老人、扶幼保障等关乎劳动和社会可持续发展问题，劳动关系各方都要恪守职责。再次，政府要注重“劳动公正问题”，搭建好处理劳动公正问题的平台，劳动都也要有理性的择业观和足够的责任感，改变过度依赖政府的习惯。最后，要重视“劳动沟通与协商问题”，政府、企业和劳动者之间的沟通协商是构建和谐劳动关系必不可少的（赵同芳，2017）。

企业的劳动关系是市场经济环境下最重要也是最基本的社会关系，构建和谐的企业劳动关系是奠定和谐社会的重要基础。莫秋红提出，构架企业与员工和谐劳动关系时，企业要树立“以人为本”经营管理理念，依法同员工签署劳动合同，为员工缴纳保险。员工也应不断提高自身法律意识、明确权利与义务观念，不断提高自身综合素质，适应企业发展的需要（莫秋红，2017）。

“职场灵性是员工个体在工作环境下的精神层面的感受，通过工作过程、工作结果、工作的意义与目的让员工产生工作意义感；通过培育与团队之间的关联感充实员工的内心感受，实现员工的需求，自我价值观与组织价值观的契合，从而提升个体的精神层次，促进个体的成长与进步。”张同全等采用 Enter 回归法检验了职场灵性对和谐劳动关系的影响，发现职场灵性有助于保障劳动权益、提升员工幸福感以及提高企业绩效，对和谐劳动关系的影响显著为正。因此，“实现和谐劳动关系必须重视职场灵性的良性发展，打造以人为本的企业文化，实现员工与组织的有效沟通，建立合理的心理契约，将员工自我价值实现与企业发展有机融合，促进劳动关系和谐稳定发展”（张同全，2017）。

二、企业劳动关系及用工风险防范

国企普遍存在劳动合同工和临时职工等不同用工形式，马瑞（2017）发现，很多技术工作者不能获得和自身劳动相对等的薪酬，不仅存在同工不同酬的问题，还可能需要负担下岗、内退、停薪留职等职工的费用，并且产生各种各样的矛盾。要改善国企劳动关系，需要降低行政化色彩，完善劳动关系保障机制、法律体系和薪酬激励机制，加强企业文化建设。

“乡镇小微企业与前几年相比有了明显的进步与发展，但这类企业大多分布在劳动密集型行业，技术含量不高、管理水平有限、缺乏规模效应和集群优势，而且多是家族企业，其特点是自身规模小、人员数量有限、专业人才缺乏，人才培训管理机制不健全。在这一态势下，劳动关系和谐与否，成为直接影响乡镇小微企业生存与发展的瓶颈。”王钧建议建立员工与小微企业主的劳资自治机制和各级工会与小微企业主的集体协商机制，并且加强政府监管，促进小微企业劳动关系多层整合协调模式的高效运转及动态平衡（王钧，2017）。

企业劳动用工法律风险贯穿于招聘、签订劳动合同、缴纳社会保险、解除劳动合同这一系列劳动用工过程中，赵伟（2017）认为：企业一方面要严格按照法律法规来规范企业行为，依法履行相关程序；另一方面要重视劳动法律政策的学习和研究，树立积极的证据意识，从而减少劳动纠纷，降低法律风险，从根本上保护企业的合法权益。

随着市场化改革进程不断深入，非正规就业形式越来越多样化，就业人员数量不断增长，企业非正规就业劳动关系的各种矛盾也日益暴露，非正规用工风险加大。王蔚提出，“企业管理成本应保证对综合全面用工风险的把控，掌握风险识别方法和风险管理知识，对用工管理的规范化管理，最终实现人力资源价值最大化和企业的和谐用工发展”（王蔚，2017）。

三、特定群体就业与劳动关系

（一）农民工权益与保障

农民工收入低，社会保障不足，劳动时间长且得不到就有的劳动补贴，遭遇各种不平等待遇。其中女性、经验不足和劳动技能差的农民工劳动权益更得不到保障。陆建珍、邢丽容认为，这种情况之所以持续，原因是农民工进城就业行为“是一种在有限认识情况下的理性行为，其目的是为了获得农业生产额外的经济收益，其行动的基本准则是家庭收益最大化。在自身思想意识存在局限性的前提下，主动提高劳动强度，延长劳动时间，放弃部分保障福利，都是其效用最大化的理性行为。因此，保障农民工权益工作的重点不仅在制度的完善和实施上，结合农民工实际需要，转变农民工的思维方式同样重要”（陆建珍、邢丽容，2017）。

因为我国农村环境相对落后，农民工受教育水平低，文化水平严重制约其进城务工的地域范围和行业技术含量。许世玮以山东省德州市为例进行分析，发现外出务工人员主要在德州市、某县境内或者邻县就业，年轻人多从事制造业、服务业和商贸业，年龄较大的则多集中在服务业及基础建设行业，基本都是劳动密集型产业和重体力劳动行业，劳动风险较高，有些行业卫生条件恶劣、保护措施缺位，农民工出现工伤事故和职业病的数量不断上升。这种局面得不到扭转的原因是相关法律法规不完善。只有推动农民工工伤保险走向法制化轨道，才能保障农民工合法权益，实现中国劳动力资源的可持续性发展（许世玮，2017）。

（二）大学生就业和打工的风险与保障

《高等学校毕业生分配制度改革方案》是国务院早期颁布的保障毕业

生、用人单位、商校的相关权利和义务的文件。原国家教委颁布的《普通高等学校毕业生就业工作暂行规定》进一步完善了我国高校毕业生的就业协议制度。现行的就业协议书内容基本由国家和省市教育主管部口进行统一制定，内容过于简略，难以反映出不同地区和不同高校的特殊情况。李红燕（2017）指出高校的主体地位和责任不明确，各方主体违约现象频发，法律适用不明确、司法救济途径不畅、档案管理、保险、公积金办理不及时等问题突出。社会各界尤其是法律界能够明确高校毕业生就业协议所属性质，确定合理有效的司法体系，才能有效发挥其服务于规范我国的毕业生就业秩序的作用。

近年来，大学生打工现象越来越常见，也日益得到社会认可。随之而来，大学生打工被骗现象越来越多，然而，相关法规尚不健全。常雅丽提出，为了降低大学生打工风险，有效保护打工大学生权益，首先要明确界定大学生是否属于劳动者，然后确定大学生打工时是否达到了法律规定的劳动关系标准，从而明确是否适用《劳动法》保护。数据表明，大学生打工是受《劳动法》保护的，怎样进一步降低大学生打工过程中的风险呢？需要进一步细化法律规定，提高大学生维权意识，并加强高校对打工大学生的管理和引导（常雅丽，2017）。

（三）女性就业质量问题

张樨樨、王利华等发现，近年来，我国劳动人口总抚养比上升与城镇女性劳动参与率下降同步发生，“全面二孩”生育政策对女性就业质量及劳动关系均有一定影响。为了减少女性的生育代价，政府推行适当的政策营造女性的就业保护环境，完善支持照料体系和生育治理体系，确保女性就业质量（张樨樨、王利华，2017）。

（四）特殊教育老师情绪劳动与职业压力

董振霞认为特殊教育教师为了维持学生积极的情绪状态需要在教学

过程中调节自身的情绪状态，通常需要较多的情绪劳动，并由此引发较大的职业压力，甚至产生职业倦怠。表面行为消耗过多的心理资源，引发职业倦怠的概率较高，以乐观、热爱学生的心态投入工作，积极主动地释放压力，可以有效抑制职业压力（董振霞，2017）。

四、劳动法制环境建设

《中华人民共和国劳动法》自 1995 年 1 月 1 日起开始实施，《中华人民共和国劳动合同法》自 2008 年 1 月 1 日起施行，劳动方面法规不断健全，劳动关系涉及的各方面主体法律意识不断增强，但是，总体来看，我国“强资本，弱劳工”的劳动关系格局短期内难以改变，用人单位侵犯劳动者合法权益情况大量涌现，因而，有关劳动纠纷和劳动法规建设的研究特别丰富。根据金晶的研究，劳动纠纷产生的主要原因相对集中，主要表现为用人单位在劳动合同签订方面设法规避相关法律责任、劳动者难以获取加班、工伤等方面的证据、用人单位设法将辞退变为员工主动辞职、用人单位侵害劳动者社保权益、一年的仲裁时效使劳动者的权益不能得到完全救济等，因此，学术界相关研究也主要围绕劳动关系确认、劳动合同签订、劳动保障立法执法、劳动仲裁等方面展开（金晶，2017）。

（一）确认劳动关系

赵灿（2017）认为，以民事合同掩盖劳动关系、混淆劳动关系与雇用关系、承揽关系、委托关系在司法审判中常见的，我国现有法律规范中对劳动关系的判定有过强的原则性，造成司法实践中的判定困难。合理判定劳动关系是合理界定劳动关系案件中各方面主体权、责、利的前提。

宋百海提出，“劳动关系存在于社会的各个角落，尤其是非典型劳动关系领域，其更应该得到重视和完善，否则势必会影响到此方面经济的发展，以及各方利益”。从属性因素和劳动力的支配性是确认劳动关系的关键性因素。然而从属性面临界定社会关系的难题，非典型的劳动关系界定更为困难，“在确定劳动关系的过程中要本着开放弹性化的方法，使劳动关系认定能够具有科学性和现代性”，并且严格区分社会关系与劳动关系、雇用关系。针对难以界定的非典型劳动关系，应采取从属性的可受保障性的劳动关系界定标准（宋百海，2017）。

缴纳社会保险费可作为确认劳动关系的证据，但是，现实中常见劳动者挂靠企业缴纳社会保险费的现象，这种情况就不能仅以缴纳社会保险费来判定双方是否存在劳动关系了。《劳动合同法》第七条规定：“用人单位自用工之日起与劳动者建立劳动关系。”也就是说，确认是否具有劳动关系的法律依据是有没有提供劳动。如果用人单位仅为劳动者代缴社会保险费，劳动者未提供劳动，双方之间不存在法律意义上的“劳动关系”。

（二）完善劳动争议解决机制

劳动关系双方当事人之间具有隶属关系，这种不平等关系导致他们的举证能力存在差异。张琳纵向比较山东省各级法院的裁判情况发现，误判率高、法官分配证明责任错误等不公平现象较多，为促进司法公平运行，要兼顾公平性和合理性，完善证明责任倒置的相关法律规范，采取多种方式规范法官运用证明责任分配规则，提高审判质量，并将高度盖然性作为补充性的分配规则而加以适用。

《劳动争议调解仲裁法》于 2008 年 5 月 1 日起实施，该法确立了劳动争议的多元化调解机制，对于维护劳动关系和谐与社会稳定具有重要意义。但是，从现实情况看，劳动争议的第三方调解运作情况并不理想，徐剑（2017）提出“应从制度设计和程序安排上创新举措，引导社会力量积极参与，将合适的纠纷化解工作委托专业社会力量办理，增强调解组织的社会公信力和影响力。完善劳动争议多元调解机制，可以推动调解效能的提高，助力和谐劳动关系的构建”。

劳动争议案件受理费能够反映劳动争议案件在诉讼程序中受理费环节的价值关系实质。王朋超认为现阶段我国劳动争议案件受理费收取标准过低，使得劳动争议案件受理费失去应有的程序价值，诱发了一系列的现实困境，影响劳动争议的多元化解决。具体收费标准在适用按件收取时，应采用省域标准而非全国标准，并对受理费救济途径进行理论丰富，确立立体式的劳动争议类型化受理费收取标准，这对于劳动争议案件的有效解决具有长远意义。

（三）提升劳动保障监察执法能力

杜复民认为我国的劳动保障监察覆盖面过窄，众多企业漠视劳动者合法权益，劳动违法行为频现。劳动保障监察执法的任务重、难度大，劳动保障监察手段急需更新，处罚措施的落实需要进一步增强。为了提高劳动保障监察执法能力，要提高劳动者的自我保护意识和维权能力，强化监察手段，创新监察模式，推进监察队伍建设，赋予监察者更大的职权（杜复民，2017）。

沈漪静发现由于个别企业经营者法制观念淡漠，员工维权意识日益强化，第三方监督和干预不能及时到位，在媒体技术不断进步、网络运用日益普遍的条件下，群体上访等突发事件自然增加。应该结合使用网络区域监管与投诉、举报、巡查等多种方式，严厉打击侵犯劳动者权益的行为，同时，要加大对劳动执法人员的培训力度，提高其劳动执法能力（沈漪静，2017）。

（四）完善经济补偿制度

经济补偿是劳动法中一项特色制度，目的是在劳动关系解除或终止后得以保障劳动者合法权益。吴春明提出由于经济补偿制度不够精细，现实条件又难以把握，在资强劳弱的条件下，劳动者合法权益难以得到保障，应该规定因用人单位过错导致劳动合同终止的实体条件，制定经济补偿数额的精确标准，对劳动者经济补偿的上限做出合理规定（吴春明，2017）。

（五）完善劳务派遣适用法律

黄萌指出，“目前理论界存在三种不同的定性：一种观点是认为劳务派遣是一种合同，体现的是契约精神，注重的是契约的履行；一种观点认为劳务派遣就是一种劳动关系；还有一种观点认为劳务派遣是一种法律拟制的劳动关系”。劳务派遣中的劳动关系纠纷处理面临地域管辖、诉讼主体地位等诸多困境。应该出台专门的劳务派遣程序规定以区别于一般的劳动关系的程序适用（黄萌，2017）。

五、工会和工资集体协商

工会是工人和雇员的组织，组织目标是改革工会会员的货币性和非货币性就业条件。工会把集体谈判和保护其会员的利益视为其主要功能和作用。

（一）工会的作用与改革

我国工会法规定，“企业、事业单位、机关有会员二十五人以上的，应当建立基层工会委员会；不足二十五人的，可以单独建立基层工会委员会，也可以由两个以上单位的会员联合建立基层工会委员会……”于健、王程（2017）认为，工会能直接掌握并反映工人对企业的满意度，并根据工人诉求的变化不断调整其工作内容。做好工会工作对员工满意度和企业凝聚力有积极作用，可以集聚多方面的合力将促进企业的长期发展。

洪芳提出，“工会在加强《劳动合同法》的宣传、促使用人单位守法、维护职工合法权益等方面做了大量的工作，特别是采取多种措施，帮助农民工讨薪，建立法律援助机制，融入联动机制，快速处理劳动争议案件，参与《劳动合同法》地方执法检查，加强劳动法律监督等，从一定程度上促进了《劳动合同法》的实施”。但是，基层工会对企业的行政依附性较强，其作用与工人预期尚有较大差距。应该不断推进工会改革，明晰各级工会在贯彻实施《劳动合同法》中的责任分工，加强区域性、行业性集体协商，增强工会干部劳动法律素养，建立工会干部法律咨询支援团队，促进工会维护职工合法权益的效能提高（洪芳，2017）。

冯庆禄等认为，政府、工会和企业应该充分做好企业职工的人文关怀和心理疏导。当前，企业内部职工竞争日趋激烈，职工的压力和心理负荷日益增加，山东省各级工会组织积极贯彻党中央、国务院的决策要求，大力实施员工援助计划（EAP），初步成效显著，却也存在忽视了企业和职工的自主性、力量短缺、过分强调咨询而忽视预防等多方面的问题。工会应更好地实施职工成长计划，主动作为，加强宣传引导，做好结合文章，依靠社会力量，转变工作理念，既解决职工个体问题，又为企业团体做好服务，促进和谐劳动关系建设（冯庆禄等，2017）。

张敏认为，国有企业在人力资源管理中建立了“以人为本”的管理理念，并且实施员工援助计划（EAP）来改善内部员工关系，企业内部劳动关系趋于缓和。同时，工会职能尤其是解决劳资双方冲突作用趋于淡化。因此出现了人力资源管理替代工会职能的观点。人力资源管理期望通过劳资合作来达到共赢是一种理想模式，但是，新时期中国社会转型的速度加快，劳动关系已进入集体劳动争议高发阶段，人力资源替代工会职能是行不通的。国有企业工会应认真分析劳动关系新变化，明确社会转型期劳动关系主体各方的角色，履行好工会管理职权，坚持“以职工为本”的工会维权观，推动工会维权工作取得实效，使工会在发展和谐劳动关系中发挥更大作用（张敏，2017）。

李兴家认为由于体制僵化、机制不灵，严重制约和束缚着工会工作的开展，抑制了工会活力，工会组织和工会工作在诸多方面都不同程度地表现出机关化、行政化、贵族化、娱乐化的“四化”现象，其实质是脱离群众。工会必须坚定地保持和增强政治性、先进性、群众性，从优化组织结构、改进干部管理、推进重心下沉、强化组织领导四个方面优化体制完善机制，着眼于全局准确把握工会改革中的重大关系，在改革过程中着力创新以职工为中心的工会工作长效机制（李兴家，2017）。

李臻在“供需”视角下研究了工会改革问题，认为当前工会改革需要破解的突出问题是工会组织的“供给”与党委政府、职工群众“需求”不匹配，工会组织自身存在的问题也制约了工会组织的有效“供给”。因此，要借鉴改革试点单位的经验，解决“供需”矛盾，推进工会改革。要立足于党政所需，动员组织广大职工积极投身改革发展伟大实践；立足于职工所盼，通过维权服务实效赢得职工群众的拥护支持；立足于工会所能，突出工会组织的群众性特点；立足于强化保障，积极争取党政加大支持力度，为工会持续不断有效“供给”提供坚强支撑（李臻，2017）。

（二）工资集体协商

2010 年、2014 年，全国总工会在先后推出“彩虹计划”与“攻坚计划”，总目标是不断扩大集体协商和集体合同覆盖范围，力求在 2015 年年末集体合同签订率达到 80%，2016 年继续巩固和提高，更好地发挥集体协商和集体合同制度对调整劳动关系的基础性作用。祁琳（2017）认为，虽然我国企业工资集体协商制度已经实行 30 年，但是，政府急于求成，企业消极应对，各方职责不清，工会不能充分发挥作用。要加强政府支持，修改完善相关法制，充分发挥工资集体协商制度在协调劳动关系中的作用。值得注意的是，单靠工资集体协商制度并不能解决企业雇主与劳动者之间复杂的社会关系矛盾，还需要其他法律制度和相关政策的支持与衔接。

李玉玲认为，工资集体协商制度是劳动法律制度的基石，是协调劳动关系、维护职工权益的重要手段。我国工资集体协商制度的立法存在体系不健全、工会缺乏代表性和独立性、行政色彩过浓、救济机制不完善等问题，导致工资集体协商流于形式，难以发挥其功能。国外的实践证明，完善的工资集体协商法律体系是工资集体协商发挥作用的重要保证，我国应该尽快出台工资集体协商法，促进和谐劳资关系的发展（李玉玲，2017）。

六、涉外劳动关系

随着经济全球化程度的不断提高和中国对外开放的持续推动，中国对外劳务合作的行业领域不断拓展，涉及劳务输出的人员数量不断增加。薛婷发现，与此同时，涉外劳动关系中产生的矛盾量也在累积，涉外劳动纠纷案件数量和处理难度上升显著，但是，中国保护国际劳务合作中中方劳务合作人员的法律制度还不健全，需要有针对性的完善相关配套法律，并加强与国际劳工法的衔接（薛婷，2017）。

当前，我国仅有一条劳动合同冲突法条文专门应对涉外劳动关系纠纷，在术语的明确性和弱者保护力度上尚有不足。许庆坤（2017）提出我国司法解释应着力进一步调整立法的适用范围并明晰相关术语：一是灵活界定劳动合同的内涵和外延；二是界定存在多个工作地点的劳动者的工作地从而选择适用法律；三是明晰劳力派遣中的劳动合同关系，保护海外务工人员的权益；四是明确劳动合同冲突法与“直接适用的法”制度之间的关系。

朱秋爽认为，由于地理位置和传统文化等因素影响，中国向韩国劳务输出数量增长迅速。韩国对外籍劳动力的雇用合同关系的管理主要依据其雇佣许可制度，然而，这一制度在解决涉外劳动关系矛盾方面存在诸多缺陷，因此，中韩劳务输出中劳动关系矛盾多、处理慢，严重危害中国劳动力的权益。中国应该重视并且尽快完善解决机制，在诉诸法律时要强调雇主的取证责任（朱秋爽，2017）。

七、国外劳动关系

赵凯提出，每位合法的劳动者在劳动关系中的地位都应该是平等的，无论性别、国籍、宗教等是否有差异，都应该具有平等的就业权利，享有相同的就业环境和劳动保障。联合国和国际劳工组织均做出不懈努力，不断完善国际立法和相关制度安排，在全球提倡和维护公平就业观念。美国、英国等国家也不断在修改相关立法和制度（赵凯，2017）。

王淑霞提出，19 世纪 60 年代，美国内战消灭了奴隶制度，南方奴隶制庄园大量的黑人奴隶成为自由民，但是并没有建立起像北方一样的自由劳动体制。美国政府努力宣传和推行劳动合同制度，推动了美国南方由奴隶制劳动关系向自由劳动关系过渡（王淑霞，2017）。

刘凤杰梳理了美国铁路业劳动仲裁制度的起源和发展历程，19 世纪六七十年代，美国工业化进程加快，各类劳动关系矛盾爆发，尤其是铁路行业罢工和暴力冲突频发。为了抑制劳资矛盾，美国于 1988 年颁布实施《仲裁法》之后，“1898 年《尔德曼法》、1913 年《纽兰兹法》、1926 年《铁路劳工法》等”使仲裁制度不断得以完善，为中国完善仲裁制度提供了经验（刘凤杰，2017）。

焦佩指出，韩国在 1997 年开始从制度上允许成立复数工会，即“允许一个企业内部成立两个或两个以上的工会”，然而，这种制度非但没有减少劳动纷争案件数量和罢工数量，反而激化了更多的劳动关系矛盾。“一国的就业状况、劳动价值观、技术发展水平、劳动保障政策等都会影响复数工会制度的具体效果”（焦佩，2017）。

八、劳动关系立法历史

中国工业化进程起步较晚，劳动关系相关立法是适应工业化要求开始的。张秀芹、岳宗福认为，“国民政府有关团体协约的立法最早可以追溯至1929年《劳动法典草案》的编纂，其后在《工会法》起草过程中也有团体契约权的规定。延至1930年，国民政府正式颁行《团体协约法》，这是中国历史上第一部有关集体劳动合同的专门法律”。这些法规历史局限性明显，但是立法精神体现出社会进步，对于解决当时日益增加的劳工矛盾、劳资矛盾等问题也具有重要作用（张秀芹、岳宗福，2017）。

习近平总书记倡导我党从延安精神中汲取力量。谭泓（2017）研究了延安时期的劳动伦理精神，“1939年4月，陕甘宁边区政府先后颁布《人民生产奖惩条例》《督导民众生产运动奖励条例》《机关、部队、学校人员生产运动奖励条例》”，引导构建了延安劳动伦理精神。延安时期的劳动伦理精神的精髓是“自力更生、艰苦奋斗，劳动光荣、科技重要，劳动互助、劳动合作，劳动保护、劳资两利”，这对于促进新时代和谐劳动关系也是非常有意义的。

九、媒体作用

刘蕴指出，媒体应该客观真实地展现劳动关系群体事件原貌，充分合理地表达劳资双方利益诉求，准确合理地传导处理劳动关系群体事件的政策法规，克服虚假报道、意见偏颇及屈从行政力量等缺陷，确立媒体应有的公信力，在劳动关系群体性事件中发挥有效监督和化解矛盾的作用（刘蕴，2017）。王君认为由于工人报长期依附于工会，加之制度、资金、技术、人才等各方面因素制约，工人报发展缓慢，转型滞后，没有充分发挥其在劳动关系方面的媒体监督作用，需要重新定位，加速转型（王君，2017）。

十、结　　语

山东省学者2017年有关劳动关系问题的研究成果颇丰，研究范围较为广泛，为解决山东省乃至全国劳动关系矛盾献计献策，对推动劳动关系理论发展发挥了重要作用。总体来看，现有研究以定性分析方法为主，现实描述和对策分析较多，对特定产业研究较少，这些特点为进一步推动劳动关系理论研究提供了可供借鉴的方向。

第一，增加定量分析。当前，全国学者对劳动关系的理论研究主要有定性分析和定量分析两种方法，从劳动关系理论研究发展方向来看，定量研究方法使用频率会大幅度上升。2017 年山东省学者对劳动关系的研究使用定性分析方法较多，基本是对劳动关系现状的描述和定性评价，数据的定量分析方法运用相对较少，利用模型和计量经济学分析方法来分析劳动关系的文章不多，在全部文献中的占比不到 1/10。在下一步研究中，山东省学者应该加强现实数据的调查，增加定量分析方法。

第二，拓展理论深度。多数研究是针对现实问题而进行的，主要侧重于描述现实问题、分析问题根源并提出解决对策，研究中劳动关系相关理论的应用程度还有待提高，研究的理论系统性也不足。例如，劳动关系问题往往最终通过法律案件的形式暴露出来，因此对劳动关系相关法律和案件的研究较多，2017 年山东省学者已发表文章中有约 30 篇涉及劳动关系的法律案件问题，但是，其中绝大部分文章只限于对案件产生原委及司法裁定的简单描述，有的基本上没有专业的理论研究，有的理论研究不够深入，相关理论研究的深度和系统性有较大提升空间。

第三，细化研究内容。当前研究范围较为广泛，但是具体研究较为笼统，每一研究方向内涵的微观研究不足，比如对许多劳动关系矛盾比较集中的产业的研究没有涉及，对特定人群比如女性劳动关系问题的研究面比较窄，对不同区域、不同行业劳动关系问题的差异的研究极为少见。

（张金英）

第九章

收入分配的制度演进与新特征

对于收入分配的描述最早可追溯到李嘉图，李嘉图在《政治经济学及赋税原理》中明确把收入分配作为政治经济学的研究主题。在该书中，李嘉图将国民收入分为工资、利润和地租三大部分，并以不同的比例在劳动者、资本家和土地所有者之间分配。马克思则在劳动价值论和剩余价值论的基础上建立了其收入分配理论①。他揭露了资本主义社会中的收入分配存在着尖锐的、对抗性的劳资矛盾，资本主义生产方式下的劳资矛盾不可调和，是资本主义社会一切矛盾的根源。马克思科学预见了资本主义的灭亡以及社会主义、共产主义社会的诞生，并指出了未来共产主义社会的分配方式。对应社会发展的不同阶段，相应的分配方式也由低级阶段的按劳分配进入高级阶段的按需分配。

虽然对收入分配理论的研究历史较长，但收入分配实践在世界大多数国家具有近乎相同的境遇。收入差距现已成为一个凸显的全球性问题，多数发达国家深陷收入差距不能自拔，许多发展中国家为收入差距扩大而困扰。我国的基尼系数连续多年高于国际警戒线——0.4，虽近年来有不断缩小的趋势，但收入差距问题仍不可小觑。

---

① 马克思恩格斯文集（第1卷）［Z］. 北京：人民出版社，2009：226.

一、我国的收入分配制度演进

中华人民共和国成立初期，随着“三大改造”的完成，我国建立了社会主义制度。在马克思关于共产主义初级阶段按劳分配的理论指导下，我国分别在 1952 年和 1956 年实行了工资改革，并建立起了按劳分配的工资制度。而后，随着计划经济体制的形成，对工资的管理高度统一，工资失去了激励作用，同时，在长期的平均主义思想的影响下，我国也逐渐形成了略带差别的“平均主义”分配。随着生产力的发展，这种平均主义的分配方式日益成为阻碍人们劳动积极性提高和社会进步的诱因。

针对中华人民共和国成立初期分配方式严重影响国民经济发展的问题，我国对长期以来的平均主义分配方式进行了改革。党的十一届三中全会提出了“克服平均主义”的口号，在此号召下，我国最先对农村进行了改革，在农村推行家庭联产承包责任制，包产、包干到户，农民多劳多得，从根本上改变了农村劳动人民在工分制下的“出工不出力”状况，极大调动了农民的生产积极性。十二届三中全会通过的《中共中央关于经济体制改革的决定》则提出了允许一部分地区和一部分人通过诚实劳动和合法经营先富起来，然后带动更多的人走向共同富裕。

随着对我国生产力发展状况和社会发展阶段正确认识的形成，我国的分配制度也逐渐得以确定和完善。改革开放初期，我国生产力发展水平整体较低，多元化的生产和经营方式初现。党的十三大报告第一次提出多元分配方式，分配政策“既要有利于善于经营的企业和诚实劳动的个人先富起来，合理拉开收入差距，又要防止贫富悬殊，坚持共同富裕的方向，在促进效率的前提下促进公平”，因此要“实行按劳分配为主体，其他分配方式为补充的分配制度”。此后，党的十四大提出了建立社会主义市场经济体制的经济体制改革目标，在此基础上，党的十四届三中全会通过了《中共中央关于建立社会主义市场经济体制若干问题的决定》，确定了社会主义市场经济体制下的我国收入分配制度。该次会议提出我国实行“按劳分配为主体、多种分配方式并存的制度”，第一次明确提出“效率优先、兼顾公平”，并提倡先富带后富，最终实现共同富裕。

党的十五大则进一步完善了我国的分配结构和方式，提出“允许和鼓励资本、技术等生产要素参与分配”。党的十六大则提出“确立劳动、资本、技术和管理等生产要素按贡献参与分配的原则”，充分肯定了生产要素在个人收入分配中的重要作用。至此，我国也基本确立了多元化的收入分配格局。党的十七大报告则在效率和公平的关系上有了进一步创新，“初次分配和再分配都要处理好效率和公平的关系，再分配更加注重公平”，更加强调了分配公平问题。党的十八大报告则提出“实现发展成果由人民共享，必须深入收入分配制度改革，努力实现居民收入增长和经济发展同步、劳动报酬增长和劳动生产率提高同步”，既指出了收入分配制度改革的重要性，也提出了增加居民收入的努力方向。同时也强调了税收、社会保障、转移支付等再分配调节机制在收入分配制度中的重大作用。党的十八届五中全会则明确提出了“共享发展”理念，强调全体人民共享经济发展成果。

十九大报告对我国收入分配制度的描述最为完整：“坚持按劳分配原则，完善按要素分配的体制机制，促进收入分配更合理、更有序。鼓励勤劳守法致富，扩大中等收入群体，增加低收入者收入，调节过高收入，取缔非法收入。坚持在经济增长的同时实现居民收入同步增长、在劳动生产率提高的同时实现劳动报酬同步提高。拓宽居民劳动收入和财产性收入渠道。履行好政府再分配调节职能，加快推进基本公共服务均等化，缩小收入分配差距。”至此，我国的收入分配制度渐臻完善。

从以上梳理可以发现，党中央在收入分配方面的治国理念发生了多次变化，从“让一部分人先富起来”到“效率优先、兼顾公平”，从“初次分配和再分配都要处理好效率和公平的关系，再分配更加注重公平”到“共享发展”，都是根据我国收入差距、劳动生产率的实际不断变化的结果（刘玉安，2017）。

二、我国的收入分配现状及影响

（一）我国收入分配现状

十九大报告指出“中国特色社会主义进入新时代，我国社会主要矛盾已经转化为人民日益增长的美好生活需要和不平衡不充分的发展之间的矛盾。”其中，收入差距的存在是影响人民美好生活需要的阻碍之一。白光博认为要解决好发展不平衡不充分的问题，既要坚持发展，做大蛋糕，又要解决好发展的均衡性，把蛋糕做大做好的同时分好蛋糕（白光博，2017）。十九大报告对我国的收入分配现状认识最为深刻，十二五期间，我国城乡居民收入增速较快，超过了经济发展速度，中等收入群体日渐扩大。但是，城乡区域发展差距以及由此带来的收入差距依然明显，农村的脱贫任务依然艰巨。因此，要“不断促进社会公平正义”，从2020～2035年，利用15年时间实现“人民生活更为宽裕，中等收入群体比例明显提高，城乡区域发展差距和居民生活水平差距显著缩小，基本公共服务均等化基本实现，全体人民共同富裕迈出坚实步伐”。这也就意味着我国合理收入分配格局的形成还有很长的路要走。

自2000年始，我国基尼系数连续多年超过国际警戒线，虽有逐年下降的趋势，但2016年我国基尼系数有所回升，数值达到0.465，说明我国的收入差距问题对整体经济发展状况较为敏感，仍需谨慎关注。董长瑞、王晓认为受我国社会福利制度改革滞后、要素市场不完全发展、行业垄断及城乡分割等问题的影响，我国居民的收入分配差距有扩大的趋势（董长瑞、王晓，2017）。而从收入差距的具体表现形式看，我国的城乡收入差距在近几年有所缩小，但是朱德云、董迎迎认为我国收入分配秩序还需进一步改革（朱德云、董迎迎，2017）。收入与财富息息相关，收入影响到的财富将以存量的形式出现（董长瑞、王晓，2017），而财富也可以转化为流量形式的收入。因此，收入的变化制约财富分配，而财富分配也会影响到收入分配。柳昊则提出我国不仅存在收入差距的问题，还存在财产差距（柳昊，2017）。因此，贫富差距问题比收入差距更为严重，而贫富差距的核心特征为富人越富。

（二）收入不平等的影响

一国的收入分配格局不仅事关个人的收入分配，也体现了一国政府对于社会公平公正的政策取向（董长瑞、王晓，2017）。所以，不合理的居民收入分配格局影响范围较广。收入不平等不仅会影响到居民个体行为，也会通过影响微观个体的行为选择影响我国宏观经济运行。李文认为个体作为有限理性人，其主观公平感对个体决策有着重要影响。收入相对他人较低会引发个体的不公平厌恶感，从而导致个体倾向于支持具有收入再分配功能的税制改革（李文，2017）。柳昊认为贫富差距太大会制约人民的劳动热情与创新激情，也会使得国家陷入“中等收入陷阱”（柳昊，2017）。收入分配差距扩大会导致居民消费动力不足，进而制约我国经济社会的转型发展。

三、我国收入不平等的成因分析

收入不平等、收入差距存在在我国是不争的事实，因此，对收入差距成因的分析就具有了重要的理论意义和现实意义。对收入差距成因的分析是促进收入公平、实现分配正义的理论要求，也是解决世界范围内各国特别是我国收入差距问题的现实需求。山东省学者在收入不平等成因方面做出了重要的贡献。

（一）再分配公共政策偏差

国民收入再分配是继初次分配之后在整个社会范围内进行的分配，

是指各级政府主要通过税收和财政转移支付的形式参与国民收入分配的过程。初次分配是参与生产的生产要素在物质生产领域凭借“贡献”参与分配，而再分配则是在初次分配结果的基础上，政府通过相关政策实现部分收入在各收入主体之间转移的再分配过程，也是公认的调节初次收入分配差距的重要手段。再分配公共政策主要有税收制度和财政转移支付两大类。但是，税收和财政转移支付在实施过程中具有一定的难度，因此，对收入差距调节作用的偏差不一而足。

1. 税制结构不合理

税收的主要作用在于组织国家财政收入、实现国家宏观调控、维护国家政权稳定以及监督经济活动，不同的税种由于征收对象和税率有较大差别，对收入差距的调节作用也不同。因此，合理的税制结构会通过税种的选择、税种的主次搭配达到促进收入分配公平、缩小收入差距的目标。安东认为流转税采用统一税率，较易转嫁，具有累退性，将扩大收入分配差距；所得税和财产税采用累进税率，通过对居民所得和财产的“抽肥补瘦”，将缩小收入分配差距。因此，以直接税为主的税制结构将促进收入分配公平，以间接税为主的税制结构将恶化收入分配公平。流转税、所得税、财产税均是收入分配差距扩大的原因，但财产税长期将缩小收入分配差距（安东，2017）。也有学者研究了国外税制结构对居民收入分配的影响，其研究结果与上述结论基本一致。例如任品红研究了 OECD 国家税制结构对居民收入分配的影响，美国、日本和法国都以直接税为主体，税制结构中的高直接税比重有利于调节居民收入分配。因此，我国在税制上应该从以货劳税等间接税为主向以所得税等直接税为主或者两者并重的双主体税制模式转变（任品红，2017）。

个人所得税是调节高收入者收入、实现收入再分配的重要工具之一，然而我国个人所得税的再分配效应差强人意，备受学界诟病。例如，柳昊就指出，我国税后的基尼系数与税前差异较小，甚至税后的基尼系数会大于税前（柳昊，2017）。马万里也认为我国个人所得税并不能很好地发挥调节收入分配的作用（马万里，2017）。

对我国个人所得税收入调节效应较差的原因研究颇多，李文认为我国个人所得税的再分配效应较弱的主要原因在于宽松的累进税率级次设定引发的名义平均税率太低，严重的税收流失也会加剧实际平均税率的低下（李文，2017）。赵曙芳则认为导致我国个人所得税收入偏小的重要原因在于高收入人群个人所得税流失。根据测算，2013 年，我国高收入人群个人所得税流失额约为 1817.9 亿元。高收入人群所得税流失自然失去了个人所得税调节高收入的作用（赵曙芳，2017）。马万里则认为个人所得税已沦为“工薪税”，无法“抽肥补瘦”；从费用扣除看，以生计扣除为主，成本费用扣除不规范，特别扣除缺位，指数化费用扣除机制缺失，削弱了个人所得税的公平性；从税率设计看，税率设置不科学，税率差别过大，税率级次过多、级距过窄，不同收入组别居民税负率存在逆向调节问题；从征收模式看，由于在收入来源、征税范围、收入取得次数等方面的弊端，分类征收使个人所得税公平效果欠佳；从税种地位看，流转税为主体、个人所得税占比过低的税制结构，制约了其有效调节收入分配差距的作用（马万里，2017）。

2. 公共转移支付政策存在瞄准偏差

理论上讲，公共转移支付是在瞄准社会弱势群体的条件下，实现收入从高收入者到低收入者转移，通过“抽肥补瘦”减少收入不平等。例如，朱德云、董迎迎的研究表明，中央转移支付对于缩小城乡居民收入差距具有重要作用。其背后的调节机制在于中央政府增加对地方政府的转移支付，地方政府加大资源整合力度，加强公共资源配置，可以有效保障和改善落后地区民生，缩小收入差距。然而，在实践中，公共转移支付的瞄准机制会存在一定的偏差，导致公共转移支付低效率运行（朱德云、董迎迎，2017a）。例如朱德云、董迎迎分析表明财政社会保障支出会扩大城乡居民收入差距，主要原因在于我国的财政支出具有较强的城市偏向（朱德云、董迎迎，2017b）。解垩研究了公共转移支付的不同筹资方式对再分配和贫困的影响。结果表明直接税对收入不平等、减贫的作用大于间接税，原因是直接税由比较富裕的人口承担，并转移给穷人，增加了穷人的收入；而间接税的税收负担则会同时影响所有家庭。减贫效应仍然如此，如果增加 1 倍为直接税，则贫困率会下降 2%，如果增加 1 倍的间接税，则贫困发生率下降 1%。公共转移支付虽然对调节我国的收入差距具有重要的作用，但是其瞄准机制上的偏差会使政策效果大打折扣，因此，改善公共转移支付筹资结构，提高公共转移政策瞄准效率，才能提高收入再分配质量，真正发挥公共转移支付对收入差距的调节作用（解垩，2017）。

（二）城乡收入差距难以消除

我国城乡收入差距的形成有一定的历史原因，加之制度和政策性因素的影响，城乡收入差距在一定程度上得以"固化"，难以消除。中华人民共和国成立初期，为了发展重工业，快速建立起国民经济各部门的物质基础，我国实行了"以乡养城"的政策，利用工农业产品价格剪刀差来剥夺农业利润并以此来补贴国内工业和城市的发展，农村地区经济发展基础薄弱。改革开放以来，政府继续沿用的工业和城市倾向发展政策，城乡之间经济发展水平、产业结构不同，吸引投资能力、人才结构等方面的差异也越来越大，城乡居民的人口素质、就业结构的差距也决定了城乡收入差距的顽固性。

1. 国家宏观调控政策影响城乡收入差距

国家宏观调控政策意在实现经济总量平衡，为微观经济运行提供良性的宏观环境，但国家宏观政策在实行过程中，对农村和城市的影响则存在很大差别。例如，张蕴萍认为，城乡间信贷资源分布不均衡是导致货币政策城乡结构效应的重要诱因；货币政策对城市和农村影响程度和时滞的差异性也使得信贷对城市人均收入的促进作用大于农村（张蕴萍等，2017）。虽然信贷资源在城乡间分布的不均衡会引发城乡收入差距，但是，从长期来看，普惠金融的发展对于农村发展、农村增收、缩小城乡收入差距具有重要作用。张建波、郭丽萍认为普惠金融会降低金融服务门槛，为农村弱势群体和贫困人口提供金融服务，提高金融服务在农村的可得性和包容性，并能通过合理配置城乡资源、提高利率，促进低收入者增收。农村金融发展对农民增收的途径不仅仅是提供金融服务，而是具有直接和间接两种效应，直接效应表现为农民提供储蓄、信贷、理财、保险服务，间接效应表现为农村金融发展通过推动“四化同步”、经济增长和收入分配改善农村居民收入（张建波、郭丽萍，2017）。丁述军、曹玉环的研究表明，农村金融发展对农民的间接效应大于直接效应。因此，普惠金融发展对城乡居民收入差距的缩小作用在长期更为明显（丁述军、曹玉环，2017）。李建伟的研究则证明了上述结论，大部分省份的普惠金融发展会缩小本省的城乡收入差距，但是普惠金融发展与城乡收入差距两者的关系在省域层面上并不一致（李建伟，2017）。主要原因可能是不同地区的普惠金融发展水平差距较大，发展过程中遇到的瓶颈也较为明显，例如门槛效应、非正规金融贷款、金融机构基层工作表现消极等（陈海等，2017）。因此，普惠金融对城乡收入差距的缓解作用也是因地因时而异。

2. 产业结构、政府竞争影响城乡收入差距

城乡产业结构差异是影响城乡收入差距的重要原因之一。农村地区以第一产业为主，产业增加值较低。农产品价格市场化以后，农产品价格虽受政府最低价格保护，但长期在低价徘徊，加之农业生产要素价格上升，农村居民收入增长较慢。农民工进城务工也多从事服务业，收入偏低。因此，产业结构的变动与城乡收入差距息息相关。陈保启、张玉昌的研究表明，从全国看，我国制造业产业结构变化与居民收入差距水平存在“倒U型”的非线性关系，制造业结构变化超过了临界值，具有缩小居民收入差距的效应（陈保启、张玉昌，2017）。刘清春等认为高新技术创新水平会显著扩大城镇居民的收入不平等，而农业创新水平则会促进农民增收，缩小农村居民收入不平等（刘清春，2017）。

地方政府竞争也会在一定程度上影响城乡收入差距。宋英杰等认为财政分权会激励政府通过竞争加剧来促进本地区经济发展，与此同时也

带来了城乡收入差距的结构性问题。囿于“以 GDP 论英雄”的政绩考评机制，地方政府普遍采取了有利于短期经济快速增长的城镇偏向型发展战略，重视对城市的投资，轻视农村的发展，地方政府“短视”行为的直接结果是将更多资源投入城镇建设发展进程中，这也直接加剧了城乡收入差距不断扩大（宋英杰，2017）。孙华臣、焦勇则认为，贸易开放会弱化政府之间竞争对城乡收入差距的这种作用。主要原因在于我国在国际产业链分工中主要扮演“世界工厂”的角色，承接的工作多为附加值较低、对技术要求也相对较低的劳动密集型工作，而该类工作由于低技能性质满足了农村剩余劳动力的工作需求，提高了农村剩余劳动力的就业率，同时增加了该类人群的工资性收入，进而缩小了城乡收入差距（孙华臣、焦勇，2017）。

3. 农村收入增速放缓影响城乡收入差距

贫困问题是收入分配失调的重要表现，也越来越成为收入差距的重要原因。特别是宏观经济下行压力持续变大，农村地区收入增速放缓，不利于缩小城乡收入差距。王延海认为山东农村居民收入增速明显放缓的原因是农民工就业不稳定导致工资性收入有所减少，农产品价格走弱制约农村经营性收入增长，财政收入增长缓慢影响农村居民的转移性收入，财产性收入占比较低，增长缓慢。同时，农村人口的乡城转移也使得农村人口增收困难（王延海，2017）。

部分学者对近年来农村居民的收入状况进行了分析，王辉娣、张务伟认为农民工主要在技术含量较低的低端行业就业，城镇劳动力在技术含量高的高端行业就业，因此，农民工的收入会低于城镇职工（王辉娣、张务伟，2017）。陆建珍、邢丽荣（2017）在农民的收入结构中，财产性收入也是农民收入的重要组成部分，十九大报告指出要“增加农民的财产性收入”。但是长期以来，我国农村家庭的财产性收入低也是农村家庭收入低的重要原因之一。王珺鑫以山东省为例分析了增加农民财产性收入面临的问题。农地产权主体缺失、土地承包经营权流转法规落实不到位导致了农民土地财产权益的流失，现行的农村宅基地管制政策限制了土地升值空间，农村金融市场发育不足导致了农民的投资较少（王珺鑫，2017）。因此，这些制度性约束的存在使得山东省农民财产性收入呈现出水平低、增速慢、结构不合理等特点。

（三）教育机会不平等

进行人力资本投资、接受高等教育是提高就业质量和收入的重要保障之一。例如马磊、魏天保研究表明，2003～2013 年我国大学学历的劳动者年均收入比高中学历者高出 32.4%～98.8%（马磊、魏天保，2017）。因此，接受高等教育十分必要。然而，教育机会分配的公平程度有待商榷，孙天华、张济洲的研究表明转型期，我国社会阶层结构发生巨大分化，各阶层占有的文化资本、经济资本和社会资本的数量差距逐渐演变为子女的受教育机会的差异（孙天华、张济洲，2017）。虽然高等教育扩张提高了我国人均受教育年限，也使得农村居民的教育回报率高于城镇的教育回报率（初帅、孟凡强，2017），但是高校扩招使得城市居民比农村居民更容易获得高等教育的机会，因此，扩招政策会在一定程度上加剧城乡教育机会不平等（孟凡强等，2017）。而受教育程度的差距又导致了农民居民和城镇劳动力在就业行业上存在差异（王辉娣、张务伟，2017）。除此之外，高等教育资源区域分布的不均衡也加剧了不同地区的受教育机会和收益的不平等，重点高校和名牌大学在我国东部地区分布广泛，高校获得的政府高等教育支出使得东部地区的在校生收益良多（王杰茹、岳军，2017）。

人力资本投资主要在微观家庭中完成，因此家庭微观结构对于个体收入乃至收入差距有着巨大影响。梁超认为生育政策会通过限制家庭的生育数量选择，使得不同家庭的子女数量趋于一致。子女数量的减少增加了子代的人力资本平等程度，抑制了收入的不平等（梁超，2017）。刘小鸽、司海平则认为计划生育政策通过缩小家庭规模促进了子代的向上流动。计划生育政策带来的家庭规模效应可以从人力资本、社会资本两个方面来考察。子代数量多会降低个体受教育年限从而降低个体向上流动的能力，而兄弟姐妹作为社会资本，也会增加个体向上流动的概率（刘小鸽、司海平，2017）。

四、结　　语

在历史发展过程中，根据我国经济发展以及收入分配问题的现状，我国收入分配制度演变为“坚持按劳分配原则，完善按要素分配的体制机制”，坚持按劳分配的主体地位，同时，强调生产要素在社会生产中的重要贡献，充分调动生产要素的积极性。日渐完善的收入分配制度是我国“共享发展”理念的制度基础，也是我国实现“共同富裕”的重要保障。

虽然我国的收入分配政策日臻完善，我国的收入差距也有缩小的趋势，但是总体来看，我国的收入分配现状不甚理想。基尼系数仍高于国际警戒线，城乡收入差距缩小趋势放缓，收入差距引发财产差距、财富差距扩大，而财产差距、财富差距又通过财产性收入等方式影响收入分配格局。近几年，受宏观经济下行、国内经济结构调整的影响，我国的收入差距又有轻度扩大的趋势。因此，我国的收入差距问题仍需广泛关注和研究。

收入差距客观存在，对收入差距成因的分析就具有了重要的理论意义和现实意义。首先，我国的再分配政策存在偏差。从理论上来讲，以直接税为主的税制结构会优化收入分配结构，缩小收入差距。然而我国的税收结构是以间接税为主，不利于收入结构的改善。而个人所得税则因其累进税率级次较为宽松、税收流失严重、“工薪税”性质等原因不利于调节收入分配。公共转移支付则存在城市偏向以及对弱势群体的低效率瞄准等问题，因此对收入差距的调节作用弱化。其次，城乡收入差距作为城乡二元体制的结果，是收入差距的重要原因，也是收入差距的重要表现。城乡收入差距则受国家货币政策、金融发展、产业结构、政府行为等因素影响较大。城市因为生产要素较为集中而发展较快，同时也能更好地吸收利用国家政策来发展自身，而农村则因为生产要素的数量少、质量低等问题，收入增长较为缓慢。农村发展慢、农村居民收入增长缓慢是城乡收入差距的重要原因。最后，收入机会的不平等也是收入差距的重要原因，其中，教育不平等是引发就业机会、收入不平等的重要原因。教育资源在不同地区间分布不均衡、微观家庭对个体人力资本投资的差别以及教育收益率的不同都引发了教育不平等，深化了收入差距。

因此，我国应该深化税制改革，增加直接税比重，调整个人所得税税率，增加税收监管，推动税制结构朝着有利于缩小收入差距的方向改变。合理分配公共转移支付，促进分配公共转移支付向弱势群体倾斜，增加转移支付资金使用的效率和质量。坚持“乡村振兴”战略，切实促进农村居民增收。建立城乡统一的要素市场，促进要素合理流动，增强农村消化、吸收国家宏观政策的能力。合理促进教育资源的均衡分布，特别是高等教育资源的地区均衡分配。

（卢季）

第十章

消费力、社会再生产、人的全面发展与消费

改革开放以来，中国依赖高储蓄、高投资与高外部需求的增长策略成就了世界经济增长的奇迹，但同时这一策略也使中国经济陷入内外失衡的困境，经济增长的可持续性面临挑战。一方面，长期的低消费和高投资累积了巨大的过剩产能难以消化，而且资源环境和要素禀赋的约束也使得这种高投资、高粗放增长的模式难以为继；另一方面，对出口的过度依赖使中国经济会遭受外部条件突然变化的风险，2008 年金融危机之后，外部需求的持续疲软导致中国出口大幅下滑，经济增长率不断下降。因此，转变经济发展方式、实现投资与出口驱动向消费驱动转变迫在眉睫，相应的消费需求的重要性也被提到了前所未有的高度。党的“十三五”规划明确提出，要发挥消费对增长的基础作用，着力扩大居民消费。党的十九大报告进一步指出：“完善促进消费的体制机制，增强消费对经济发展的基础性作用。”在这样的背景下，加强对中国消费的研究便成为学界面临的重要任务。

马克思对消费问题虽然没有用专门的篇幅进行集中、系统的论述，也没有明确提出研究的主要内容和框架结构，但其分散于各经典著作及其手稿中的消费思想构成了内容丰富的马克思主义消费理论。马克思主义消费理论的突出特点是没有就消费论消费，而是把消费放在一个更大的体系中加以研究。首先，它认为社会生产和再生产是由生产、分配、交换和消费四个环节构成的一个有机整体，消费作为重要的一环与其他

环节紧密相关，有机统一于社会再生产的循环过程中，因此应把消费置于生产、分配、交换和消费四个环节所构成的有机整体中加以系统地研究。其次，基于“历史的现实的人”的假设，马克思消费理论将制度因素纳入分析框架，从而站在历史演进的高度对消费展开研究。最后，马克思对消费的研究并不囿于经济学的视域，甚至将其上升为一个社会问题和人的问题。在马克思的消费理论中，以人为本的核心思想贯穿始终。同西方消费理论特别是新古典经济学对消费的研究相比，马克思主义消费理论是在复杂而又相互联系的经济社会变化过程中揭示消费的性质、特征及其作用，因而对消费的理解和把握是立体式的、全方位的。

为此，本章以马克思主义消费理论的立场、观点和方法为指导，同时吸收和借鉴西方消费理论中有益成分的研究思路，按照马克思研究消费的三个层次：消费力视角下的消费、社会再生产视角下的消费、人的全面发展视角下的消费，对 2017 年山东省研究人员有关消费的研究成果进行梳理和归纳，以期对当前中国消费问题的研究提供一定的借鉴作用。

一、消费力视角下的消费研究

消费力理论是马克思消费经济学的重要内容。首先，消费力这个概念是马克思在对消费进行研究时首先使用的，西方经济学中没有。所谓消费力，就是指一定时期内消费者的消费能力。马克思认为：“消费的能力是消费的条件，因而是消费的首要手段，而这种能力是一种个人才能的发展，一种生产力的发展。”① 其次，由于消费力的大小直接决定了消费需求，因此马克思又从不同角度对消费力的决定因素进行了分析。第一，生产力的提高会提高绝对消费力。马克思指出“发展生产力，发展

① 《马克思恩格斯全集》(第 31 卷)，中共中央马克思恩格斯列宁斯大林著作编译局编译，人民出版社 1998 年版，第 107 页。

生产的能力，因而既是发展消费的能力，又是发展消费的资料。”① 从这个意义出发，影响绝对消费力的因素就包括分工、合作、技术进步、科学发展、人口数量和人口结构等。第二，对个人而言，消费力取决于个人的消费需要能力、消费选择能力、消费支付能力及消费满足能力，因为以消费者最终所获满足程度为标志的现实消费力，随着消费过程的展开，适应消费的不同环节，客观上必然表现为由驱动力、购买力、选择力到内化力这样一个依次完成不同消费任务的力的系列。（熊汉富，2017）这意味着，居民的科学文化水平、需求结构、需求意愿、支付能力等因素都会影响消费力。第三，对社会而言，消费力是由社会分配关系、分配制度和资本积累动机决定的。马克思指出“社会消费力取决于以对抗性的分配关系为基础的消费力；这种分配关系，使社会上大多数人的消费缩小到只能在相当狭小的界限以内变动的最低限度。其次，这个消费力还受到追求积累的欲望，扩大资本和扩大剩余价值生产规模的欲望的限制。”②

根据马克思关于消费力的论述，一部分学者从理论上对中国消费不足的原因和应采取的措施进行了分析。谭顺、郭乾认为对于当前我国发生的消费不足，马克思的经济危机理论与凯恩斯的经济危机理论均不能给出有效的解释，唯有马克思的消费力理论能对其发生机理进行科学解释，能对有效施治提供理论指导。在此基础上他们提出，破解消费不足的目的不是扩大消费需求，而是要解决居民消费动力不足的问题。因此任务不是释放购买力，而是要培育居民的消费力，对策也不是提高居民收入，而是要培育消费者（谭顺、郭乾，2017）。臧旭恒则认为这些年中国消费率偏低主要是由国民收入初次分配中劳动份额所占比重过低所导致的。该分配格局的形成源于中国经济社会制度安排中内在的四大矛盾：一是二元经济结构中劳动力市场供过于求；二是市场经济内在的矛盾，

① 《马克思恩格斯全集》（第 31 卷），中共中央马克思恩格斯列宁斯大林著作编译局编译，人民出版社 1998 年版，第 107 页。

② 《马克思恩格斯全集》（第 3 卷），中共中央马克思恩格斯列宁斯大林著作编译局编译，人民出版社 2004 年版，第 273 页。

追求利润最大化目标和资本积累、抑制工薪收入；三是中国经济增长模式的内在矛盾，政府追求扩大经济规模、轻视现期消费；四是外向型经济的内在矛盾，通过维持劳动力成本获取产品国际竞争力优势。针对这四大矛盾，破解消费不足的核心就在于政府、企业、劳动者之间关系的处理上，要抑制政府、企业强势地位，增强劳动者的相对地位。而可以采取的具体对策有：一是大力推进工业化和城市化，吸收消化农村剩余劳动力，逐步形成劳动力统一市场；二是建立劳动工资集体谈判机制，扼制企业（资本）势力，改变劳动者弱势地位；三是转变经济增长方式，确立消费、投资、外需共同拉动经济增长的新模式；四是抑制政府过度需求，立法保证劳动者集体抱怨方式和方法（臧旭恒，2017）。

还有一部分学者则在消费力这个范畴下，通过借鉴西方消费理论中关于消费者行为分析的优秀成果，从不同角度对消费力的影响因素进行了实证检验。①收入分配的角度。宋建分析了不同收入阶层城镇居民消费行为的差异，发现随着收入的增加各收入阶层的消费倾向呈“M”形，据此她认为与扩大中等收入群体相比，提高低收入阶层的收入更能有效地扩张居民消费。财政支出作为调节国民收入分配结构的一种手段，其支出规模和支出结构的变化也可能会带来消费力的变化（宋建，2017）。王谦、李超、侯建国检验了财政支农支出对农村居民消费的影响，显示在东部沿海地区财政支农支出会促进农村居民的消费，而在中西部地区财政支农支出则会降低农村居民的消费（王谦、李超、侯建国，2017）。宋英杰、刘俊现、徐鑫则以山东省为例测度了地方财政支出对农村居民文化消费的影响，发现生产性购买支出和服务性购买支出对文化消费的影响均具有滞后效应，并且相对于发达城市欠发达城市的影响更显著（宋英杰、刘俊现、徐鑫，2017）。②支付能力的角度。王克稳研究了资产对居民旅游消费的影响，发现金融资产对居民旅游消费的影响高于房地产（王克稳，2017）。邓琳琳、邱丽丽检验了利率和物价对居民消费的影响，发现利率上升、物价上升都会降低城镇居民的消费、增加农村居民的消费（邓琳琳、邱丽丽，2017）。由于一方面增加的收入是否能转变为现实的支付能力往往取决于居民有无后顾之忧，而另一方面金融活动的存在也使得现实的支付力可以突破居民现有的收入水平，基于这两方面的考虑，靳卫东、王鹏帆、毛中根研究了 2007 年城镇居民医疗保险制度改革对城镇居民文化消费的影响，研究表明它只带来了高收入健康城镇家庭文化消费的增加（靳卫东、王鹏帆、毛中根，2017）。冷昊泽发现养老保险对我国城镇居民人均消费支出有显著的正向影响（冷昊泽，2017）。魏强、吴庆跃、张柏杨发现商业财产保险对中低消费水平、中高消费水平和高消费水平家庭，尤其是中高消费水平家庭的消费，具有明显的促进作用（魏强、吴庆跃、张柏杨，2017）。而南永清、臧旭恒、王立平则检验了金融发展与农村居民消费的关系，结果显示金融发展促进了农户消费水平的提升，非正规金融的消费效应远大于正规金融的消费效应，并且收入依然是制约并决定农户消费的关键性因素（南永清、臧旭恒、王立平，2017）。③人口数量和人口结构的角度。郝云飞、臧旭恒研究了家庭层面少儿消费和老年消费的不均衡现象，发现子女对家庭消费的作用显著大于老人（郝云飞、臧旭恒，2017）。黄彩虹、张晓青、陈双双从宏观上检验了人口年龄结构对城乡消费的影响，结果显示少儿抚养比与老年抚养比对城镇居民消费均具有正向影响，对农村地区居民消费率则分别产生负效应和正效应（黄彩虹、张晓青、陈双双，2017）。顾和军、周小跃、张晨怡探讨了"全面二孩"政策可能带来的人口结构变化对中国住房消费的影响，研究表明该政策的实施会显著提升少儿抚养比，一定程度上减缓老龄化的速度，但不能改变人口迅速老龄化的大趋势，因此从长期来看会降低商品房消费水平（顾和军、周小跃、张晨怡，2017）。④文化的角度。文化作为一个包含民族特征、价值观念、思维模式、风俗习惯、宗教信仰、教育水平等要素的集合，与居民的消费意愿之间有着天然的联系，因而可能会对消费力产生影响。吕璀璀、宋英杰从人文文化、城乡文化和行政管理文化三个角度检验了文化对消费的影响，发现人文文化的提高会显著提升居民消费，城镇文化的提高会抑制居民的消费，而行政管理文化对居民消费没有明显的影响（吕璀璀、宋英杰，2017）。

二、社会再生产视角下的消费研究

马克思对消费的研究并没有简单地停留在就消费论消费的层面上，而是又结合社会再生产过程中的其他三个环节做了进一步的论述。首先他分析了生产、分配、交换和消费的辩证关系。①生产与消费的关系。生产决定消费，生产出消费的对象，消费的方式，消费的动力。消费则反作用生产，再生产出从事生产活动的劳动者，使生产活动结果的劳动产品成为现实的产品，在观念上提供生产的对象从而创造出生产需要。②分配与消费的关系。分配是消费得以进行的基础，消费是分配的最终实现，两者相互作用。其中分配状况、分配制度对消费的影响包含在消费力理论中。③交换与消费的关系。交换媒介生产和消费，是消费的条件。流通的范围决定了消费的规模，消费的速度和规模也制约着流通的规模。其次他又着重分析了社会再生产过程中生产与消费的比例关系，提出生产和消费的协调发展，既要求在总量上的相互协调，又要求在结构上的相互协调。生产结构按照消费结构来组织社会生产，是社会再生产良性循环的前提。如果生产结构与消费结构不相匹配，则社会扩大再生产将难以顺利进行。

根据马克思基于社会再生产视角下消费的分析，一部分学者从生产、分配和交换会影响消费的角度对目前的消费现状进行分析。谢春玲、费利群，朱德云、孙成芳在分析中国人口老龄化蕴含的巨大养老服务需求并没有形成现实的消费力时，指出其中一个重要的原因就是养老服务业提供的老年人用品和养老服务不能够有效匹配老年人的养老需求，老年人用品市场上“有货无市”和“有市无货”的现象同时并存，养老服务市场上适用于绝大多数老年人群的发展型养老服务供给严重不足，供给的多是低端的生存型养老服务和高端的享受型养老服务（谢春玲、费利群，2017；朱德云、孙成芳，2017）。商海岩、胡欢欢从理论上探讨了城市化对服务消费的拉动机制，实证检验发现在中国尤其是发达省份城市化对服务消费的带动非常明显（商海岩、胡欢欢，2017）。曹娣等分析了以大米为代表的农产品市场中存在的生产与消费的不匹配问题，认为随着生活水平的不断提高，城市居民对大米的安全性、品质、营养、口感等方面提出了更高的要求，但食品市场中信息不对称问题的存在使得食品安全问题不断爆发、低质量的商品替代了高质量的商品，导致消费者对安全优质大米的潜在需求难以转变为实际的购买力，从而抑制了对大米的消费（曹娣等，2017）。王敏发现济南市城乡居民并没有随着收入的增加形成强烈的文化消费欲望，主要是由于济南市文化供给中存在的产业化开发和产品转化严重不足、优质文化产品服务匮乏、对农民的实际需求考虑不足等问题，导致文化产品的供给与消费之间尚不协调，从而抑制了居民的文化消费需求（王敏，2017）。

还有一部分学者从消费会反作用于生产、交换、分配，从而影响整个再生产活动的角度，就当前消费对生产、对经济增长的影响进行分析。谢春玲、费利群结合当前的供给侧结构性改革，深入分析了供给侧结构性问题与需求及需求结构的关系，指出不合理的收入分配制度、错位的政府职能等造成了当前需求结构尤其是消费和投资的失衡，进而传导至供给侧，产生了供给侧结构性问题。因此，推进供给侧结构性改革的着力点就是矫正失衡的需求结构（谢春玲、费利群，2017）。臧旭恒针对2016 年前三季度消费对经济增长贡献率急剧上升这一现象进行了分析，认为其主要原因不是消费总量大幅度增加所引起的三大要素相对结构的变化，而是在消费总量平缓增长中投资和出口增加量相对增长较慢或下滑所致，说明消费尚未成为经济增长的真正动力，中国经济增长的基本格局没有产生根本性的转变（臧旭恒，2017）。公贸刚、刘兆伟则利用计量方法就农村居民消费对经济增长的拉动作用进行了具体的测度，发现不仅不同类型消费（基础型消费、发展享受型消费）对经济增长的影响不同，而且随着不同来源收入的变化影响的变化趋势也存在明显的差异（公贸刚、刘兆伟，2017）。

三、人的全面发展视角下的消费研究

马克思认为，消费不仅是人类社会生活中的一种实践活动，也是人满足自身生存需要、进行自身再生产的途径，更是人的自我价值和生命意义实现的过程及手段。因此他不仅考察了消费在经济活动中的地位和作用，还考察了消费在社会生活中的地位和作用，以及消费现象背后人的存在状态。在其关于消费的全部论述中以人为本的思想贯穿始终。由于消费既可以为人的全面发展提供多样化需求，又可能扭曲人的价值追求、破坏人生存和发展的生态系统导致人的异化，进而阻碍人的全面自由发展。因此，为了实现消费与人的全面发展的有机结合与统一，马克思强调，消费首先必须体现人的本质，其次必须满足人的全面发展，最后还要与自然环境保持协调。未来社会消费的内涵“是人和自然之间、人和人之间的矛盾的真正解决”，其根本目的就是创造出“同人的本质和自然界的本质的全部丰富性相适应的人的感觉”，进而实现人的全面自由发展。①

根据马克思关于人全面发展视角下消费的论述，一部分学者分析了中国现阶段日常生活中出现的一系列消费异化现象，并就新时代科学、健康消费观的构建进行了探讨。郑军对中国出现的与社会经济发展不和谐、与自然环境的承载能力不和谐、与精神消费不和谐的消费现状及其成因进行了分析，在此基础上提出了社会主义和谐消费观的基本原则及其构建路径（郑军，2017）。谢婕结合校园中的“裸贷”现象探讨了女大学生消费观的扭曲及教育引导问题（谢婕，2017）。还有一部分学者结合当前日益趋紧的资源环境约束围绕绿色消费展开了研究。栾小凯、胡术刚、牛海丽从理论上阐释了绿色消费的内涵，分析了中国绿色消费的现状，并就绿色消费观的培育提出了相应的对策和建议（栾小凯、胡术刚、

① ［德］马克思：《1844年经济学哲学手稿》，人民出版社1985年版，第77～88页。

牛海丽，2017）。于淑波、巩鲁宁、王可针对城镇居民的消费污染问题，构建了一组评价指标体系，用以测算中国城镇居民的消费污染系数程度以及消费—污染—治理之间的协调程度，结果发现尽管近几年城镇居民消费污染情况和协调水平有转好的趋势，但是污染程度仍然比较大，协调性也不够好（于淑波、巩鲁宁、王可，2017）。

四、研究现状的评析与未来指向

总体上看，山东省学者对中国消费的诸多问题进行了探讨，并提出了许多具有重要学术价值的观点，这对进一步的深入研究具有不可忽视的借鉴与启发意义。就目前的研究现状来看，仍有诸多有待完善和深化之处。第一，对马克思消费理论的研究更多的是对具体内容的解读，缺乏系统的梳理和思考。但今天的消费现象相比于马克思的时代已经发生了巨大的变化，因此与他的消费论述相比，他如何论述消费更应该成为研究的重点。第二，从研究角度看，研究的内容主要集中在消费自身消费力这个层面上，从社会再生产、人的全面发展这两个角度进行的消费研究较少，而这正是当前中国特色社会主义新时代和供给侧结构性改革背景下消费发展面对的新要求和要解决的新问题。第三，应不断扩大马克思消费理论的研究视域，思考如何将其与中国消费发展中面临的一系列重大问题结合起来，作出具有时代特色和中国特色的研究。只有如此，才能不拘泥于对经典理论亦步亦趋的论证和谨小慎微的分析，真正实现经典理论与现实问题的有效结合。

改革开放40年来，伴随着经济的快速增长，中国的消费率并没有表现出明显的上升趋势，反而一直处于“异常”的低水平，不仅远低于发达国家的平均水平，同时也明显低于新型经济体和具有高储蓄、低消费传统的东亚国家与地区，被称为“低消费之谜”，显然这背后必然有某些“特殊”的中国元素在起作用。与此同时，消费领域还存在着一些看似与消费不足相矛盾的现象，不同收入层次的消费者在消费市场上寻求与之需求相对应的商品时不能很好地找到自己的平衡点，导致大量的有效需求得不到满足，出现了诸如“看病难”“上学难”“消费外溢”等现象。而伴随着我国社会主要矛盾转变为“人民日益增长的美好生活需要和不平衡不充分的发展之间的矛盾”，消费的目的也由满足基本的生存需要向更好地满足人民在经济、政治、文化、社会、生态等方面日益增长的需要、从而更好促进人的全面发展转变。面对我国消费问题中不容忽视的“中国元素”、结构性失衡的存在以及新时代对消费发展提出的新要求，习近平总书记在主持中共中央政治局第二十八次集体学习时指出：“要立足我国国情和我国发展实践，揭示新特点新规律，提炼和总结我国经济发展实践的规律性成果，把实践经验上升为系统化的经济学说。”这为当前和未来我国消费经济理论的研究指明了方向，那就是要立足中国国情和发展实践，坚持以马克思主义政治经济学为指导，坚持运用马克思主义消费理论的立场、观点和方法，并借鉴西方消费经济理论中优秀合理的研究成果，来研究解决中国消费领域的重大现实问题，同时丰富和发展中国特色的马克思主义政治经济学，形成充分体现中国特色的消费经济理论。

（李剑）

第十一章

经济波动与经济周期

2017年山东省专家学者发表了与经济波动相关内容的文章14篇，主要来源于《山东社会科学》《经济经纬》《现代经济分析》等学术期刊共7篇；山东大学、山东师范大学、青岛大学等高校硕、博士论文共7篇。研究内容分别以马克思主义政治经济学视角、新旧动能转换以及供给侧改革为主题进行分析。

周期性经济波动是经济社会中的一种普遍现象，经济波动的原因主要为总需求与总供给的偏离。但是，在不同的经济制度下，经济波动的根源和形成机制是不同的。现代经济危机的形态往往有许多种，但每一种形态的形成原因有所不同。2008年爆发的经济危机使国内外学者更进一步审视经济波动和经济危机背后的原因和作用机制。要理解现代经济波动和经济危机的形态和根源，就要从事物发展的内因着手，相应地，越来越多的学者开始从20世纪70年代以来占主导思维的新自由主义向马克思主义思想转变，试图从马克思学说中找到更好的答案。马克思主义经济学致力于从社会内部寻求经济危机的必然性根源，强调资本主义体系必然会导致收入差距的不断拉大，引发社会有效需求的不足而产生生产相对过剩的危机。为此，马克思将经济危机归结为资本主义内在矛盾周期性爆发的必然产物，只要制度没有彻底改革，就无法解决收入差距不断拉大的问题，就必然会出现有效需求不足的现象，从而也就必然存在经济波动。因此，山东省专家学者从经济波动的概念与特征、经济波动的作用机制以及经济波动的政策制定等方面对我国经济波动问题作进一步深入研究。

一、马克思经济波动理论体系内容分析

马克思认为周期性波动对生产力具有促进作用，在周期阶段内的经济波动以强制的方式使供求关系达到均衡，暂时缓解日益尖锐的各种矛盾，淘汰落后的生产模式，推动新的社会再生产，加快大规模的固定资本更新，为下一个阶段生产力的发展提供了条件。一方面，经济波动利于恢复生产与需求的平衡。经济波动之后，过剩的商品逐渐被市场清除，缩小其与有效购买力之间的差距。另一方面，经济波动加速了固定资本大规模的更新。马克思认为固定资本是持续“运动”与“周转”的，资本和社会财富只能在运动中增值，一个循环周期到下一个循环周期的不断增值过程是关键所在。生产力提升是大规模投资的结果，大规模投资所产生的需求也是引起生产急剧扩张的重要动因。周期性波动发生时会强制地、社会一致性的更新，为固定资本更新所进行的投资使生产资料的生产逐渐恢复，并带动其他生产部门的生产活动，最终使得整个社会生产力得到发展，经济走向复苏。因此，中国经济增长转入中高速，这个过程中固定资本在整体中的占比也逐渐由少到多，推动了效率提升和技术进步，进而实现生产力水平的整体跃升。张珊珊认为面对经济波动，国家可以通过对国际经济情况的分析，合理调整宏观经济政策，增加市场需求，带动经济发展。一方面通过货币政策，降低银行利率，支持相关企业和部门的发展，增加社会就业数量；减少对商业银行信贷的控制，扩大信贷规模，维持货币信贷合理增长，支持金融机构的壮大和发展；降低存款准备金率可以提升商业银行的信用创造能力，进而提升货币在市场流通中的供应量，促进消费。另一方面通过财政政

策，增加政府的购买支出，增加居民的收入；政府加大投资力度，增加对基础设施的建设的投入，促进产业全面发展，拉动内需；通过调节税收，增加居民的收入和社会福利，减轻企业的负担，增加企业的收入，提高企业的竞争力，对经济波动具有一定的稳定作用（张涴瑜，2017）。黄少安认为面对经济波动，宏观调控的刺激政策仅在短期内可以起到减缓经济危机镇痛的作用，使得中国经济在经济危机发生时仍然保持高速增长，而在长期，经济危机带来的负面效应不仅没有消失，反而有扩大趋势。危机发生的机制实质上是淘汰落后、促进结构优化和创新的机制。政府刺激经济的政策在危机发生时却在一定程度上对落后产能、企业和劳动者提供了保护，让一些产业、企业以及劳动者失去更新结构、技术和产品或提升劳动技能的机会。不利于产业的转型升级，不利于增加劳动者就业和收入，不利于人力资本积累和结构优化，更不利于经济的长远发展。当落后的产业、企业、劳动技能和体制机制不能世界经济危机发生时被淘汰，到中国陷入滞后危机状态时再淘汰，将会付出更大代价，甚至会失去淘汰的机会（黄少安，2017）。

陈蔚、马骏驰认为盯住资产泡沫的货币政策可以防止经济大幅波动，但是其应对危机时期的负向产出波动比应对泡沫时期的正向产出波动的能力要弱；积极的财政政策可以降低不利冲击的影响幅度，但是，过度的投资刺激在迅速拉升经济体产出后，会因为政策的淡出而使经济体二次探底，从而加大经济的波动（陈蔚、马骏驰，2017）。张涴瑜认为从马克思对经济危机的研究来看，其整个体系为：第一，作为流通手段和支付手段的货币中包含了最基本的危机的可能性；第二，危机的发生机制是生产和流通过程中连续性关系的分离，均衡关系的破坏和强制性恢复；通过对利润率下降规律和相关矛盾的论述，推导出资本主义经济危机发生必然性。从理论体系的视角看，资本主义内生的社会生产资料私有制或经济的私有产权制度是经济危机（包含金融危机）最深层次、最本质的根源，所以经济危机的资本主义生产资料私有制根源论处于马克思主义经济危机理论体系的内核位置。由于生产资料私有制，个体企业生产虽然有计划和组织性，但从整个社会生产或市场看，国民经济整体和宏观经济却处于无计划和无秩序的盲目状态，产业结构、部门结构、供需结构、虚实结构（虚拟经济与实体经济）等处于失衡状态成为常态。如果这种失衡状态超过一定限度，造成普遍生产过剩进而导致普遍生产停滞，就会出现经济危机，导致社会生产的无计划和比例失调。生产资料私有制导致的供需失衡问题不在于需求大于供给，因为社会扩大再生产就可解决需求大于供给问题，还会因此促进宏观经济的良性发展。从供给侧看，社会资本再生产的实现受到需求的限制而无法进行；从需求侧看，通常并不是一般居民合理的实际需求小于供给，而是居民有支付能力的有效需求严重小于供给，导致社会生产与消费循环的普遍停滞和中断，因为有支付能力的需求不足从而出现经济危机。根源于资本主义生产资料私有制，社会资本生产的最终目的并不是满足需求，而是实现资本的最大增殖。但资本增殖总是受到市场上竞争对手、上下游产业结构不协同、劳动者生存工资、劳动者有效需求等限制，所以资本家总是想方设法通过直接降低产品价格，或通过采用新技术并进行固定资产投入、提高资本有机构成，以降低单位产品价格、扩大市场规模；或通过绝对剩余价值生产或相对剩余价值生产来压低劳动者收入等，以此获取竞争优势。其结果一方面表现为利润率下降趋势和资本的过度积累；另一方面，社会资本扩大再生产最终还是受到有效需求的限制而难以为继。当社会资本生产与实现的矛盾积累超过一定限度，社会资本普遍不再进行投资和生产，由于资本利润率下降趋势论和资本的过度积累就会出现经济危机。因为固定资本的更新，每一次经济危机的发生，因资本主义生产资料私有制导致的各种矛盾得到强制性解决，经济结构和供需重新恢复平衡，伴随新一轮固定资本投资，经济得以复苏，又开始新一轮的资本主义矛盾的积累，直至下一次经济危机的爆发（张涴瑜，2017）。

二、经济波动的研究进展与特征分析

（一）新时代经济波动研究的新进展

1. 我国经济波动理论是对马克思主义宏观经济思想认识的进一步深化

张飞运用马克思社会资本再生产理论对社会生产过程中结构均衡和优化的重要性进行了充分的说明，他认为，为保证社会总产品的实现，总供给和总需求、生产和消费之间的比例关系要恰当。当前我国经济运行过程中，资本占有、经济结构失衡的症状，从供给和需求两端协同发力，增加“有效供给”，以形成和引导新的需求，带动经济的良性运行，供给侧结构性改革是对马克思社会资本再生产理论的进一步深化。马克思的经济周期理论并不仅仅适用于资本主义经济社会，我国自1978年改革开放以来经济呈现高速增长状态，2010年开始中国经济由以往10%的高速增长转变为7%左右的中高速增长，需要通过创新等手段调节经济增长结构，实现经济的循序渐进复苏，这符合经济周期理论中经济运行要经历繁荣、衰退、复苏等阶段。他认为，用经济新常态来描述2008年以来我国的经济运行是对马克思经济周期理论的进一步深化。中国化的宏观经济波动理论是把马克思主义的经济周期理论与中国具体实际相结合，不断进行理论创新，不断总结实践经验的产物。十八大以来从中国国情出发，结合马克思主义政治经济学的基本原理，不断开拓和创新，形成了关于树立和落实创新、协调、绿色、开放、共享的发展理念的理论，关于发展社会主义市场经济、使市场在资源配置中起决定性作用和更好发挥政府作用的理论，关于我国经济发展进入新常态的理论，关于推进供给侧结构性改革的理论，关于推动创新驱动发展战略，建设创新型国家的理论，这些理论成果，是对中国化的宏观经济理论极大的丰富和发展，都有助于更好地解决生产与消费之间的矛盾，应对宏观经济波动（张飞，2017）。

2. 体制创新是新旧动能转换与经济波动理论研究的根本动力

山东省作为我国经济发展大省，经济结构转型升级问题是对经济波动理论研究的新发展。黄少安将新动能概括为改革开放、体制创新、技术创新、产业的结构转换和产业升级。我们的一些观念还需要更新，我们的技术进步等众多方面，还需要体制创新来保证。他认为社会主义市场经济体制改革还没有完成，更没有完善，投资、技术进步和改革这三个方面的旧动力，在现在和未来仍然很重要，还必须继续使用。中国绝大多数地区处于工业化和城市化中期或中后期，还不是发达国家，我们必须坚持走工业化和城市化道路，因此，要加大以基础设施投资、高新技术产业投资、技术改造投资为重点的投资。不应该笼统地批评主要依靠投资拉动经济增长和夸大或过度期望消费对增长的贡献率。长期来看，投资仍然是经济增长的主要动力之一，与消费具有差不多的贡献率。需要批评和改进的不是投资，而是投资结构，即谁来投资、投资哪些领域和哪些地区。而技术进步是我国经济增长的长久动力，在未来经济发展中将占有更加重要的地位（黄少安，2017）。

3. 对地级市经济波动的测量是经济波动理论研究的重点

鉴闻根据地级市政府工作报告，基于总体样本、分组样本两个角度对经济波动的表现特征进行分析。一是受金融危机影响，2008 年有一半以上的地级市政府没有完成经济增长的目标，2011～2014 年，大部分地级市政府没有完成经济增长目标，到 2014 年超过 90% 的地级市无法完成预期目标。二是经济发展水平与地级偏差之间存在显著的负相关关系，即经济发展水平越高的地区，实际增长与预期增长之间的缺口越小；产业结构对偏差也有显著的影响，第二产业与第三产业占生产总值的比例与偏差之间均存在显著的正相关关系（鉴闻，2017）。

杨世涛从生产关系等方面分析了德州市经济周期的阶段特征。当前，德州经济社会发展站在了新的起点上，全市人均生产总值突破7000美元，进入推进工业化、城市化、市场化进程的新阶段。经济实力不断增强，发展速度由高速换挡为中高速，经济实力不断实现新跃升；结构调整有新进展，但产业层次仍然偏低，结构调整仍面临阵痛期。近几年德州把加快发展服务业作为推进经济结构调整的重要方向，投资力度不断加大；企业数量增长迅速现代新兴行业占比例低下。德州科技投入与成果不断增加，产业技术进步较快（杨世涛，2017）。

（二）新时代经济波动的特征分析

1. 新一轮中国经济周期波动是“四期叠加”

黄少安的研究表明，自2007年世界性经济危机以来，中国经济社会的发展进入了新的阶段，是所谓的“四期叠加”，主要包括：第一，与世界经济周期波动一致的经济增长低谷期，即尽管危机到来后的前几年我们极力保持了高速增长，但是滞后几年还是规律性地出现了增长速度下滑；第二，中国经济长期高速增长后，进入“新常态”和增长速度换挡期；第三，进入了经济结构既是与世界经济危机一致的强制性、被动性、阵痛性调整期，也是作为发展中大国经济增长和社会发展到中等收入阶段后产业结构的主动性重大调整期；第四，前几年为了保增长所实施的强刺激政策的消化和调整期。目前，我国经济波动的情况非常复杂，很容易造成认识和判断上的失误（黄少安，2017）。

2. 生产与市场之间的矛盾、社会化生产的比例性与投资扩张的盲目性之间的矛盾是导致我国经济波动的直接原因

张洮瑜通过对马克思经济危机理论的形成、内容和贡献进行梳理，用马克思主义经济理论对当前我国经济新常态下的经济波动的影响因素

进行了分析。他认为我们应该用历史唯物主义的分析方法来解决新常态下中国经济波动的问题。虽然我国作为最大的社会主义国家，不会爆发资本主义类型的经济危机，但是，长期以来，由于我国经济高速发展过程中出现的一系列不可避免的问题阻碍和限制了经济发展，造成我国的经济波动，若不能妥善处理则会出现经济发展难题。社会主义经济周期性的根源在于社会主义的基本矛盾。我国的经济波动是由于我国生产的社会性和占有制的多元性引起的。由于中国发展了社会主义市场经济，生产与市场之间的矛盾、社会化生产的比例性与投资扩张的盲目性之间的矛盾又成为引起我国社会主义市场经济周期性的直接原因。其中，生产与市场的矛盾与马克思“生产无限发展与劳动人民购买力相对缩小”相对应；社会生产比例与扩张盲目之间的矛盾与马克思“个别企业生产有组织性和整个社会生产无政府状态”相对应（张沇瑜，2017）。同时，张沇瑜认为我们应该认识到我国经济周期的性质是政治周期。虽然现阶段市场在资源配置中起决定性作用，但是我国本质上仍是政治影响经济，这一点是有历史和现实依据的。制度变动对我国经济周期变动的方向和程度起了决定性作用，在政治的引导下出台的经济政策对经济周期的影响作用十分明显。正如马克思经济危机理论分析的那样，以私有制为基础的资本主义市场经济生产具有盲目性，与社会化大生产存在天然的无法解决的矛盾，经济发展成果集中在少数人手中，最终使整个社会购买力和需求不足，由于这一矛盾始终难以解决，因此经济危机便周而复始地纠缠着资本主义经济发展。与西方私有制相比，我国实行以公有制为主体、多种所有制经济共同发展的基本经济制度，并且将这一基本经济制度与市场经济相结合，这就从根本上消除了经济危机爆发的制度原因（张沇瑜，2017）。

三、马克思经济波动根源分析

通过对统计数据的分析可以证明经济发展过程中的周期性波动现象，

甚至能够直接观察到引起经济周期性波动的直接原因，但却难以找到经济周期性波动的根本原因，这是马克思经济波动理论与西方经济波动理论的根本区别之一。马克思经济波动理论不仅强调对具体因素的考察，还致力于探索其根本原因。马克思认为经济发展的不同阶段、不同环境条件下的各种具体因素会引起不同的具体周期性波动，认识这一层面固然重要，但认识不应停止于此，要通过经济波动的新变化，认识周期性波动的本质。经济周期是经济发展的一种外在运动和表现形式。在资本主义制度下，导致经济周期性波动的根源是资本主义基本矛盾，其具体表现为生产力和生产关系的矛盾冲突，经济周期就是这种根本性矛盾冲突在社会经济的不同范围内和程度上反复激化与缓解的表现形式。随着资本主义生产力的发展，资本主义生产方式中会形成对资本主义生产关系具有对抗性的因素；同时，生产关系也会范式一些局部适应性的变化，从局部量变转为部分质变。因此，生产力和生产关系的矛盾，都会通过经济波动表现出来，尤其是通过周期性的波动表现出来。

（一）人口增长与物质资料生产之间的矛盾

刘晓曙认为人口是经济增长的重要投入要素，人口结构中劳动力的变化对产出的影响很大。中国自 1978 年经济取得了巨大的成就，最主要的原因之一是中国加入了基于比较优势的国际分工体系，中国庞大的劳动力成为中国经济和世界经济的重要推动力量。同时，中国低成本的劳动力结合世界主要经济体的高劳动生产率技术，极大地降低了单位产品的劳动力成本，使得中国与主要经济体的劳动生产率大幅提升（刘晓曙，2017）。张双双研究发现新时代经济波动的特征表现为人口老龄化，他认为人口老龄化对经济波动的影响机制体现在劳动力供给数量的下降。随着人口老龄化的加速，能提供的适龄劳动人口数量在相对的下降。随着人口结构老龄化程度的加深，产业结构的升级要求经济的增长不能仅仅依靠我国廉价的劳动力，我国劳动力供给的人口红利将会关闭，单纯依靠劳动生产要素的投入不是经济可持续发展的良策（张双双，2017）。

（二）金融资本对社会经济的统治

陈蔚、马骏驰利用带资产泡沫的 BGG 模型研究了我国资产泡沫与经济波动的关系，利用 HP 滤波法得到了经济序列的长期趋势作为稳态值，通过计算原值与稳态值之间的差，得到波动值，用 GDP 的同比增速作为我国国内产出波动的测度值。模拟结果显示：经济危机的实质冲击只有两个百分点，但是产出却有超过 5% 的波动幅度，资产泡沫加剧了经济的波动。大规模投资刺激虽然在短期内能使经济恢复增长，但一过政策期，经济又一次下跌，加大了经济的波动。在外生的生产技术冲击下，存在泡沫的经济体的产出比不存在泡沫的经济体产出波动更大，有效控制资产泡沫可以在经济体面对外部冲击时减少波动，维持稳定。不同的泡沫形成与破裂方式对经济体的波动影响不同，相比于突然破裂和缓慢破裂，超跌破裂方式对经济体波动的影响最大，我国经济在次贷危机前后的波动特征符合超跌破裂方式的形态。盯住资产泡沫的货币政策可以防止经济大幅波动，但是其应对危机时期的负向产出波动比应对泡沫时期的正向产出波动的能力要弱；积极的财政政策可以降低不利冲击的影响幅度，但是，过度的投资刺激在迅速拉升经济体产出后，会因为政策的淡出而使经济体二次探底，从而加大经济的波动（陈蔚、马骏驰，2017）。

（三）国际关系对经济波动的影响

经济增长是经济波动研究的重要部分，随洪光、刘潇的研究结果显示，山东省经济增长质量呈现稳步上升趋势，FDI 显著促进了山东省经济增长质量，低层次的国际贸易对山东省经济增长质量有不利影响，积极调整贸易结构，引导企业培育高新技术产业竞争力，有助于实现高效、稳定、持续的良性增长。①对于开放程度较高的半岛地区，FDI 显著提高了经济增长质量，其贡献主要来自对增长效率和稳定性的提高；国际贸易对增长质量并无显著影响。②非半岛地区的 FDI 仅在效率渠道中产生了积极作用，但整体上对增长质量的作用不显著；国际贸易对增长质量和各渠道中的作用均不显著。FDI 减弱了经济增长的非一致性，引进外资有利于缩小增长数量和质量之间的差距，说明引资对于增长质量的改进比其拉动数量扩张的作用更强。而国际贸易的作用则相反，拉大了增长数量与质量之间的差距。其原因在于山东省进出口中纺织服装类和农副产品类占比较高，此类贸易能快速拉动经济数量扩张，但因其附加技术含量很低，对经济增长质量的提升力量不足，加剧了经济数量扩张和质量提升的差距。③空间溢出检验显示，FDI 和国际贸易存在空间溢出效应，开放半岛地区的流入型 FDI 显著提高了非半岛地区的增长可持续性，国际贸易则由于挤出效应对非半岛地区产生了全面的负面影响（随洪光、刘潇，2017）。

（四）国内经济矛盾转嫁对经济波动的影响

周喆运用比较静态分析法和脉冲响应分析法，结合中国经济处于高度开放和转型时期的现状，构建了包含汇率与混合货币规则的动态 AD－AS 模型，将国际大宗商品价格冲击对我国经济波动的影响进行定量分析。同时，他通过构建包含泰勒规则和卡沃交错价格的 DSGE 模型并进行对数线性化处理，通过 H－P 滤波法对数据进行去趋势，对模型参数进行校准和贝叶斯估计，并利用脉冲响应分析，分析了能源类大宗商品价格冲击对于中国经济波动的影响，并对二者进行比较。一是国际大宗商品价格的正向冲击使产出在短期内有一个小的下行趋势，使通货膨胀在短期内有一个较大的上行趋势；从货币规则来看，国际大宗商品价格冲击通过影响产出和通货膨胀的变动来影响名义利率和实际利率的变动。二是能源价格冲击对产出和消费的负向影响较大，对通货膨胀和名义利率的正向影响较小；正向的能源价格冲击会导致产出下降、通货膨胀上升、名义利率上升和消费下降，对产出和通货膨胀的影响持续短，对名义利率和消费的影响持续长。相对于整体国际大宗商品价格冲击，能源类国际大宗商品价格冲击对产出的影响更为强烈，可能与能源类国际大宗商品大多直接进入生产领域有关。他认为可以通过减小动态总供给曲线中的国际大宗商品价格参数来减弱国际大宗商品价格冲击的影响（周喆，2017）。

盖丽采用煤炭生产弹性系数、煤炭消费系数和煤炭消费强度三个指标分析了我国煤炭供需与经济增长之间的关系。通过对经济增长率的折线图发现，在经济运行过程中，总是伴随着经济的周期波动。通过对煤炭供需的影响因素分析，发现两者都受到经济发展的影响，特别是煤炭需求首先取决于国民经济的影响，然后利用经济周期理论，运用 H－P 滤波法对经济周期和煤炭供需周期波动进行了划分，分析了各自的长期趋势，定性地对经济周期波动与煤炭供需波动的关系进一步分析。

1. 煤炭供需周期波动与经济周期性波动关系密切

自改革开放以来，我国煤炭供给和需求经历了多次周期性波动变化，先后经历了大小不同，周期不完全一致的 8 次波峰波谷，由不同的长期波动和短期波动共同形成。我国经济的周期波动同煤炭供给和煤炭需求的周期波动呈现密切的关联关系，三者的前几期的波动趋势是近乎相同的。从滞后性来说，煤炭生产波动超前与经济周期波动，煤炭消费滞后与经济周期波动。

随着市场经济体制的不断健全，市场对能源的优化配置作用也不断增强，煤炭供需自身的作用机制更加稳固，周期性波动的规律更加显著。但是，在一个完整的周期波动过程中，因为市场经济自身积累力的传递，煤炭供需调整型的小频率的波动也会不断发生。

在经济周期的扩张时期，经济快速发展需要煤炭的大量消耗的带动，而且，在这个阶段，用煤行业的利润都是处于比较高的水平，对煤炭价格的接受能力比较强，煤炭价格的上浮范围比较大。

2. 经济的发展与煤炭关系非常紧密，经济的波动对煤炭需求有很强的影响

煤炭在我国能源生产结构和消费结构中所占比例在 2/3 左右，在经

济的上行期，煤炭需求高，使得我国煤炭的生产量大幅上升，但是这种上升是建立在大部分的产煤企业超能生产的前提下的，这样造成了煤矿的安全隐患上升。由于我国煤炭能源的产业禀赋，目前煤炭能源还不会存在匮乏的现象，但是经济的波动与煤炭产能建设却不在一个步伐上。①在经济的上行期建立新的煤矿，建成之后正好处于经济周期的下行期，煤炭总的生产量增长速度或许会超前于总的需求量的增加。同时，经济增长，伴随着钢材、电解铝等用煤行业的迅速增长，这种增长将不可避免地导致煤炭需求旺盛。②在经济周期的衰退时期，经济的迅速下滑让煤炭的生产速度降低，用煤企业运转甚至接近停滞，对煤炭的需求量缩小，用煤企业的利润降低，资金运转困难，在经营上也出现了困难，只能降低投入与生产，煤炭的价格随之回跌（盖丽，2017）。

（五）信心对经济波动的影响

梁孝东运用 2004 ~2016 年 GDP 同比增长率、银行家信心和企业家信心指数三个指标，构建包含信心的 VAR 模型和 DSGE 模型，对信心对宏观经济波动的影响机制和解释程度进行研究，研究发现银行家信心和企业家信心均能够显著影响宏观经济波动（梁孝东，2017）。

1. 企业家信心对宏观经济波动解释能力更强

在包含金融加速器的 DSGE 模型中，企业家信心对总技术水平的作用大小为 0.6122，企业家信心通过技术革新来提高生产作用于经济，能够显著地影响经济发展。银行家和企业家对未来经济预期乐观，银行会更容易放贷给企业，企业也会加大投资力度和规模，从而带动消费增加，就业机会增多，相应的经济产出也会出现明显提高。

2. 与银行家信心冲击相比，企业家信心冲击对投资、就业和产出的影响具有一定的滞后性

在短期内利率冲击和银行家信心冲击对短期的经济波动均有很好的

解释力，相反企业家信心冲击短期缺乏解释能力，但是对于中长期经济波动的解释，企业家信心冲击比利率冲击和银行家信心冲击具有更好的解释力。

梁孝东认为由于信心因素，经济学假定的完全理性人并不存在，因此，政府在调控宏观经济，制定政策时，应当充分考虑到企业家和银行家两大主体的信心情绪。在制定具体相应的财政与货币政策时把信心指标考虑进来，作为反映国民经济未来预期走势的指南，避免人们的非理性行为扰乱市场秩序（梁孝东，2017）。

四、马克思经济波动下经济发展路径分析

由于资本主义再生产的特征是扩大再生产，因此在社会总资本的运动中，要求社会生产有机统一和协调。但是，生产资料私有且日益强化的趋势使得社会生产出现生产过剩。当前发达经济体的增长潜力下降、新兴经济体结构扭曲严重，加上中国经济日趋增长的全球影响力，应该依托供给侧改革来应对由社会生产过剩导致的经济波动。张涴瑜认为我国国有企业不论是在扩大投资、调整产业结构还是增加就业各方面都发挥了重要作用。坚持国有经济的主导地位有利于使国家宏观经济政策通过微观机制更好地贯彻落实，这就为应对经济波动提供了坚实的基础，充分体现了我国基本经济制度的优越性。因此，我们既要坚持发挥国有经济的主导地位，又要毫不动摇地鼓励、支持和引导非公有制经济发展，在各种经济平等竞争、相互促进的经济格局中提升经济整体水平，增加抵抗经济危机的能力（张涴瑜，2017）。黄少安认为过去几十年山东经济发展主要依靠资源和人口红利，但这是不可持续的，因此要进行要素结构调整。一是要重视物质资本积累，在保持投资增长率的同时提高投资的效率、提高物质资本形成率；二是重视人才培养和引进，同时，加大对科技教育的投入，尤其要加大优秀产业工人和农民工的培训和实用科技人才的引进；三是控制山东人口的数量、提高质量。对于既有产业主

要是实体经济部门的产业，重点是提高装备制造业、海洋产业和农业的质量（黄少安，2017）。刘晓曙认为经济周期并不是一种简单的机械循环，其表现出来的周期现象有其固有的经济逻辑，最根本的核心来自资本效率的周期波动。只有理解了哪些因素有利于资本效率的改善，哪些因素阻碍了资本效率的提升，才能根本理解市场经济的波动。根据过去几十年的经验，中国需要一方面进一步改革释放市场活力，打破部分行业垄断市场行为，更新固定资产投资，调整产业结构和引导消费结构升级，另一方面深化参与国际劳动分工的程度，在全球经济复苏过程中不断拓展市场规模（刘晓曙，2017）。黄少安认为一方面从需求角度出发，在投资、消费和出口的增长动力结构上，继续加大投资；从产业结构和产业升级的维度寻求增长动力，主要是依靠新技术、新管理提升既有产业的水平。政府对产业升级和产业结构优化主要通过改善要素结构间接而为；克服山东经济板块相对的独立性和孤立性；政府管理方式改革、国有企业改革和民营企业改革三管齐下、相互联动，寻求改革的最大动力和红利；优化文化环境、营商环境、识人用人机制。另一方面从供给角度出发，必须从产业结构和产业升级的维度寻求增长动力，主要是依靠新技术、新管理提升既有产业的水平，包括优化产业组织、提高企业素质、劳动者素质和管理水平。政府对产业结构调整和产业升级的作用主要是通过改善要素结构而间接进行（黄少安，2017）。

杨世涛认为在经济新常态发展时期下，德州市经济正处于增长动力转换和加快培育的关键时期，应加快推进各领域改革步伐，为经济增长扫除障碍。改革是促进经济增长的最大动力，深化改革是加快转变经济发展方式的关键要落实好国家各项改革部署，处理好政府和市场的关系，更大程度、更广范围发挥市场在资源配置中的基础性作用。

第一，加快产业结构调整。培育经济发展的新引擎进一步优化工业内部结构，要以高端装备制造、新能源、节能环保、生物医药等为重点，以实施重大科技专项为切入点，对接京津冀优势资源，推进战略性新兴产业规模化、集聚化、体系化，推动德州市战略性新兴产业快速发展。

第二，大力发展服务业。加大政府投入，引导社会资金进入，切实为加快发展服务业提供必要的资金支持。全面统筹服务业发展规划，制定和完善服务业发展的政策体系，包括财政、融资、土地、人才、激励等政策，促进服务业发展，推动产业升级。

第三，打造新的经济增长点，坚持对接融合发展。大力推进济德一体化，建设京津冀产业承接、科技成果转化、优质农产品供应、劳动力输送基地和京津冀南部重要生态功能区，坚持邻边竞合集聚发展，大力发展邻边经济，最大限度地发挥吸纳优质生产要素的“海绵”效应和商品流通。

第四，加快城镇化建设和基础设施建设。为经济增长提供优质载体加大资金投入，促进中心城区和县城提质扩容，增强城市承载产业、吸纳就业的能力。充分发挥小城镇连接城乡的重要节点作用，完善公共服务体系，增强城镇的承载能力和吸聚能力（杨世涛，2017）。

五、结　　语

2017 年是经济新常态提出的第 4 年，山东省专家学者对经济波动的研究在传统的经济波动理论的基础上牢牢把握住了中国经济发展的阶段性新特征，结合山东省作为全国经济发展大省的特点和各地级市自身的区域因素和历史因素，提出了具有中国特色的经济波动理论观点，不仅对山东省经济发展，更对我国经济社会平稳运行做出了理论和实践上的贡献。十九大以来，从习近平新时代中国特色社会主义思想角度出发，我们对于经济波动的研究仍需要进一步与中国实际相结合。

第一，应牢牢把握新时代我国社会主要矛盾是人民日益增长的美好生活需要和不平衡不充分的发展之间的矛盾。由于生产无限扩大趋势与劳动者有支付能力需求相对缩小的矛盾不会消失，面对周期性的经济波动，如何实现经济长期稳定的高质量发展，应该更加注重制度因素的分析，对制度供给进行更进一步研究。针对不同形式的经济波动，应该如何完善中国社会主义经济制度，是下一步中国特色经济波动理论的研究方向。

第二，将经济波动理论与中国特色社会主义相结合，构建中国特色社会主义经济波动理论。我国是世界上最大的社会主义国家，是第二大经济体，我国经济发展面临的国际环境更加复杂，同时经济全球化的发展使我国与世界其他各国的联系愈加密切，我们在世界舞台上的责任也愈加重大。然而当代世界经济仍是发达资本主义国家主导，资本主义经济危机一旦爆发会使我国经济也遭受巨大影响。因此，为应对当代资本主义经济危机，我国也要做好充分准备，减轻经济危机的影响。因此，如何在马克思主义经济危机理论的指导下，结合中国自身发展特点，形成有中国特色的经济波动理论，把握我国经济波动周期从而更好地做出应对由资本主义国家经济危机引起的我国经济波动的措施，防范和抵御由于我国市场经济发展所面临的各种形式的经济波动是至关重要的。

（王梦菲）

第十二章

实体经济与虚拟经济

在后危机时代，由于金融不稳定造成的经济波动及各种形式的危机促使人们试图突破传统经济学的理论框架寻找解决途径，在学术界越来越多的学者从实体经济（因为传统经济学理论主要集中在对实体经济的解释）的另一面——虚拟经济的探讨中寻找答案，实体经济与虚拟经济等内容也逐步成为经济学领域中不可忽视的理论与现实问题。本章大约梳理了近30篇山东学者2017年发表于《经济研究》《金融研究》《财贸经济》《经济科学》《国际金融研究》等期刊文献，领域涉及金融、经济增长、农业问题、国际贸易等方面，以期对相关问题进行更加深入的探讨。

一、关于实体经济增长方面的研究

实体经济增长是目前学术界重点研究的领域，尤其在后危机时代，实体经济发展与增长受到了前所未有的重视。山东学者对这一领域的研究，主要体现在如下几个方面：

（一）关于产业经济发展方面的研究

初晓、李平将2004～2011年世界投入产出表与中国行业面板数据匹配，从行业异质性和进口来源国异质性两个方面系统探究中间品进口技术溢出对中国全要素生产率的影响，结果显示：中间品进口技术溢出可显著提升中国全要素生产率。从行业异质性分析，中间品进口技术溢出对第二产业的影响主要表现在技术进步率方面，对第三产业的影响主要表现在技术效率方面，且影响行业吸收能力的人力资本、绩效水平和规模水平均存在显著的门槛效应；从来源国异质性分析，来自发达、自由度高、竞争力强、治理严格国家的中间品进口技术溢出可通过激励效应和学习效应提升全要素生产率，但对高技术中间品进口技术溢出而言，中国人力资本水平尚未跨过门槛，亟待提升（初晓、李平，2017）。罗登跃、徐宁采用基于产出导向距离函数的随机前沿分析方法研究了 2007 ~ 2015 年 95 家中国证券公司的技术效率及其影响因素。这一方法具有一些优势：①能处理多产出系统；②测度技术效率和分析技术效率的影响因素同步进行，为“一步法”；③考虑了随机因素的影响。研究结果表明：①证券公司前三大股东的持股比例与技术效率之间呈倒“U”型关系；②2007 ~ 2015 年间证券公司的技术效率总体呈上升趋势；③市场竞争度与证券公司的技术效率显著正相关；④国内生产总值实际增长率与证券公司的技术效率显著正相关；⑤证券公司的总资产、成本管理能力以及资产负债率与技术效率显著正相关。最后文章给出了提升证券公司技术效率的一些建议（罗登跃、徐宁，2017）。徐伟呈、范爱军通过构建小国经济的劳动力市场一般动态均衡模型，推导出影响就业和工资的主要因素，然后利用岭回归分析各因素对中国制造业细分行业就业和工资的影响，试图找出影响就业和工资的关键因素，同时还考察了行业特征在行业间就业和工资水平差异的形成中所起的作用。研究发现：利率对就业的负向影响最显著，其次是人民币汇率。人民币贬值会拉动绝大部分劳动密集型制造业行业的就业增长，升值则能促进大部分资本和技术密集型行业的就业水平上升，因此人民币升值有利于实现制造业产业结构升级。此外，经营活动的性质是造成制造业行业间就业水平差异的决定性因素，平均受教育水平、专业技术水平、经济性垄断程度和所有制垄断程度能对行业间工资回报差异产生显著影响。研究揭示出中国未来须实行利率和汇率的市场化改革，运用利率与汇率的协调联动以实现制造业产业结构升级，并保证制造业就业和工资水平的稳定增长（徐伟呈、范爱军，2017）。原磊、邹宗森基于2005～2009年中国工业企业数据，构建了反映制造业企业经营绩效的生产率指标、规模指标和财务指标体系，区分高技术、中高技术、中低技术和低技术四种产业类型，采用PSM方法，全方位对比了新出口企业与相匹配非出口企业的绩效优势。研究发现，中国制造业出口企业整体上不存在“自选择效应”和“学习效应”，低生产率企业出口倾向更高，出口带来了显著的就业扩张效应和收入提高效应，但并未带来生产率的提高和资产回报率的改善；区分不同产业类型来看，中高技术出口企业存在显著的“学习效应”，绩效表现明显优于其他类型企业，低技术出口企业绩效表现最差。基于相关研究，他们提出如下政策建议：一是稳步推进外贸结构升级；二是将中高技术产业作为培育中国出口竞争优势的重点领域；三是加大对高技术产业自主创新的支持力度（原磊、邹宗森，2017）。余东华、邱璞采用2005～2015年中国制造业民营上市公司数据，研究了产业政策的社会责任对民营企业行为和绩效的影响。研究发现，选择性产业政策使受鼓励产业的民营企业较易获得银行信贷，但并未相应提升企业绩效，信贷率与企业绩效之间呈现“U”型关系。民营企业在实现自身发展的同时，承担了大量由产业政策传导的社会责任，造成了民营企业行为的扭曲。在制造业整体产能过剩的情况下，本应选择退出市场的民营企业在产业政策支持下依然选择留在市场，这不仅降低了企业绩效，也扭曲了市场机制的作用。产业政策偏好于行政调控以及由政府选择产业内“优胜者”，激发了民营企业盲目超规模投资，不利于企业绩效和产能利用率的提高，因此规范产业政策的制定和实施，理顺企业社会责任，能够提升民营企业绩效（余东华、邱璞，2017）。付强从理论和经验两个方面系统探讨了“分”之利及其实现机制。研究发现：当产品差异化厂商具有线性需求函数和线性成本函数时，无论其进行产量竞争还是价格竞争，市场分割都能基于较高的产业同构程度对区域经济增长产生显著的促进作用；但是，在产量竞争的情况下，分割不利于总体经济增长，而在价格竞争的情况下，分割能在有限的区间内促进总体经济增长。为了从经验上对此进行辨识，他将“生产法”和“价格法”有机结合以区分不同条件下的市场分割，并通过面板变系数模型对数据进行处理。结果发现每个省份至少拥有一个产业替代程度较高的竞争对手，而由此造成的市场分割也相对稳定并且可能与腐败密切相关，同时市场分割对区域经济增长的促进作用将以产业同构为媒介并在一定程度上受制于开放程度和经济周期。因此，降低区域间产业同构是消除分割，实现市场一体化的唯一有效途径（付强，2017）。

（二）关于区域经济发展方面的研究

马孝先认为区域经济协调发展的复杂性、开放性、空间层次性使传统方法难以深入揭示区域经济发展因素的作用机制。因此他集成空间经济计量学、系统动力学等方法与计算机仿真技术，研究区域经济协调发展内生驱动因素与多重耦合机制，论证了区域经济发展的空间相关性、空间效应及相邻经济区域的耦合关系，给出了区域经济协调发展的研究框架，为进一步研究区域经济的协调可持续发展提供了参考（马孝先，2017）。杨明海等运用 Dagum 基尼系数、Kernel 密度估计、空间 Marko 链等方法，对京津冀、长三角、珠三角、长江中游、成渝、中原以及哈长城市群创新能力的区域差距及其时空动态演进进行实证研究。研究发现：七大城市群创新能力空间差距呈缩小趋势但依然显著，区域间差距是总体差距的主要来源；其创新能力分布呈不同的极化现象与趋势；其创新能力发展具有显著的空间依赖性，邻域创新环境的优劣对周边城市创新水平的向上转移产生非同步、差异化影响。该研究挖掘七大城市群创新能力区域差距来源，并通过科学揭示其时空演变规律为城市群创新差距提供空间解释，该研究结论对缩小城市群创新能力区域差距，构建创新驱动的区域经济发展支撑点具有重要的理论和现实意义（杨明海，2017）。

（三）关于公共经济方面的研究

靳卫东等按照预防性储蓄理论，认为城镇居民医疗保险制度改革可以降低未来医疗支出的不确定性，那么在当前国民收入条件下，预期可以产生大幅度的文化消费增长。但是，这次改革的政策目标决定了参保过程必然存在逆向选择问题，所以考虑到居民消费所具有的层次特征，实际文化消费增长可能很难达到理论预期。基于 CFPS 数据，使用 DID、DDPSM 和 IV 方法，这种对逆向选择问题和消费的层次特征进而对文化消费效应的判断，基本可以得到事实验证。因此，为了提高城镇居民医疗保障水平，扩大医疗保险基金的支付范围以及推进城镇居民医疗保险和新型农村合作医疗保险的一体化，都预期不会带来较大的文化消费增长。不过，针对高收入健康城镇家庭的实证研究也表明，随着国民健康和收入水平的提高，此类社会保障制度改革的文化消费效应终将逐步得以体现（靳卫东，2017）。解垩首先假设增加的公共转移支付有两种筹资方式使财政收支保持平衡，一种筹资选择为增加家庭和企业的直接税，另一种筹资选择为增加间接税，并使用计量估计的微观模拟模型与可计算一般均衡模型相结合的自上而下和自下而上方法，评估公共转移支付增加对收入不平等和贫困的效应。结果显示：如果增加公共转移支付的筹资方式为直接税，GDP 可能会随着消费的增加而增加；直接税筹资只有很小的劳动供给减少效应；直接税筹资的不平等指标下降程度比间接税筹资下降程度大；如果增加 1 倍的公共转移支付的筹资方式为直接税，贫困发生率下降 2%，采用间接税筹资方式，贫困发生率下降 1%（解垩，2017）。

（四）关于农业经济的研究

苏昕、刘昊龙基于 2010～2014 年的省际面板数据，使用 DEA－Tobit 模型测算了各省份的农业生产效率，检验了农村劳动力转移对农业生产效率的影响，验证了农业合作经营对二者关系的调节作用。研究发现：在当前中国城乡发展的情境下，农村劳动力转移对农业生产效率的制约作用正在凸显；农民专业合作社平均成员数量对农业生产效率提升具有积极作用，并能够缓解农村劳动力转移对农业生产的不利影响；但是，合作社平均资金规模和区域普及程度对农业生产效率提升的积极作用并不明显。因此，应通过鼓励更多农民参与合作经营，保障合作社的制度效能，促进农业生产效率的提升（苏昕，2017）。张复宏等利用对山东省9个县（区、市）279户苹果种植户的调查数据，运用投入导向的径向超效率模型和双变量 Probit 模型分析了果农对过量施肥的认知与测土配方施肥技术采纳行为的影响因素，并测算了相关因素影响果农对过量施肥有一定程度认知及采纳测土配方施肥技术的边际效应。研究结果表明：山东省9个样本县（区、市）有8个在苹果种植中存在过量施肥问题，调查地区的平均过量施肥量达20.5公斤/亩，亩均施肥量有待降低的幅度都在14%以上；64.9%的果农对过量施肥缺乏认知，采纳测土配方施肥技术的果农仅占21.7%；果农对过量施肥的认知与其测土配方施肥技术采纳行为之间高度正相关。进一步的回归结果显示，文化程度较低、专业化程度较高、有外出打工经历、对过量施肥危害有所认知、参加过种植技术培训、果园土壤较肥沃的果农，对过量施肥有一定程度认知的概率更高；具备上述特征的果农，以及性别为女性、种植年限长、果园为标准化果园、园地较为集中的果农，更倾向于采纳测土配方施肥技术（张复宏等，2017a）。张复宏等将资源环境因素纳入苹果经济效率和全要素生产率的分析框架，采用包含非期望产出的 SBM 超效率模型和 Malmquist - Luenberger 生产率指数分别测度了中国苹果7个主产省份2000～2014年的经济效率和全要素生产率水平，并运用莫兰指数分析了环境全要生产率的空间自相关性。研究表明：考虑环境因素的苹果经济效率值明显低于未考虑环境因素的指标值。近年来中国苹果主产区的环境全要素生产力发展呈现出空间负相关性，河北、辽宁的苹果产业发展与环境不够协调，而山东、陕西、甘肃的苹果产业发展与环境较为协调，不同省份的苹果环境全要素生产率在不同样本期内的时空变迁较为明显。该研究为评价中国苹果优势产区并提升其“两型农业”的发展水平提供了有益参考（张复宏，2017b）。

（五）关于国际经济方面的研究

邵帅从环境规制是否影响了货物贸易出口商品结构这一问题出发，利用2001～2014年中国30个省市的面板数据，采用系统GMM估计方法，实证分析了不同类型环境规制对我国货物贸易出口商品结构的影响。研究表明：①费用型环境规制与出口商品结构间存在“U”型非线性关系，投资型环境规制与出口商品结构间存在倒“U”型非线性关系；②投资型环境规制之于出口商品结构的滞后效应较费用型环境规制更强；③在影响途径上，投资型环境规制更偏好促进技术创新，费用型环境规制则主要影响环保成本；④两种类型环境规制对于东部和中西部出口商品结构的影响强度有所不同。加强环境规制对我国货物贸易出口商品结构优化的促进作用，应重点从以下着手：考虑不同类型环境规制对出口商品结构影响的特点制定恰当的规制水平；根据不同类型环境规制的优劣势组合使用环境规制工具；加强环境规制与企业技术创新间的紧密联系；选择与区域产业分布特征相适宜的环境规制工具（邵帅，2017）。随洪光等测度了2001～2015年中国29个省份的经济增长质量和人民币实际有效汇率，考察了FDI对增长质量的作用以及汇率变化的影响。结果显示，FDI整体降低了经济增长的质量，外商在华投资可能存在较大比例的非耐心资本。人民币汇率升值具有显著的FDI甄别效应，通过提高耐心投资份额改善了FDI的作用。经济联系紧密度越低，资本流动倾向越高，甄别效应越显著。汇率甄别主要在效率和可持续性渠道中改善了FDI的作用，在稳定性渠道中则没有显著影响。当汇率持续升值时，其在效率和可持续性渠道中的积极作用会迅速衰减，对资本流入的冲击还将引发稳定性渠道中强烈的负面反应（随洪光，2017）。

二、关于虚拟经济方面的研究

（一）关于政府债务方面的研究

杜萌、马宇运用1984~2012年70个新兴市场和发展中国家的面板数据，对主权债务危机与经济发展之间的关系进行探究，结果发现，平均来看主权债务危机将会导致经济增长速度下降大约3.8%。当我们考虑预期和违约历史时，经济会由此下降5%左右。将债务违约国分为“主动违约”和“被动违约”之后，发现“被动违约”国家的产出损失要显著高于“主动违约”国家。他们还对主权债务违约的短期修正机制和长期影响效果进行了分析，在短期，主权债务违约将会减低经济增长速度，且存在修正机制，调整速度为0.693；从长期来看，发生主权债务危机的国家经济发展速度要比其他国家快约1%（杜萌、马宇，2017）。李一花等认为地方债规模增长是引发地方债务风险的重要因素。治理地方债规模的过快增长需要从理论和实证上识别其形成机制。他们首次从地方财政能力的视角建立了解释地方债规模增长的理论框架，克服了以往研究集中于需求方面的局限。通过研究发现，财政能力对地方债务规模具有重要影响，尤其对东部地区而言更是如此；对于中西部地区，财政收支缺口的压力对债务规模增长不可小觑。对地方债规模增长成因的解释，意味着政策导向应立足于策略性调整财政分配关系，并从地方债管理的角度，建立可靠的偿债机制和制度法律约束（李一花，2017）。

（二）关于金融市场发展的研究

李维林、朱文君认为基准利率的合理确定对促进金融的发展具有重要意义，这种利率既是金融市场的投资者和参与者进行金融决策的参照体，又是货币当局制定和实施金融政策必须高度关注和利用的对象。他们采用 2006 ~ 2016 年 Shibor、同业拆借率、债券回购利率数据，立足于价格型货币政策传导渠道框架，从利率各品种之间的联动性及基准利率地位、市场利率与货币政策利率的关系两方面分析三种利率在扮演基准利率中的地位和作用。结果表明，对于期限在 3 个月以内的短期，Shibor 更适合作为基准利率，其优势体现在报价的连续性、应用的广泛性、对货币政策传导及宏观经济调控的有效性；但其在中长期的基准性尚待加强（李维林、朱文君，2017）。冯金余、周亚虹回答了为什么近年来国内股市低位震荡，而新基金产品却密集增长？他们首先梳理了国外经典研究，认为这是理性的基金管理机构利用个人投资者的异质性与有限理性，为规避业绩竞争而采取的产品差异化策略。他们通过研究认为，在管制严格与退出机制缺失的国内基金市场，对基金发行管制所产生的牌照收益，也是其重要原因。2013 年新《基金法》放松基金发行管制提供的自然实验，为以上观点提供了经验证据。面板数据 DID 方法研究结果显示，放松基金发行牌照管制能降低管理公司新基金发行战略带来的收益，能促进基金市场的新产品创新。据此，他们也针对基金市场的改革与监管提出了政策建议（冯金余、周亚虹，2017）。孙亚男等认为后金融危机时期全球股市一体化程度不断提高，全面认识中国股市的国际地位对于揭示国际股市一体化联动中的传导机制，防范和应对国际金融风险冲击具有重要的理论意义和现实价值。他们应用非线性格兰杰因果检验方法和社会网络分析方法，对金砖国家和七国集团股市收益率和波动率的联动关系及其联动网络结构进行分析，揭示出中国在国际股市联动中的地位对传导关系的控制方式，定量分析出事件冲击下中国股市与国际股市之间的交互影响。研究发现：①国际股市收益率和波动率联动网络呈现出稳定的非线性联动关系网络结构，受其影响各国股市收益之间存在互惠性，而波动之间则存在传染性；②在收益率联动网络中，中国股市的作用和地位已与英国相当，远高于其他金砖国家，正逐渐由“从属地位”转向“中心地位”；③在波动率联动网络中，中国股市是造成国际股市风险交叉影响的重要“桥梁”，综上而言，当前中国股市表现出“高风险低收益”的市场特征；④中国对国际股市的影响具有典型的“地缘特征”，将网络中心国家股市的利好传递给地缘临近国家股市；⑤波动率联动网络中初始冲击强度较大的国家，往往是对中国股市持续大规模产生冲击的国家；⑥相比较国际股市调整波动冲击的时间而言，中国股市调整时间较短，这表明后金融危机时代中国致力于股市的一系列改革举措取得了显著成效（孙亚男，2017）。宋亚琼、王新军选取 2006 年 1 月 2 日 ~ 2015 年 12 月 31 日上证综合指数的日度数据作为样本，考察隔夜信息对中国股市波动率模型预测能力的影响。对隔夜信息根据时间进行界定，并将能够公开获取的隔夜信息分为三类：宏观政策指标类信息、海外市场交易类信息和上市公司信息披露。对经典的股市波动率模型——GARCH 类模型和 HAR 类模型进行改进，具体研究隔夜信息是否能够优化股市波动率模型的拟合效果和预测能力。结果表明，两个交易日之间的隔夜信息会对后一个交易日的股市波动率产生影响，不同类别的隔夜信息在波动率模型中表现出了对股市波动率不同的影响趋势。更进一步，在 GARCH 类模型和 HAR 模型中考虑隔夜信息可以提高股市波动率模型的拟合效果和预测能力（宋亚琼、王新军，2017）。

（三）关于普惠金融的研究

丁淑娟等对 2014 ~ 2017 年山东省普惠金融现状进行研究发现，大半农户未获得合意的融资期限。要提高农户的融资期限满意度，需要明确农户意愿融资期限的特征及其影响因素。农户意愿融资期限平均约为 16 个月，近 80% 的农户希望融资期限在半年以上，近一半农户希望在一年以上。他们以融资期限结构理论中的期限匹配假说及交易成本假说作为理论基础，采用有序 Probit 模型分析了影响农户意愿融资期限的因素。结果显示，在期限匹配假说下，家庭收入、融资生产性目的程度、当地支柱产业规模和是否为新型农业经营主体等变量对意愿融资期限有显著的负向影响，意愿融资数额变量有显著的正向影响；在交易成本假说下，抵押品影响程度评价变量对意愿融资期限有显著的正向影响，到市区或镇中心的距离通过影响意愿融资数额间接对意愿融资期限产生显著的负向影响（丁淑娟，2017）。李建伟在变异系数法确定指标权重的基础上构建普惠金融发展指数，测算了2009～2014年我国30个省份的普惠金融发展程度，并在此基础上构建相关空间计量模型，实证检验了省域普惠金融发展对城乡收入分配差距的影响。结果表明，“地理维度的渗透性”子维度在现阶段我国普惠金融的发展中起到主导效应，省域普惠金融发展水平差异悬殊；大部分省域普惠金融的发展对缩小本省域城乡收入差距具有显著的作用，但普惠金融发展和城乡收入差距之间在省域层面上表现出非完全一致的关系；周边省域普惠金融的发展对本省域城乡收入差距的改善存在空间溢出效应，不过这种溢出效应或区域辐射效应还不明显（李建伟，2017）。马燕妮、霍学喜基于农业经营制度变革及利率市场化改革背景，采用Tobit Ⅲ模型及源自两个中国苹果优势区725个专业化苹果种植户的实地调研数据，实证分析专业化农户的正规信贷需求行为特征，并分析不同规模农户正规信贷需求与利率间关系。研究发现：①专业化农户正规信贷需求特征存在异质性。专业化规模农户正规信贷需求更多地表现为“扩展型需求”和“发展型需求”。②不同规模农户正规信贷需求影响因素也具有异质性。利率变化与正规信贷需求呈现负相关，且不同规模农户的信贷规模需求对于利率弹性存在异质性。③影响正规信贷需求与影响正规信贷规模需求的因素表现出明显的差异性（李建伟，2017）。于冬菊将金融机构披露的绿色金融分为国际倡议与绿色服务两种，并使用内容分析法研究了其影响因素。结果发现，与国际倡议有关的影响因素包括人民对政府发声的程度、金融机构规模、营业范围、对碳审计的详尽程度和本国金融机构竞争环境的激烈程度。与绿色服务有关的影响因素包括人民对政府发声的程度、营业范围和获利程度。进一步分析发现，与赤道原则有关的影响因素包括本国人民对政府发声的程度及金融机构规模；与联合国责任投资原则有关的影响因素包括对碳审计的详尽程度、本国金融机构竞争环境的激烈程度；与联合国环境规划署金融倡议机构有关的影响因素包括营业范围、对碳审计的详尽程度和本国金融机构竞争环境的激烈程度；与绿色服务有关的影响因素包括人民对政府发声的程度、营业范围和获利程度（于冬菊，2017）。

（四）关于金融周期的研究

陈晓莉、张方华依据博菱（Borio，2014）对金融周期的定义，选取信贷、信贷/GDP、房地产价格、股票价格四个变量来提取金融周期。他们首先采用带通滤波法和拐点法提取单个金融变量的周期序列，再按照一定的规则提取其共同周期。运用这一研究方法依次获得东亚、东南亚十个国家和地区的金融周期序列。在此基础上，计算样本国家（地区）金融周期的趋同程度，研究结果发现，东亚、东南亚国家（地区）的金融周期具有区域趋同性（陈晓莉、张方华，2017）。

三、关于实体经济与虚拟经济之间关系的研究

（一）关于金融体系与经济增长之间关系的研究

随洪光等利用中国 28 个省级样本 2001 ~2015 年的数据，考察了金融中介对经济增长质量的影响。结果表明：金融中介发展显著提升了经济增长的质量。在资金吸纳环节，动员社会资金功能与增长质量正相关，其贡献主要来自对增长稳定性的提升；动员居民储蓄功能与增长质量负相关，其不利影响主要来自对增长可持续性的冲击。在资金投放环节，投资转化功能与增长质量正相关，显著提升了增长的可持续性；资金配置功能与增长质量正相关，对增长效率、稳定性和可持续性均产生了积极影响。鼓励针对非居民的金融产品创新，适当放松资本充足率管制，提升非国有部门的授信比例，有助于提升经济增长的质量（随洪光，2017）。

（二）关于金融体系与微观企业之间关系的研究

陈庆江、李启航认为当前我国社会创新资源使用效率偏低，粗放型创新发展模式亟须转变。他们基于我国 A 股制造业上市公司数据，利用 DEA – Tobit 两阶段模型考察社会研发资本存量对企业技术创新效率的影响，结果发现：①社会研发资本存量对企业技术创新效率存在一定程度的负向影响，这在非国有企业中尤为显著；②市场化水平减轻了上述负向影响，但这种调节作用主要存在于非国有企业中；③社会研发资本存量对创新的技术效率和规模效率均有负向影响，但对前者影响更大。政府应加快科技政策调整和市场化改革，引导各创新主体减少社会创新资源的粗放投入和低效积累，同时进一步提高存量创新资源的利用效率（陈庆江、李启航，2017）。刘海明、曹廷求检验了信贷供给周期对微观企业风险的影响，结果发现，信贷供给周期具有双向效应，总量效应体现为信贷扩张降低了企业异质性风险，而结构效应体现为信贷扩张提高了企业的系统风险，总体而言信贷扩张增加了微观企业的总风险。从不同类型企业的检验结果看，信贷供给扩张能够在更高程度上降低高增长、小规模企业的异质性风险，并在更低程度上提高两类企业的系统风险，总量效应占主导地位。而信贷供给扩张在更高程度上降低了国企和高杠杆企业的异质性风险，并在更低程度上提高两类企业的系统风险，结构效应占主导地位。从不同宏观经济形势的结果看，在宏观经济不确定性较高的时期，信贷供给的总量效应较弱而结构效应更强。本文揭示了信贷供给周期在微观企业层面累积风险的根源、具体机理及其表现形式，对于新常态下如何改善总需求管理、实现供给侧改革和总需求管理的协调配合具有一定的启示（刘海明、曹廷求，2017）。齐杨等认为货币政策作为经济调控的手段，对宏微观经济都具有重要的影响。企业作为微观经济的主要组成部分，其融资环境、经营策略也会因货币政策的实施而改变。他们以上市公司为研究对象，从微观经济的角度研究不同货币政策工具对企业融资及绩效的影响。通过建立 GLS 回归和 PVAR 模型进行脉冲响应分析后，发现不同的货币政策工具对企业融资和绩效的影响存在差异，而利率市场化改革等方式能够提高货币政策的微观效应（齐杨等，2017）。胡金焱、张强认为小额贷款公司的收益水平不仅取决于贷款利率，还与借款人的还款概率有关。他们从小额贷款公司的违约风险角度出发，结合信贷市场信息不对称理论，运用面板门限回归模型，分析违约风险如何影响小额贷款公司的贷款利率与收益的关系。研究发现，受违约风险的影响，小额贷款公司的贷款利率与收益表现出违约率的非线性门限关系。当面临较低的违约率时，贷款利率可以显著正向作用于收益水平；一旦违约率高于门限值，贷款利率与收益的关系不再显著甚至负相关，其主要原因是当高于相同的违约率门限值时，提高利率会加剧违约率的上升，恶化贷款结构，加重小额贷款公司的违约风险（胡金焱、张强，2017）。葛永波等将经济新常态背景下经济增速调整对小微企业贷款的影响因素纳入分析框架，分析了小微企业贷款风险加剧的成因；结合小微企业实际运行情况，对农商行小微贷款风险影响因子进行了估计，并在此基础上构建了风险即时估测预警模型。风险影响因子的估计结果表明，小微企业规模、企业主年龄、企业主个人信用状况、企业速动比率、总资产周转率、总资产报酬率等因素以及宏观经济增长速度均与贷款风险负显著相关；利用调研数据对风险即时估测预警模型的预测性能进行了检验，结果表明，该模型具有较高的预测准确率。最后，提出了优化农商行小微企业贷款风险管理的对策建议（葛永波，2017）。

在后危机时代，围绕“虚拟经济和实体经济关系”的研究，已成为政治经济学领域的重要方向，通过梳理现有文献也发现，虽然宏观政策层面对实体经济的发展极其重视，但虚拟经济与实体经济之间的融合趋势也不断强化。理论上讲，政治经济学是研究一个社会生产、资本、流通、交换、分配和消费等经济互动、经济关系和经济规律的学科，具体到现实来看，该学科属于较为宏观的范畴，从山东省学者的研究来看，结合“虚拟经济和实体经济”这一领域，现有文献从产业经济转型、区域经济发展、农业经济、普惠金融、政府债务等范畴展开，基本涵盖了国家经济发展中的重要问题，同时也符合“十九大报告”对实体经济发展、民生领域、社会文明等方面的要求。未来的研究趋势，将在我国经济发展新阶段的背景下，从城乡一体化、金融改革与发展、产业转型升级、国际经济与贸易等方面进行拓展。

（王晓）

第十三章

城乡关系的新发展

随着生产力水平的发展与社会分工的深化，自城市作为独立的社会形态从乡村中分离以来，城市逐渐摆脱对乡村的依附并成为经济、文化、政治中心，与乡村共同构成经济社会整体。在生产力发展过程中，资本主义国家工业化进程的开启使城乡对立格局凸显，城乡矛盾日益尖锐。在城乡发展与关系的演化问题研究中，马克思、恩格斯在批判地继承德国古典哲学、英国古典政治经济学与英法空想社会主义经典理论与方法的基础上，采用历史唯物主义与唯物辩证法，对城市的形成、私有制下城乡的对立、未来发展趋势与规律等问题进行系统探讨，提出“城乡关系的面貌一改变，整个社会的面貌也跟着改变”①，进而形成对城乡关系演化的科学理论体系。基于科学性、系统性、实践性等特征，马克思主义城乡关系理论不仅深刻地披露了资本主义社会的深层矛盾，还对社会主义体制下城乡融合格局的形成具有重要的指导意义，是新时代中国构建新型城乡融合发展体制机制和政策体系、促进城乡二元结构向一体化转化的理论基础与思想来源。

2017 年山东学者基于马克思主义基本理论与研究方法，在已有研究的基础上，对“城乡关系”相关主题进行广泛探讨，在 CNKI 数据库中检索到学术论文 25 篇，其中，期刊论文 21 篇，学位论文 4 篇，多层面、多角度地对城乡关系的演化趋势、条件及问题进行系统研究。大量学者呼

① 马克思恩格斯选集（第 1 卷）［Z］. 北京：人民出版社，1972：123.

吁，坚定不移地坚持马克思主义理论的指导地位，立足于中国特色社会主义初级阶段的基本国情和改革发展实际，促进马克思主义与中国革命、改革开放实践的融合，促进马克思主义理论的大众化、中国化，是全面推进深化改革的思想保证（朱燕，2017），对中国城乡一体化建设进程的有序推进具有重大的理论意义与现实意义。

一、马克思城乡关系理论的主要内容研究

在空想社会主义关于城乡关系论述的基础上，马克思、恩格斯基于资本主义工业革命后的发展实践，在《1844 年经济学哲学手稿》《政治经济学批判》《资本论》等一系列作品中，对城乡关系理论进行详细阐释。马克思、恩格斯提出："古典古代的历史是城市的历史，不过这是以土地所有制和农业为基础的城市；亚细亚的历史是城市和乡村的一种无差别的统一；中世纪（日耳曼时代）是从乡村这个历史舞台出发的，然后，它的进一步发展是在城市和乡村的对立中进行的；现代的历史是乡村城市化，而不像在古代那样，是城市乡村化。"① 城乡关系的演进是自然的历史过程，在不同的发展阶段，城市与乡村处于不同地位、发挥着不同的社会功能。

在前资本主义社会，由于生产力落后，社会分工极不发达，农业是主导产业，乡村成为经济文化的中心，乡村包围城市，城市仅为政治和防御中心，依赖于乡村并淹没在乡村之中，城乡呈混沌一体的初始状态。关于城市与乡村分离与对立格局的形成，马克思、恩格斯提出："物质劳动与精神劳动的最大的一次分工，就是城市与乡村的分离。"② 第一次社会大分工后，原始农业从畜牧业中分离为城市社会形态的形成最初动力；当生产力有了一定程度的发展，出现第二次社会大分工之后，"由于农业

① 马克思恩格斯选集（第 8 卷）[Z]. 北京：人民出版社，2009：131.
② 马克思恩格斯选集（第 1 卷）[Z]. 北京：人民出版社，2009：556.

和工业的分离，由于大的生产中心的形成，而农村反而相对孤立化”①，以商品交换为目的的生产性活动出现，部落间甚至海上贸易兴起，促使城市与乡村间的分离格局逐渐形成。“一个民族内部的分工，首先引起工商业劳动同农业劳动的分离，从而也引起城乡的分离和城乡利益的对立”②，特别是随现代资本主义大工业发展而崛起的现代城市，在城乡关系演化中占据绝对优势，对农村产生剥削，城市的繁荣与农村的萧条形成鲜明对比，城乡由分离走向对立。董济杰等的研究明确提出，城乡之间的对立是随着野蛮向文明的过渡、部落制度向国家的过渡、地域局限性向民族的过渡而开始的，它贯穿着文明的全部历史直至现在；随着资本主义工业化进程的开启与生产力的发展，在生产方式、社会组织等方面均呈现出较大差异，而资本主义私有制使城乡矛盾尖锐化（董济杰，2017）。

山东学者的研究充分认识到在马克思主义城乡关系理论中，随着生产力的发展，城市与乡村共同构成既相互依赖又相互对立的统一整体。消除城乡对立、实现城乡融合不仅是社会发展的必然趋势，也是未来共产主义社会的重要标志，需经历长期的历史过程。基于上述理论，易文彬等山东学者的研究将马克思城乡关系的演化历程概括为城乡混沌一体—城乡分离—城乡对立—城乡融合等阶段，提出城乡关系理论体系主要包括城乡对立统一、城乡关系变迁与城乡融合论等核心内涵（易文彬等，2017）。

二、城乡关系演化的条件分析

从马克思、恩格斯对于城乡关系的演化理论来看，“物质生活的生产方式制约着整个社会生活、政治生活和精神社会的过程”“随着经济基础

① 马克思恩格斯全集（第25卷）[Z]．北京：人民出版社，1963：733.

② 马克思恩格斯文集（第1卷）[Z]．北京：人民出版社，2009：520.

的变更，全部庞大的上层建筑也或慢或快地发生变革”①。基于历史唯物主义与唯物辩证法，马克思、恩格斯提出，城市与乡村分离与对立格局的形成，是生产力发展水平不高的阶段性产物，要消除城乡对立，首先，工业生产所能提供的劳动产品足以充分满足其全体社会成员对工业产品的需要，物质产品极大丰富；其次，以无偿占有他人创造的剩余价值为特征的资本主义私有制被废除；此外，社会也不再被划分为各不相同且相互对立的阶级的时候，由社会分工和私有制产生后所导致的城乡间的对立也必将随之消失，在这种对立消失后将由同样的一群人共同从事同样的工农业生产活动，没有阶级也没有阶级的对立②。因此，实现城乡融合，不仅以生产力的发展为经济条件，还依赖于一定的制度条件和社会条件。

（一）经济条件

马克思将生产力的发展视为城乡关系演化的根本动力，而社会分工则是直接原因，“乡村农业人口的分散和大城市工业人口的集中，仅仅适应于工农业发展水平还不够高的阶段”③。建立在生产力基础上的生产关系不断调整，生产关系的区域分化组合随之演化，城乡关系转变。苗毅等（2017）提出，随着社会生产力水平的不断提升，社会分工深化并引发产业分工的细化，农业劳动力生产出的社会产品超出了维持其生存所需产生剩余，农业剩余的形成为工业与农业的分离以及劳动力由农业向非农业转移提供了前提与条件。社会分工促进并驱动手工业和商业从传统的农牧业中分离出来，人类活动围绕工商业出现集聚，城市形成并发挥着要素集聚与辐射带动功能。工业革命以后，建立在工业化基础上的经济发展成为城市发展最主要的驱动力。

董济杰等的研究也表明，随着城乡关系的转变，城市与乡村发挥着

---

① 马克思恩格斯文集（第2卷）［Z］. 北京：人民出版社，2009：591－592.
② 马克思恩格斯选集（第1卷）［Z］. 北京：人民出版社，1995：242.
③ 马克思恩格斯文集（第1卷）［Z］. 北京：人民出版社，2009：689.

不同的社会功能，城市逐渐处于整个社会结构的中心地位，成为经济政治文化和社会发展的枢纽。但马克思在其城乡关系理论中着重强调了农村作为整个社会结构的基础地位，农业生产作为人类生存和发展的食物来源和物质基础等重要作用（董济杰，2017）。

在充分肯定农业基础性作用的基础上，马克思充分重视生产力发展过程中工业化在城乡关系演化中的重要作用，提出“大工业在全国的尽可能均衡的分布是消灭城市和乡村分离的条件”。在生产力发展的过程中，基于产业分工专业化的深化，“把农业和工业结合起来，促使城乡对立逐步消灭”[①]，因而，产业融合是消除城乡对立、实现城乡融合式的重要手段与途径。在马克思城乡关系理论的基础上，大量学者提出工业化既是城乡发展的重要产物，也是推动城乡融合的物质条件。如山东理工大学刘广亮在其学位论文《山东省工业化、城镇化与农业现代化协调发展与对策研究》一文中，对工业化、城镇化与农业现代化协调对区域社会发展的作用机制进行说明，并提出以工业带动农业，推动农业现代化的针对性对策，以促进马克思主义城乡关系理论的中国化（刘广亮，2017）。

从中国特色社会主义建设实践来看，经济新常态下中国农业产业的转型升级受到生产成本与环境压力的共同限制，尤其是在城乡二元经济结构的刺激下，为充分挖掘农村经济发展潜力，实现农民实际增收，需抓住农村供给侧改革机遇，推动第一、二、三产业的融合，促进生产力发展（赵舰等，2017）。吕岩威、刘洋等认为要推动中国农村地区第一、二、三产业的融合发展，可通过纵向一体化、工商资本引领、龙头企业引领以及现代电商平台等路径来实现，进而从产业渗透、产业交叉、产业重组等层面提出三产融合的新方式，为实现中国特色新型农业现代化提出针对性政策建议，以缩小城乡产业现代化差异（吕岩威、刘洋，2017）。

① 马克思恩格斯文集（第2卷）[Z]. 北京：人民出版社，2009：53.

（二）制度条件

马克思、恩格斯认为，除物质产品的极大丰富外，城乡融合的实现还需具备一定的制度条件，“城乡之间的对立只有在私有制的范围内才能存在”“资本主义社会不能消灭这种对立，相反，它必然使这种对立日益尖锐化”[①]；“只有随着大工业的发展才有可能消灭私有制”[②]。进而，马克思提出“正像现代工业实际上消灭了一切差异一样，现代社会也必须消灭城乡之间在法律和政治上的一切壁障”[③]，城乡融合的实现要以消除资本主义私有制为政治条件。

学者们的研究认识到，中国城乡关系的演化与城乡二元结构的形成，与传统二元分割体制密切相关。在山东省学者的相关研究中，樊祥成等对中华人民共和国成立以来城乡关系的演化历程进行系统梳理，提出改革开放之前，优先发展重工业的倾斜型发展战略形成并固化了城乡分割的二元经济体制；改革开放后，随着经济社会体制改革的不断深化，中国开启了推动城乡二元经济结构向一体化转化的新历程，城乡关系步入新阶段（樊祥成，2017）。

近年来，随着城乡问题的复杂化、多样化，学者们的研究逐渐深入到制度因素的各个层面。其中，大量山东学者从城乡规划的视角入手，对地方立法的发展历程及现状进行梳理，探讨城乡分割的地方立法体制、专业化程度、公众参与意识等因素的影响。侯广红等的研究表明，当前中国城乡规划层面的地方立法中，城市中心思想仍居于主导地位，重城市、轻农村的倾向仍显著存在，乡村规划缺乏地方特色、可操作性不强、部门利益倾向、行政机关主导立法等问题使乡村建设与管理现代化滞后，成为城乡关系向一体化转化面临的重要制度障碍，中国城乡二元结构的形成并深化（侯广红、汪栋，2017）。刘效龙等也提出，当前中国的城乡

① 马克思恩格斯全集（第6卷）［Z］. 北京：人民出版社，1995：174.

② 马克思恩格斯文集（第1卷）［Z］. 北京：人民出版社，2009：556－557.

③ 马克思恩格斯全集（第6卷）［Z］. 北京：人民出版社，1963：302.

发展规划及相关制度，较多地关注对物质空间层面的设计，而缺少从顶层制度设计、体制机制改革、政策措施制定等视角对城乡居民基本权益、公共服务、居民收入均等化、城乡要素配置合理化及产业发展融合化等方面的统筹谋划，因而，城乡规划的脱节既是城乡二元结构的重要表现，也是城乡二元结构延续的关键原因；完善城乡资源规划体制建设，通盘考虑城乡发展规划编制，改善城乡规划脱节难题是城乡一体化建设急需解决的问题（刘效龙，2017）。郭世强等也表明，中国的城乡二元结构受到中国城乡发展规划与国家政策的影响，具有显著的中国特色，难以用刘易斯模型、拉尼斯—费景汉模型等理论给予解释。自改革开放以来，中国实施了一系列旨在促进城乡经济协调发展的政策措施，如家庭联产承包责任、逐步放开农产品流通与价格、培育农村商品市场、积极发展小城镇等，农村行政管制逐步放宽，但城乡差距仍显著存在且不断扩大，近年来治理体制的二元化引发了社区矛盾的集中与居民关系的割裂（郭世强，2017）。

马万里等则从地方政府的行为决策视角出发，提出地方政府作为自我理性的行为者，在决策过程中由从“援助之手”到“攫取之手”转化的行为差异，不仅源于地方激励机制，还取决于该政府所处的制度约束空间，二者共同构成政府行为的内外因；“以官治官”下的地方政府选择性政府职能和机会主义下的道德风险问题凸显了官员治理制度体制机制层面的缺失对地方政府行为的影响，委托代理下切实可行的公众与人民代表大会的监督问责制的缺失凸显了对地方政府理性行为者和行为差异的强化作用，政企关系下有效廓清政府——市场边界制度机制的缺失和地方政府角色的多元化强化了地方政府理性行为者角色和行为差异（马万里，李齐云，2017）。因此，制度层面顶层设计的缺失是城乡关系由分离、对立向融合格局转化的主要障碍之一。

张英俊等研究提出，随着中国城乡一体化的快速推进，传统社会结构逐步解体，新的社会行为规则失范，阶层结构变化与定性化趋势加大，社会利益结构分化与博弈失衡，公权力退位与社会组织不成熟，民生保障不力与公共服务矛盾等问题，使城中村、城乡接合部成为城乡一体化治理的盲区。在城乡不均衡发展新特征下，优化城乡协调发展治理主体、创新城乡治理体制机制，成为挑战传统城乡二元治理模式的现实需求，就要立足于马克思主义基本原理，全面深化户籍制度改革，推动构建城乡一体的土地征占用机制，统筹城乡社会保障制度，建立城乡统筹协调的劳动力市场，革除城乡二元社会服务制度（张英俊，2017）。

（三）社会条件

城乡对立格局的消除，还依赖于一定的社会环境。马克思提出在“不再有任何阶级差别，不再有任何对个人生活资料的忧虑”① 的社会，即全体社会成员均为独立平等的劳动者，自由地流动，同等地享有社会资源与权益。在充分自由选择职业的同时，劳动者不仅“有充分的闲暇时间去获得历史遗留下来的文化中一切真正有价值的东西，还有足够的自由时间来参加社会的公共事务”②，人类社会构成自由人的联合体，在这一联合体中，从事农业、工业的人同为自由而全面发展的个体，不存在阶级差异，城乡分离与对立随之消失。

在山东学者的相关研究中，苗毅等认为城市的分离、与乡村的对立，归根结底有赖于“人”的功能转变及空间迁移；人由农业性质转换成非农性质、由外围农村涌向城市居住的过程，及在此背景下城市规模的扩大、功能的提升、空间的延展等过程，体现了城市自组织式的发展（苗毅等，2017）。樊祥成等学者提出，农村剩余劳动力由农业部门向城市非农业部门的转移对城乡关系的转化产生积极、消极等多元效应，从积极效应来看，城乡人口流动有利于农业技术的改善与非农业资本的积累，为城乡二元结构向一体化转化提供了社会条件与动力。当前，中国城乡分割的二元户籍制度下人口由农村向城市的非对称性单向流动，带来农村人力资本大规模的流失，城市人力资本存量低成本增加，对城市与农村分别产生正向、负向人力资本效应，在一定程度上加剧了城乡的分割

① 马克思恩格斯文集（第9卷）［Z］. 北京：人民出版社，2009：121.

② 马克思恩格斯文集（第9卷）［Z］. 北京：人民出版社，2009：189－190.

与对立（樊祥成，2017）。朱丽华的研究提出，在城乡人口迁移的过程中，广大农村地区不仅呈现出村庄、人口的“初次空心化”，还面临着“有新居、无人住，有新业、缺新人”的社区空心化、产业空心化等“再次空心化”的尴尬；而大力推动城乡公共服务均等化，为农民提供切实的生活生产保障既是留住农民、破解农村空心化的关键性切入点，也是打破城乡二元结构的必然选择（朱丽华，2017）。在中国乡村人口向城镇集聚迁移集聚的过程中，大量农民处于介于市民与农民之间的“农民工”身份，成为新的特殊社会群体，马艳、杨培祥等基于马克思主义理论，从政治经济学的视角对农民工的阶级属性进行界定，提出根据农民工与生产资料的所属关系，他们既不属于资产阶级，也不属于无产阶级，是半无产者；在中国城乡分割的二元户籍制度下，农民工不同于工人和农民处于半工半农的特殊身份与尴尬境界，出现了社会身份的异化；研究认为要按照农民工的意愿和经济社会发展规律，循序渐进地引导农民工走上各自选择的道路，实现农民工的阶级属性和社会身份的有序转变（马艳、杨培祥，2017）。

在城乡融合社会条件的分析中，学者们还认识到公共服务供给的重要性，并从多方位给予分析。其中，有学者关注到城乡教育资源的均等化问题，如马小友等对城乡中高等农业教育投入与城乡一体化水平的关系进行分析，提出城乡教育资源配置的不均等是城乡经济社会分化、居民收入差距产生的重要原因，加强农业教育单独立法、统筹规划农业教育、建立农业院校与农村直接对接机制是发挥中高等教育投入效应、缩小城乡差距的主要条件（马小友等，2017）。王波、杨林等以城乡公共文化服务资源的配置为研究对象，提出经济发展水平是实现城乡统筹发展的主导，而公共文化财政的投入则是关键，要优化文化事业投资的城乡配置比例，需进一步明确政府与市场的成本分担机制，合理安排资金筹集与支出方式，增进城乡文化人才流动，以切实增强农村文化人才队伍建设，形成城乡统筹的内生动力（王波、杨林，2017）。

王波等在马克思城乡理论的基础上，从医疗卫生服务视角出发展开研究，提出当前中国城乡居民医疗卫生公共服务的供给，不仅存在因户籍而产生的制度差异，还存在因经济发展水平、工作性质、重视程度等因素不同而形成的区域差异，供给的总量不足与结构性失衡问题并存、资源紧缺与浪费现象并存、农民需求意愿表达不畅等，严重抑制着城乡公共服务均等化的推进，成为阻碍构建城乡一体化社会保障体系、实现共享式发展的重要障碍；研究进一步提出合理配置城乡医疗卫生资源的财政机制与实现路径（王波等，2017）。

三、城镇化与城乡关系的演化

城镇化与地区经济发展存在密切的内在联系，城镇化水平的提高可以拉动经济发展，经济的发展同样会推动城镇化建设；城镇化发展水平与地区发展的关系是判定发展协调与否的重要依据（修瑛昌等，2017）。在全面破除中国城乡二元结构的过程中，体制改革是动力，而城镇化进程的有序推进则提供了重要的社会条件（王波、杨林，2017）。中国新型城镇化道路的探索和拓展，是对马克思主义立场、观点、方法的坚持与运用（刘祯辰，2017）。基于中国城镇化建设的重要性及城镇化进程较快推进过程中城乡经济社会发生的重要转变，大量学者从城镇化的视角，对城乡关系的演化进行系统探讨。

刘震、徐国亮提出，过去中国的城乡建设以“单向”城镇化为主要趋势，其实质是乡村的发展依赖于城市所产生的拉力，外部因素拉动乡村在经济、文化、政治等层面向城市靠拢，这一单向的城镇化导致广大农村面临着农业接班人危机、精英人才流失以及传统文化萎缩等潜在风险。当前，在城乡一体化建设过程中，农村城市化与城市反哺农村已经成为新型城镇化的两大重要趋势，新型城镇化建设，应更加注重城市在工业、人才、文化等多方面对农村的反哺机制与效用，构建城乡协调发展的新型社会关系（刘震、徐国亮，2017）。郭世强等研究也表明，当前中国正处于城镇化进程高速推进的关键时期，基于城镇化建设的滞后性现状，中国的城乡结构面临着不合理性、无序性等问题（郭世强，

2017）。

部分学者认识到城镇化对城乡空间形态的重构及空间价值的转变，从空间视角对城镇化与城乡关系的演化进行系统分析。如苗毅和王成新等的研究提出，城市是人类社会生产力发展与劳动分工专业化的产物，而城镇化及在此基础上的都市化则体现了城市功能的完善与质量的提升，反映着区域经济社会发展的新要求，城镇化与都市化的推进要以满足城乡发展的空间对应性、过程相通性及相对同步性等特征为基础（苗毅等，2017）。杨志恒等对中国城镇化进程中乡村地区向城市形态的过渡进行阶段性分析，提出与西方传统社会以城市为核心的集中式城镇化模式不同，中国的城镇化大多以区域发展为基础，大城市周边形成了以卫星城镇为节点的"城市走廊"，乡村地域逐渐异化为城镇空间形态，混杂着城市与乡村生产生活内涵的过渡地带重要性逐渐凸显，城乡结构分布相对分散（杨志恒，2017）。王文静等将城乡空间分析具体到社会空间视角，把中国城乡社会空间关系的转变历程划分为以农村为主的主动融合过程与以城市为主的被动分隔过程两个阶段，研究表明，当前中国城乡正处于以城市为主的第二空间分隔阶段，根据分隔特征大致表现为地域改造型、行动者迁移型和规范嵌入型三种类型，并据此提出实现城乡社会空间融合发展的针对性政策建议（王文静，2017）。王娟在其硕士学位论文中提出，城镇化推动着城市与乡村在功能结构与社会结构等层面发生深刻的变革，中国城乡结构随城镇化建设的深化而由二元分割向一体化转变，在此过程中，城市周边乡村的聚落空间结构也发生转变；在理论分析的基础上，文章还对济南市周边乡村的聚落空间演变特征及主要机制进行系统概括与现状分析（王娟，2017）。杨志恒等也关注到城乡过渡带这一形态在城镇化建设中的特殊性，并以其为研究对象，对乡村向城市形态的过渡与空间转化进行分析（杨志恒，2017）。

此外，还有学者从城镇化进程中城乡文化转化的视角进行分析，如李国江等的研究发现，在传统社会，农业文化为基础的乡村社会系统及乡村民俗占据主体地位，对城市社会产生重要影响；自20世纪70年代后期以来，城镇化的兴起与发展引发中国社会的深刻变革，使传统乡村社会持续加剧向城市形态转型，主要体现为城市文明向农村的传播与扩散，及其引发的农村物质生产、生活方式、人际关系、民俗环境等层面的转变；因而，中国城镇化进程中城乡关系向一体化的转变，不仅表现为地域空间格局的变化，还体现为传统农业社会中创造并传承的文化也相应发生变迁（李国江，2017）。

通过上述梳理发现，在 2017 年山东学者对城乡关系的研究中，从政治经济学视角展开的分析逐渐多元化、深入化，为以后的研究提供了良好的理论基础与实证资料；但已有研究仍面临着系统性分析相对薄弱的现状。新时代，在中国新型城镇化对城乡融合发展体制机制的构建与城乡关系研究过程中，不仅要注重城市中心作用的发挥，进一步构建并完善工业反哺、人才反哺及文化反哺等多维度的城市反哺农村机制，形成农业农村现代化内生机制与动力，以真正实现城乡互动发展（刘震、徐国亮，2017）。

（孔艳芳）

第十四章

“共享经济”的创新发展

创新、协调、绿色、开放、共享是新时代的新发展理念，是经济社会发展的动力、方法、方向、战略和归宿。其中共享发展的理念注重解决发展中的公平正义，揭示了社会主义经济发展的出发点和落脚点。“共享”逐步从一种发展理念逐渐发展为一种经济模式，并在不同市场领域推广，在“互联网+”和大数据技术日益成熟的时代背景下，共享经济展现出了惊人的发展潜力和趋势。习近平总书记指出：“共享发展是人人享有、各得其所，不是少数人共享、一部分人共享。”① “共享经济”是在共同参与、共同建设、共同发展的基础上，实现公平享有社会资源，各自以不同的方式付出和受益，共同获得经济红利，最终实现对经济社会改革发展成果的共享。共享发展坚持以人民为中心，将经济发展的所有成果分享给全体人民，体现了社会主义的公平正义。

为得到山东省学者2017年在共享经济领域的相关成果，在“中国知网”以“共享经济”为主题进行搜索，得到2017年相关文献共计2677篇，进一步将作者单位限定为“山东”“齐鲁”“中国海洋大学”“中国石油大学”，以及“济南”“青岛”“烟台”等山东省各地市名称在结果中进行深度检索，共计得到文献71篇。以此71篇文献为样本，从政治经济学角度对其中相关研究内容和研究成果综述如下：

---

① 2016年1月18日，习近平在省部级主要领导干部学习贯彻十八届五中全会精神专题研讨班开班式上的重要讲话。

一、共享经济的概念界定

“共享”现象很早就出现，我国古代“以物易物”就是最初的共享，随着人类社会的演进和科技进步，“共享经济”一词开始被现代社会广泛使用（张洪香，2017）。中国特色社会主义不仅要解决归属权和支配权的问题，而且要进一步解决利用权、使用权的问题；不仅要实现天下为公所有，而且要实现天下为公所用。随着我国市场经济的不断转型和深入发展，在互联网普及的信息时代，共享经济的崛起成为经济发展的必然结果（王云飞，2017）。现代共享经济最早是由西方社会学学者从探讨社区结构的消费者行为中引申出来的，由于当时的移动互联网技术、智能手机尚未出现，消费活动受到时间、空间和频率的局限，导致共享经济未能应用到经济生活当中（刘永民，2017）。

共享经济是一种商家通过创立的共享经济产品交易平台将自己的产品以服务的形式租赁给客户使用，以此获取租金的经济模式。本质就是企业整合不同消费者的需求，进而减少资源的粗放化浪费，实现经济效益最大化（王伟，2017）。共享经济是一种可持续发展的经济，能够以较低的成本高效利用闲置资源，创造巨大的经济价值和社会价值（邓雪静，2017；徐璐，2017）。目前的共享经济还以技术创新为主旋律，通过创意构想的产生，研究开发新技术，生产商品并将其市场化（周红根等，2017）。此外，共享经济的本质还反映出诚信和资源是其关键的两大要素，共和享是决定共享经济能否稳定运行的内在要求（辛洪涛等，2017）。

二、共享经济的理论分析

从政治经济学角度，共享经济涉及的理论分析主要从人们共享生产成果的过程中引起的所有权和使用权的暂时分离、公平享有社会资源、以人民为中心的社会发展理论等角度展开，其中较为全面综述共享经济涉及理论的研究有两篇，刘永民较为系统地梳理了各类共享经济理论的演变过程，总结了不同时期共享经济主要代表人物的核心观点，在对共享经济的演变、定义和特征进行描述的基础上，从协同消费、协同经济等角度加以分析，并说明了判断共享经济的五大特征，以及早期共享经济理论从人类生态学、产权理论等角度进行的研究（刘永民，2017）。刘晋祎则从共享发展的逻辑脉络、科学蕴含和推进路向的角度进行了全面剖析（刘晋祎，2017）。在其他的研究文献中涉及的相关理论分析综述如下：

（一）共享经济催生新的产权观

产权理论是政治经济学的重要理论组成，产权分为所有权、使用权、收益权和处分权四方面，随着生产力发展，所有制结构不断变化，而产权理论所研究的对象正是四权主体之间的关系。共享经济催生新的产权观，所有权与使用权分离，可以暂时性地获得闲置资源的使用权，与实际占有不同，共享经济的产品注重的是提供一次性的服务体验（王伟，2017）。而且，共享经济的本质上，消费者真正需要的是资产的使用权，而不是所有权（刘永民，2017；辛洪涛等，2017）。对于普通的私人物品，消费者购买的是其经济产权，它代表着你可以随意支配该物品，其经济产权的排他性使得其他人不可以享用该产品。然而共享经济的出现则允许把该物品的部分使用权转让给其他人，但该物品的所有权还是归购买者所拥有，这是在产权中产生的一种新模式（于鹏，2017）。现代共享经济便是借助互联网平台整合线下闲置资源，有偿暂时性转移资源使用权，从而使资源得到重复高效利用的商业模式（王琳等，2017）。

基于上述对共享经济模式中产权理论的分析，互联网技术的发展，尤其是移动互联网技术的发展，有效提高了闲置资源的利用效率，促进了分享经济的发展。从传播受众来说，信息的受众者已经确立了用户身份，而用户同时具有了传播者和受众的双重属性（李颖异，2017），在接受和消费获得信息和资源的同时也助其进一步传播，这在一定程度上也减少了信息的传播成本。冯瑞雪认为共享经济通过合作的方式让消费者在不占有产品（服务）所有权的前提下，可以共同享用产品和服务。它体现了使用权与所有权分离的理念。云计算、物联网、移动互联网的普及减少了信息不对称，大大降低了租赁交易的信息成本，使得共享经济成为当今商业模式创新的主流（冯瑞雪，2017）。

（二）全民共享与全面共享理论

共享经济体现了全民共享和全面共享，全民共享指的是人的全面发展应该包含所有个体，而全面共享则表示的是个体存在形式下人的自由发展应包括所有属性。共享经济本身并不创造资源，而是利用原本就存在的，被忽视、闲置的资源。共享经济将大量闲置资源聚集起来，并分配给需要它的人，让资源得到更充分的利用，提高其利用率，将资源配置达到最优化，是让人民群众共享改革发展的成果；是社会主义的本质要求；是不丢下任何一个人，不让任何一个民族掉队的发展；是社会主义公平正义的集中体现。

从内容上看，共享经济有两层内涵：一是经济发展方式共享，二是经济发展成果共享（张芮瑛，2017），不论是经济发展方式还是经济发展成果的共享，都使得资源在更广的范围和更多的属性下共享，配置更加有效率。以物易物时期，因为物质匮乏，需要换取自己没有的商品，如今物质丰富，易物则更多是让闲置的资源得到再利用（赵彬妍，2017）。

基于以上思想，部分学者认为，只有释放闲置资产的社会或经济价值才属于共享经济的范畴，实际上，真正采用共享经济模式的企业并不可能把释放闲置资产的价值作为公司业务发展的核心内涵。对于企业而言，充分利用闲置资产只是从社会效益的单一层面去考虑，而兼顾社会效益和经济效益才是企业可持续发展的根本保证（刘永民，2017）。共享经济将会以从中心向周围发散的服务模式，以共享经济平台为中心，实现我们国家各种资源的整合利用与合理优化配置，避免资源的浪费（于鹏，2017）。

为了使共享经济能更大程度实现人人共享，可再结合大数据技术和不同的计算技术和软件系统来实现更好的配置和用户体验，例如宋雪英通过扩展感性工学方法提出了面向功能的产品服务系统（PSS）的顾客需求收集与分析方法、配置模型，对现有 PSS 的市场竞争能力进行评估，最终生成 PSS 配置的指导方案，并以共享单车为例，证实了该套方法的可行性（宋雪英，2017）。

（三）共享经济对生产力发展的促进

马克思在《资本论》中提出："如果生产场所扩大了，就是在外延上扩大；如果生产资料效率提高了，就是在内涵上扩大。"① 社会主义经济建设的新路子强调提高经济效益，是马克思指出的扩大再生产"内涵"上的扩大，是对马克思扩大再生产理论的继承和发展。共享经济的发展满足了社会主义生产首先要最大限度地满足整个社会的物质和文化的需要，与此同时也促进了生产力的发展和进步。

"科学技术是生产力"是马克思主义的基本原理，"社会劳动生产力，首先是科学的力量""科学是一种在历史上起推动作用的、革命的力量"②。飞速发展的计算、信息和网络技术为共享的实现、资源的有效匹配以及信息的快速传播提供了条件和支持，也进一步驱动着共享经济创新和升级。P2P 模式的"去中心化"使得共享经济更好地在用户之间建立联系和交互；社交网络（SNS）平台的实名制捆绑为公平交易提供了诚信担保；空间位置的服务（LBS）为定位的共享服务提供了可能；大数据云计算为更多用户定制非标性产品，更好找到自己的社区（赵彬妍，2017；李颖异，2017）。

不容忽视的另一个技术驱动因素便是互联网技术，互联网的普及使

① 马克思恩格斯选集（第 2 卷）[M]. 北京：人民出版社，2012：352.

② 马克思恩格斯全集（第 19 卷）[M]. 北京：人民出版社，1956：372 - 376.

资源供给者和需求者，都可便捷地随时随地参与共享，使得调动全球的可用资源变为可能，闲置资源的共享实现了规模上、空间上、范围上的最大化扩展（赵彬妍，2017）。例如共享单车，用户从用互联网交付一定的押金到通过手机 APP 进行解锁，骑行结束后客户端自动收取费用都需要借助互联网媒介（郭鹏，2017）。互联网是共享经济发展的肥沃土壤，为共享经济的发展提供技术支持。张慧敏也指出随着互联网技术的发展，各类网上推介平台和移动客户端支付系统等不断增多，为共享经济的诞生和发展创造了良好条件。我国的共享经济模式，基本都以互联网作为主要媒介（张慧敏，2017）。

（四）共享经济对收入分配理论的创新

分配是对一社会劳动创造的全部价值的分配和再分配，我国已逐步建立起与社会主义初级阶段相适应的经济制度和体制，建立了符合发展阶段的基本经济制度，构建了按劳分配与按生产要素分配相结合的基本分配制度。共享经济的出现和发展在一定程度上创新和丰富了我国要素分配的方式。

以共享单车企业为例，资金来源为融资和投资，主要收入源为单车租金。共享单车虽给人们的生活带来巨大便利，但与此同时也存在着高昂的投放成本、设备成本和维修费用以及收益率低、人为损坏严重、停放不规范、信用体系不完善、账户押金风险等问题。对于具有远大发展前景的新型经济行业，必须采取多种措施推动其发展（徐广，2017）。

三、共享经济发展的驱动因素

（一）以人为本的需求驱动

共享经济发展理念是以人民为中心的发展理念，发展为了人民，发展依靠人民，共享发展强调发展过程中要坚持人民的主体地位。生产力的发展促进了需求结构的升级，发展的目的就是不断满足人的全面的需求，这种需求的全面性决定了共享发展内容的全面性，共享经济应以满足人民大众的具体消费需求为目标。

而由于消费的非连续性、个性化定制服务、性价比高等原因，共享经济存在巨大的消费需求（张芮瑛，2017），与传统的消费需求相比，新时期的人民大众更加注重商品的使用价值，思想从“占有”的消费理念中解放出来，不论是房屋、汽车，还是专利、技能、方法等，均可共享（张琪，2017）。而共享交易则为商品使用权的暂时转移，在完成消费的同时节约交易成本，契合消费者的价值观，能被消费者广泛认可。以共享单车为例，为何共享单车客户群体迅速扩大，因为其满足了消费者的以下需求：节约了人们的费用；提高了使用的便利性；不用考虑车辆的存放及失窃问题；它与绿色环保的观念是一致的，同时锻炼了身体（矫云逸，2017）。

大众需求驱动下的共享经济时代，市场交易环境发生巨大变化，传统的顾客满意度模型很难满足当今企业的营销分析。对此，张远方基于SCSB模型和ACSI模型，构建了包含资源所有者的顾客满意度模型，测算共享经济下的顾客满意度（张远方，2017）。

（二）高质量发展和共同富裕的政策驱动

共同富裕是我国社会主义初级阶段经济建设的主要目标，共同富裕要求实现全体人民的生存条件的改善和所有群众的生活水平的提高，而共享经济是实现共同富裕的有效方式。另外供给侧结构性改革要求在适度扩大总需求的同时，着力提高供给体系的质量和效率，增强经济持续增长动力。我国供给侧结构性改革中，产业结构更加优化与经济发展方式的转变是改革的核心与目标，而共享经济是经济发展方式转变中的一个重要部分（张芮瑛，2017）。在供给侧改革的背景下，就要求缺乏活力、产能落后的企业退出市场竞争，促使其转型向创新领域寻求新发展。

共享经济的产生，正是为了适应供给侧改革，推动中国经济的持续发展（王爱平，2017）。

四、共享经济的实现

共享经济覆盖范围广泛，涉足领域甚多，服务对象也涉及各行各业，共享经济根据其目的性的不同，可以分为多种类型，消费型共享经济和生产型共享经济是最基础的分类（于鹏，2017）：

（一）基于消费领域的共享经济

共享经济逐渐渗透到消费的各个领域，共享单车、网约车和共享汽车等已经成为居民生活必不可少的一部分，更多领域的共享模式也在不断更新和扩张，共享充电宝、共享篮球、共享雨伞等共享经济新形态不断涌现，其中共享单车规模最大，对我们的影响也最深（司晓旺，2017）。

在国家倡导低碳出行、共享经济加速发展、传统城市租车系统急需与互联网模式相结合的当前大环境下，共享单车作为一种新型商业模式，在城市环境、交通领域具有积极影响（刘宗昕，2017；张子轩、吴蔚，2017）。共享单车一般由企业与政府合作，在校园、地铁站点、公交站点、居民区、商业区、公共服务区等提供自行车的共享服务。摩拜单车、ofo 等共享单车品牌相继踏入此领域，在公共场所迅速蔓延，争相抢夺市场，竞争激烈（毕天昕，2017；吕星晨等，2017；郑骅圣，2017）。其出现符合绿色、环保的生活观念，完善了公共交通系统；随时取用，破解市民出行"最后一公里"的难题；带动产业链各行业各显所长，实现多方共赢（吴蔚等，2017）。吕星晨等运用 PEST 模型和 SWOT－PEST 矩阵对共享单车内部因素和外部因素进行全面分析，得出共享单车在政府环境、经济环境、社会环境和技术环境中的优势、劣势、机遇和威胁等影响因素（吕星晨，2017）。针对共享单车运营中存在的问题进行分析并提出建议的研究众多（崔一新，2017；庞聪聪，2017；王振鹏，2017；徐广，2017；于浩然，2017），结论基本一致，在此不再赘述。除此之外，还有部分学者对于共享单车的本地化及其发展中存在的问题进行了分析和探讨，例如郑雅源分析了共享单车在青岛发展的特殊性以及存在的发展挑战和问题，提出了共享单车在青岛本地化发展的建议（郑雅源，2017）；王云飞则针对济南的共享单车盛行的原因进行调查，并分析共享经济的发展前景（王云飞，2017）。也有部分研究者从部分问题平台和企业入手发现共享单车市场存在的问题（赵晓祎等，2017）。

为了让人们的出行更加便利，网约车服务应运而生。网约车是共享经济的另一主要领域，其源于在美国加利福尼亚州创立的"优步"公司，能够促成具有短暂且分散的供需意愿，以 P2P 平台为供需双方搭建交易的平台，而服务者从中收取一定的费用，本质上是一种新类型的共享，其服务平台整合所需要的信息，拼接符合条件的驾驶员和乘客，提供网络提前预约出租汽车服务的经营活动（肖宇，2017）。马红对各地出台的网约车实施细则主要内容进行了梳理，并分析了地方网约车实施细则出台的积极和消极影响，最终评价人为各项细则并没有充分体现《网络预约出租车经营服务管理暂行办法》的精神；没有体现管理创新的精神；并且有些内容规定不够明确或缺失（马红，2017）。作为我国最大规模的网约车平台，滴滴打车平台为居民出行提供了方便，促进了中国打车市场的繁荣，但在扩张过程中，价格上涨，成本增加导致用户流失问题日益突出；司机审核管理机制的不完善，造成了信息不符、"加价问题"等，也体现出市场调节不完善（李梦琦，2017）。

在共享单车的基础上，市场上又不断涌现出各类共享产品，这其中最受关注的是共享汽车，但是其具体实施中存在更多问题有待解决，需要更大力度的政府支持和法律政策支撑（吕晓菲，2017；汪磊等，2017），延伸研究还有关于共享车位的问题等（张真等，2017）。

（二）基于生产和流通领域的共享经济

共享经济下的零售企业、旅游企业新模式层出不穷。共享经济也不止于前述多种模式，随着互联网在社会生产中的应用愈加广泛，“互联网+”模式对推动着共享经济向零售企业扩张。基于此，陈红慧等探讨了“互联网+”共享经济时代零售企业商业模式发展方向（陈红慧，2017）；廖淑凤和张慧敏分别就互联网环境下旅游住宿中的共享问题展开探索，分析了共享经济下“互联网+民宿”的发展模式、影响因素和行为倾向等（廖淑凤，2017；张慧敏，2017）。郭为等分析了旅游共享经济通过空间共享、时间共享和出行共享，从地域增量、费用增量和特色增量上促进了非正规就业的增长（郭为等，2017）。张玉明等研究发现，相较于传统房地产行业商业模式，共享办公空间商业模式的主要突破在于价值主张创新；共享办公空间的价值主张应向平台化和社群化发展（张玉明等，2017）。李志刚等也以“酷窝”为例进行了共享办公模式的案例分析（李志刚等，2017）。

共享金融是伴随着共享经济勃发而兴起的一种新型金融业态，可实现金融资源公平、高效率、低成本的配置。共享金融以其小众美、易简快、去中介等优点，具有化解创新创业主体融资问题的内在机理，再加之政府的政策支持、共享金融企业规范运行和创新创业主体采取合理的融资策略等将有效化解其融资难问题（史跃峰，2017；张新等，2017）。

共享经济的理念还用于分析交通问题，建立协同共享的交通机制（吕文红等，2017）。另外，共享经济与新媒体的结合，在推进新媒体产业不断普及的同时新媒体产业也带动着共享经济的进一步发展（张倩，2017）。孙玉茂还就财务管理中的对如何通过财务共享中心提升财务方法进行了简要的研究（孙玉茂，2017）。王凯剖析了广电网络新的核心竞争力、当前的困局和发展方向（王凯，2017）。

五、共享经济的冲击和影响

共享经济的出现创造了新型商业模式的同时，对其原有所有权关系、生产关系、生产力发展和生产要素的使用等都产生了巨大的冲击和影响。

（一）对传统生产关系的影响

共享经济的出现是生产力发展到一定阶段的产物，是对原有生产力和生产关系的创新，既是生产关系创新发展的结果，也是进一步创新的动力和源泉。在对不同产业生产关系的研究中，除了较为集中的共享单车、网约车等领域，共享经济对于产业的影响研究还出现在对于房地产产业、旅游产业、互联网传媒业、流通企业等方面。张洪香梳理了旅游共享经济的内涵、特征、运行机制和应用，共享经济一定程度上改变了旅游消费模式、消费观念和工作方式，促进了旅游产业变革（张洪香，2017）。郭松海则从保障“新市民”住房角度，分析了共享经济在农民工市民化的过程中为新一轮住房制度改革提供的条件和保障。共享经济扩大了交易主体的可选择空间和福利提升空间，形成了一种新的供给模式，从发展必要性、需求等角度分析以租促购，发展保障房共享经济的方式（郭松海，2017）。

互联网传媒在共享的浪潮下也在不断改变和推陈出新，传播手段和媒介的变化日新月异，传播效率也不断提高。赵彬妍在其对共享经济下的网络传播研究中，从内容共享平台切入，运用传播学理论进行分析和研究，分析了共享经济对于互联网传媒业的影响（赵彬妍，2017）。于秋等则在共享经济背景下分析了国有商业流通企业所处状况，构建了国有商业流通企业竞争力测度理论模型（于秋等，2017）。

正是由于社会经济的飞速发展以及人们行为习惯的改变，加之第三方支付的兴起、资源的过剩和闲置使得共享经济逐渐渗透进人们的生产生活中（张洪香，2017）。共享经济模式下，社会关系中个体之间的连接由 B2C 到 C2C，再到 F2F，共享平台改变了传统的资源配置模式，使得社会资源的利用率极大地提高，新的共享社会关系下，个体与个体有更多的共享源（姚梦童，2017）。而且新的社会关系也使得企业有了更多的社会责任，王源、杨晓彤通过分析滴滴、途家网等的商业模式，从投资者、员工、房客、房东（途家自营及第三方酒店）、政府、其他主体六个维度划分，分析了其利益相关者，并对各个维度进行社会责任评价的研究（王源，2017；杨晓彤，2017）。

（二）对生产力创新的影响

在互联网迅速发展的时代下，世界各国都在探索工业革新的道路，对传统经济的商业、制造、销售模式的创新和转型成为必然。在互联网模式下，共享经济的发展越来越受欢迎，传统经济逐渐向共享经济靠拢（杨敬海，2017）。在共享经济的带动下，共享创新已经脱离了传统单一技术创新和单一服务创新模式，借助互联网平台，集中群体智慧，积极寻求、积聚组织内外部海量创新思想、知识、智力、消息、信息、技术、产品等一系列创新资源，实现资源创新、生产资料创新与商业模式创新等的有效整合（张玉明等，2017），草根创业创新成为可能，也为大学生创业带来了更加广阔的空间和机遇（周胜利，2017）。在“互联网＋”共享经济背景下，传统技术创新和资本运营的模式和路径均发生了较大改变。周红根在定义了共享经济背景下技术创新和资本运营模式的基础上，梳理了不同时代背景的传统技术创新模式，从技术资本生成和运营的视角下构建了共享经济下技术创新和资本运营的路径（周红根，2017）。

（三）对生产要素使用的影响

在“互联网＋”背景下共享经济发展迅猛，不仅带来了全新的经济模式，同时也带动了相关行业的发展，加之其对资源配置效率的促进，使得共享经济已逐渐成为未来全球经济最主要的发展趋势（赵彬妍，2017）。共享经济通过各个方向的延伸和辐射，带动产业链和衍生品同步发展，以共享单车行业为例，共享单车企业成功的连接了上游和下游的产业链。共享单车企业与自行车生产商合作，获得单车供应，与电信企业合作进行电子锁技术方面提升。共享经济真正实现了产业链上不同环节企业、行业互利互助，进一步实现各行各业的共同发展，进而促进经济增长（李明昊，2017；张子轩、吴蔚，2017）。资源的再利用除了是对传统商业模式是一种冲击，对社会而言，也是节约资源和提高资源使用效率的可持持续发展。共享过程中将一件物品或者信息的使用权或知情权与其他人共同拥有，而非占有，而共享经济使闲置资源的使用权暂时转移而非私有化，使资源得到最大化地利用（赵彬妍，2017）。以共享单车为例，作为共享经济的典型案例，共享单车的出现，解决了交通拥堵和环境污染问题、市民出行无法满足需求的问题以及为其运营商创造了商业价值（张子轩等，2017）。

六、共享经济下的国家管理和规制

马克思主义经典作家对社会主义国家管理与社会治理等有过极具历史意义的分析，在马克思主义中国化进程中又被不断加以发展，新的历史条件和经济条件下社会治理、国家管理思想是对马克思社会管理思想的升华。共享经济的发展对中国国家管理思想中的以人为本、人人共享思想提供了更为广泛和有效的实践基础，共享经济的新型商业模式和服务模式也为政府管理方式的创新提供了条件，也为行业监管等提出了更高的要求。赵克研究了信息核对中政务信息共享机制的建立，建议民政部门通过与工商、税务、人社、金融机构等部门实现政务信息共享，为政府相关部门进行救助和制订相关政策提供客观凭证与科学依据。除了对政府管理和政策制定的影响之外，共享经济使得企业管理环境和方式也发生转变，刘红霞在共享经济背景下，针对松散型人力资源管理模式展开分析，在资源平台上实现资源共享，不仅能有效提高整体素质，对发展共享经济下的人力资源优化具有十分主要重要的意义，建立人力资源全球库，通过互联网作用，实现结算市场化，对企业实现高效的经济利益具有十分重要的意义。

网络共享经济给人民群众带来便利，让人民群众的生活水平得到不断提高，网络共享经济发展中也存在诸如信息安全、共享技术、法律制度和政策监管等问题（张茂涛，2017）。2017 年的相关研究主要突出表现在以下几方面：共享单车作为一个新生事物，其在逐步发展壮大的同时也面临着亟须理清的问题，相关法律法规、管理条例、使用者和竞争者行为准则均有所欠缺，例如其损毁、盗窃、私占、安全等问题，这些都需要通过法律途径进行规制，才能在最大程度上保护各方合法权益，促进共享单车健康有序发展（马从原，2017；司晓旺，2017；张子轩等，2017）。郑骅圣的研究表明目前共享单车损毁率较高，盈利模式存在争议，租金是共享单车的唯一收入但是押金返还延迟会涉及“非法集资”的问题（郑骅圣，2017）。王伟还从共享平台违约支付的问题、用户隐私泄露的问题出发，分析了用户、平台等各方的责任、义务和利益关系；并提出了市场准入制度、保险制度、信用审查制度等对应的解决方案（王伟，2017）。此外，徐广等也以共享单车为例，分析了当前该行业存在的法律问题以及解决对策，提出了单车制造规模化生产、完善维护运营机制、开启多元化盈利模式、盘活利用沉淀资金等建议（徐广，2017）。

推动和进一步完善共享经济行业的发展，要求政府不能独立于行业，要与新兴行业紧密联系、建立相应的法律法规，也要求政府在共享行业内部各个成分、行业本身、行业共享模式以及外部环境管制上作出巨大努力（徐广，2017；肖宇，2017）。矫云逸则认为安装智能锁定位设备以及诚信分惩罚等措施可以在一定程度上规范单车使用（矫云逸，2017）。对于共享经济而言，监管不仅仅从政府角度出发，更多的是社会监管。而社会监管可以通过利用大数据技术，建立经济统计监控体系；与征信机构合作共建信用分享环境；与保险机构合作保障用户安全和合法权益；

充分发挥社会监督评价机构作用等方面来实现，当然营利性和非营利性分享经济侧重不同社会监管途径（王肖利，2017）。

七、结　　语

基于以上对于 2017 年山东学者对于“共享经济”的相关研究综述，可见以此研究为切入点的分析数量较多，理论研究主要基于所有权和使用权的暂时分离、公平享有社会资源、以人民为中心的社会发展理论等角度展开，实证分析则从政府、产业、工商企业、个体劳动者等角度对于共享经济出现对传统生产力和生产关系的创新、对生产要素和资源的利用、对社会主义国家管理的启示、对公平共享理念等角度加以论述。研究所涉及领域丰富，从很多角度切入，结论也有很强的现实代表性和借鉴意义。但研究多数从实践角度展开，与同时期国内的相关研究相比，山东省学者从马克思政治经济学理论高度去凝练和分析的文献较为缺乏，研究还需进一步深入。

（孙丽）

第十五章

技术革命与政治经济学发展

科技进步与经济发展的紧密关系使得经济学的发展空间、理论范畴、演化规律等随着科技革新而不断发生新变化。相关范畴、理论等或推陈出新，或循序演进。关于新一轮技术革命又被称之为第四次科技革命，是继蒸汽技术革命（第一次工业革命），电力技术革命（第二次工业革命），计算机及信息技术革命（第三次工业革命）的又一次科技革新。第四次工业革命是囊括人工智能技术、机器人技术、量子信息技术、虚拟现实以及生物技术为主的全新技术革命。在经济学领域，当前尤以人工智能技术、机器人技术、大数据、互联网+等数字技术的讨论最为激烈。但鉴于技术革新初期，新技术实践应用尚不全面，其对经济影响也多以现象描述为主，缺乏结构化、系统化和理论化的研究。2017 年度山东省学术领域关于新技术发展的政治经济学效应的相关研究较其他领域相对较少。主旨明确、有一定代表性的文献有 20 余篇。发表或出版的文献中，涉及技术创新于对生产力、生产方式、生产关系等诸多方面的研究。依据文献所涉及的观点，我们按照社会经济运行过程的四个环节：生产、分配、交换、消费的逻辑进行归纳梳理，分析其对政治经济学相关范畴和理论在这一技术下的演进。

一、以人工智能技术为代表的新一轮技术革新来临

自2008年国际金融危机爆发以来，世界经济至今仍复苏艰难，各国纷纷把摆脱困境的终极希望寄托在新一轮科技革命的兴起，制造业正处于根本性的变革中。相关热点话题如发达国家的“制造业回流”和“再工业化”“第三次工业革命”“互联网 +”“德国工业 4.0”（在德文语境中又称“第四次工业革命”）、“互联网时代”等众说纷纭。我国也相继制定了《中国制造 2025》《机器人产业发展规划（2016—2020 年）》《增强制造业核心竞争力三年行动计划（2018 - 2020 年）》等战略性文件，将人工智能、数字制造、“互联网 +”为代表新技术作为重点发展领域进行总体部署。党的十九大报告中习近平总书记也进一步提出了“加快人工智能和实体经济深度融合”的发展要求。

从历史上看，经济学家对人工智能技术的理论层面的研究追溯已远，至少有过三次高潮。第一次是 20 世纪五六十年代，人工智能学科奠基之初，很多经济学家参与了这一学科的建设，将经济学思想融入其中。第二次是 21 世纪初，经济学在博弈论、机制设计、行为经济等领域都取得了很大进展，这些理论进展也被频繁地应用在人工智能领域。最近经济学家对人工智能问题的关注是第三次高潮。这次高潮主要是在以深度学习为代表的技术突破的推动下发生的。由于深度学习技术强烈依赖于大数据，因此目前这轮高潮更多讨论集中在了与数据相关的问题上。中国是一个发展中大国，从欠发达国家崛起和赶超的视角以及纵观工业革命史的方位，探讨科技革命的规律性发展和第三次工业革命的基本特征，对认识我国面临的严峻挑战和历史机遇极为重要。党的十九大报告指出：创新是引领发展的第一动力，是建设现代化经济体系的战略支撑。要瞄准世界科技前沿，强化基础研究，实现前瞻性基础研究、引领性原创成果重大突破。而创新驱动的关键因素在于科技进步。科技进步如何促进

经济增长与发展，会对经济社会的各个环节产生什么影响，程度如何，也成为业内外人员普遍关注的问题。

目前关于人工智能为代表的先进技术对经济发展以及经济学影响的研究以现象描述居多，其对经济增长、就业、收入分配、经济体制的影响也大多是经验判断和现象描述，缺乏理论层次的梳理和深入研究。贾根良是国内较早对人工智能进行理论分析的学者，他在对美国学派提出的“资本能量生产率”的基础上，提出“资本的信息—智能生产率”和工业智能化理论也只是在传统技术变革理论上的比较和衍生分析，缺乏现实基础。黄阳华基于康德拉季耶夫长波分析工业革命中生产组织方式变革，认为智能时代规模定制化和社会化制造等新的生产组织方式将兴起。山东的学者也围绕新一轮技术革命的相关内容进行了一系列研究。

二、新一轮技术革新对生产力及生产方式的影响

大数据和新一代互联网技术驱动的智能化革命，通过创造新的工业部门、传统工农业的工业智能化改造、服务业的工业化改造等引领国民体系的智能化。由此，范围经济、大规模定制化和社会化制造等新的生产组织方式将兴起，继而将导致劳动和收入分配方式发生变革。人工智能开发人的智力资本，创造智能工具机、智能软件、智能材料和各种智能基础设施，通过人机一体化的智能系统和基于互联网的分散式增强型控制。对机器的智能化具有决定性影响的，是移动互联网的发明和大数据的创生。没有联网的计算机和机器人还只是“信息和知识的孤岛”。关于资本替代劳动的一般性理论，马克思在《资本论》第一卷第十三章“机器和大工业”及其《经济学手稿（1857－1858）》的相关论述中有过深入阐述。摆脱人类生理器官的限制，以物化劳动不断取代活劳动是工业革命的基本推动力。山东大学韩若冰认为，数字化不仅仅是经济发展领域的一场革命，而且在很大程度上改变了人们的社会生活方式抑或生存法则；同时，数字化还催发了动漫文化产业新产品新模式新业态的不

断涌现，从而使得动漫文化产业呈现出“上下游一体联动”“线上线下深度融合”“全产业链协同共生”“虚拟与现实高度集成”的生态化发展态势，其经济收益和社会效益，以及对经济社会的拉动作用表现出强劲而又良好的发展势头（韩若冰，2017）。周衍鲁认为，“中国制造2025”与美国推出的“工业互联网”、德国的“工业4.0”虽表述各有不同，但核心都是智能制造。智能制造引领制造业的发展。人工智能的新技术背景下，生产系统将会发生根本性的变革。面对我国传统产业的现实，对现有产业进行智能化改造，是智能制造工程最迫切的任务。通过机器换人、机械换自动、成套换平台等模式可以避免人工操作“危险程度高、劳动强度大、精准水平低、成本费用多”的难题。对企业信息化的生产过程执行系统（MES）、企业资源计划（ERP）、产品生命周期管理（PLM）等现有软件进行深度集成，可以实现向全生命周期管理模式转变。从单台设备自动化和产品智能化入手，建设数字化车间，建立集智能数控设备、传感识别技术和制造执行系统等先进装备与管控技术于一体的车间级智能生产单元，可以提高精准制造、敏捷制造、柔性制造能力。目前应尽快突破信息物理系统（CPS）研发应用，促进物联网与其他“互联网+”模式交互融合（周衍鲁，2017）。山东师范大学朱燕的研究指出，西方资本主义大国长期以来是技术创新的主导国家，其凭借巨大的资本和先进的技术优势，无形当中主导者国际社会的分工，其根本目的是把通过国际分工获取的经济剩余转移回本国。原本应该用于外围国家生产性投资的经济剩余被主导全球价值链的发达资本主义国家占有，这对外围国家的资本积累造成严重的阻碍，延缓这些国家的发展进程。资本主义中心国家主导的跨国公司在创造剩余和转移剩余方面日益活跃，成为外部榨取收入的代理人。被迫纳入资本主义经济全球化的发展中国家从长期来看丧失技术创新的能力，未能获得经济持续增长的动力（朱燕，2017）。山东科技大学韩晓峰从生产力和生产关系两个方面阐释数字技术对经济的影响，认为在生产力方面，数字经济驱动了劳动工具数字化，劳动机会大众化，劳动对象服务化；在生产关系方面，它促进了组织平台化，资源共享化。数字经济引领了人类社会的新发展，重组了经济结构，带动了生产关系和生活方式的巨变。并从智能与数字技术应用、数字制造、数字农业、智慧旅游、智慧健康服务、智能化政府管理、电子商务、数字金融、数字教育、新型网络数字系统等方面论述了山东省未来发展的着力点（韩晓峰，2017）。

关于技术革新对生产方式的影响，马克思很早就给了我们答案。在大工业中是以劳动资料（固定资本）为起点的（马克思，1867）。技术进步方向将通过影响要素生产率方式改变要素收入分配份额。国内外学者的早期研究表明，技术进步有利于提升某些要素生产率并朝偏向深化该要素积累的方向发展，即技术进步发展将出现偏向性特征，且总体上偏向于资本，削弱劳动力的市场地位，导致劳动收入占比下降，马克思关于科技革命条件下生产力发展的基本理论，不仅为美国学派“资本的能量生产率”理论找到了寓于其中的历史及理论定位的依据，而且为认识当代第三次工业革命提供了历久弥新的基本理论分析框架。经验结论主要来自发达国家，较少直接考察发展中国家的技术进步方向。同时，对于技术进步方向与要素收入分配关系往往停留在理论模型层面，并未定量测算技术进步方向对要素收入分配的影响水平。

三、新一轮技术革新对劳动就业的影响

马克思在其一系列的著作中，为我们提供了统一地分析科学在生产中的自觉应用，使体力劳动和脑力劳动先后被逐步替代的基本理论框架。为厘清新技术的就业替代特征提供了基本思路。而我们所要研究的是这一影响过程的具体表现形式，以及如何通过政策和制度的改革，将这一过程的不利影响降至最低，而最大化利用科技进步给人类发展带来的福利。将科技潜在的生产力转化为现实的生产力，恰恰是社会科学的研究对象。

山东理工大学郭乾、谭顺认为由于20世纪下半叶以来由科学技术的高速发展而引发的劳动结构变化（脑力劳动逐步占主导地位）和经济形

态的变化（建立在知识和信息生产、分配和使用上的知识经济形态），马克思劳动价值论的解释力不可避免地受到质疑与挑战，突出表现在：劳动结构中智力劳动比重不断提升，劳动形式多样化发展，生产要素涵盖范围变化、内容的拓展及西方思潮的冲击等。因此，需深入推进知识经济时代马克思劳动价值论的理论与实践创新，将非生产性劳动的价值创造作用提到更重要的高度，坚持按劳分配与按要素贡献分配相结合，完善产权保护制度，切实保障产权收益。毫无疑问，当前一轮技术革新在给经济社会带来巨大利好的同时，首先受到冲击或引起国际社会和各国政府焦虑的就是劳动力的就业问题。就业是关系社会稳定的关键。而技术创新的根本出发点就是节约劳动力的成本，从而就业问题在很多时候适应性技术普及的一个重大门槛（郭乾、谭顺，2017）。

四、新一轮新技术对收入分配的影响

技术创新是我国跨越中等收入陷阱的重要方式（郭丹丹，2017）。纵观众多发达国家的发展历程，支撑其跨越中等收入陷阱的一个关键力量就是科技创新，如日本、新加坡、韩国等皆是如此。而像墨西哥、巴西等拉美国家目前身为中等收入陷阱所困，其中一个共性也是科技创新的薄弱以及重视程度不够。山东大学吴云霞等将对中国行业内生产要素报酬差距进行了相应理论分析，并技术进步过程中的劳动形式分为低技术劳动、中技术劳动和高技术劳动，结合世界投入产出数据库中的相关数据分析和验证了中国在全球价值链上位置的变动影响。研究结果表明，随着中国向全球价值链的两端移动，将显著扩大中国的资本、高技术劳动、中技术劳动与低技术劳动在生产要素报酬上的差距，对资本报酬与低技术劳动报酬之比的影响最大，高技术劳动报酬与低技术劳动报酬之比次之，中技术劳动报酬与低技术劳动报酬之比最小；服务行业在全球价值链上位置的变动对高技术劳动报酬与低技术劳动报酬之比、资本报酬与低技术劳动报酬之比的影响显著大于货物行业（吴云霞，2017）。大数据、互联网、云计算、智能设备等加快了科技产业转型与知识更新，并促使应用知识的人向附加值较高的行业转移，并带来了职业结构的迅速变化，促使人才的流动和聚集。社会化的流动创造了大量就业机会，也加快了产业结构、就业结构的换代和升级（孙晓鸥，2017）。更多还原关于数字制造、智能制造等技术影响就业和收入分配的一般机理，人工智能为代表的先进技术作为一项通用目的技术（general-purpose technology，GPT），其时代意义和历史使命如马克思所揭示的那样：科学从它诞生之日起就有转化为生产力的趋势，并且逐渐以“一般科学劳动”代替人的“直接劳动”，人的直接劳动逐渐成为一个从属要素。由此导致的结果是，社会财富的创造已经“较少的取决于劳动时间和已耗费的劳动量”，而主要取决于“一般的科学水平和技术进步，或者说取决于科学在生产上的应用”（马克思，1857）。国内外的研究关于通用目的技术进步对就业和收入分配的影响集中在两个方面：一是技术进步的要素偏向性出发，研究劳动和资本的份额变动。已有文献普遍认为技术的资本偏向是我国劳动收入份额下降的主要或长期原因。技术进步的有偏性决定了资本劳动比和要素边际技术替代率的关系，进而决定国民收入的初次分配。长期以来，技能偏向性技术进步是我国工资不平等的重要原因。同时，技术偏向也是发达国家20世纪80年代以来技能溢价上升的主要因素。二是从新技术引起的生产组织方式变革分析劳动关系和利益分配关系的变化。技术进步改变生产组织方式，进而改变劳动方式和利益分配方式。技术创新如果没有与之相适应的生产组织方式，那么就只能是一种“潜力”。围绕技术革命，生产组织方式经历了工厂制、技工承包制、泰勒制、福特制等。人工智能等新技术条件下，大规模定制化和社会化制造等新的生产组织方式将兴起。这些生产组织方式改变了传统经济范式，形成新的劳动关系和新的利益分配关系，是我们研究的重点。也有学者提出，导致技术进步中的资本和劳动收入份额差距拉大的原因是市场扭曲。例如，陈宇峰、贵斌威、陈启清通过构建综合技术偏向、垄断利润等因素的生产决策模型，发现就单个产业而言，垄断利润率是劳动收入份额短期变动的主要原因，而技术偏向性是决定劳动收入份额长期运行水平的关键。整体而言，有一点是非常明确的，技术进步不应成为政策不作为的借口。正确的政策组合和体制安排，既可以确保创新的收益得到广泛地分享，也是实现可持续发展目标的重要一步（陈宇峰、贵斌威、陈启清，2017）。所以，面对新一轮技术浪潮，如何通过制度改革应对技术有偏性对已有收入分配失衡格局的进一步强化和扭曲，修正新技术在初次分配中的扭曲效应，促进平衡充分发展，充分保障发展成果人民共享，是我们面对技术进步而必须要思考的"生产关系适应生产力发展"的时代课题。

五、新一轮技术革新对交换和消费的影响

近年来，技术革新在消费环节的应用日新月异。阿里巴巴、京东等的电子商务平台引领时代消费狂潮，与此相类似的一系列通过网络 app 建立消费渠道的电子商务市场一时间百花齐放，电子商务平台在跨越时空限制、突破信息闭塞、减少流通环节、降低交易成本的优势下引发消费方式革新的同时，也推动支付宝、微信等一系列新的支付方式的出现，连动金融服务方式创新。由此，这种依靠数据传输进行的业务操作的方式在各行各业兴起，数字经济开始成为经济社会发展的重要渠道和方式，催生了新的商业模式。在这一过程中，交换和消费都讲发生巨大变革。

以商家对消费者（B2C）综合电商平台，如淘宝、京东、亚马逊、顺丰、国美 360、社区线上线下融合（O2O）平台，如滴滴打车、美团外卖、饿了么、达达为代表的四大平台不但是新的电商模式的典范，也代表着消费方式的新变革。而便利化、品质化、定制化服务逐渐成为电商迎合消费需求的主要切入点，继而从根本上改变了国民的消费方式和消费习惯，产生巨大经济效应。山东财经大学董菡通过比较北美与中国间电子零售产业发展绩效，发现尽管美国电子商务市场起步较早，但从对消费环节的带动作用和该渠道的消费规模来看，远远不及我国电子商务

市场。而电商巨头淘宝对我国 GDP 增长的贡献率也处于逐年上升状态，目前已达到 5% 左右。通过回归分析，整体来看电子商务增长率和对我国 GDP 增长率的贡献达到 17%。互联网技术燃起的数字经济之火虽然为经济增长和财富积累提供了新的渠道和贡献，但其也有不利的一面。最直接的影响就是虚拟市场对实体市场的替代，必然导致一部分实体店倒闭，比如书店，自从当当网日益成为全国最大的网络购书平台之后，实体书店的身影基本消失带殆尽，只有新华书店依靠老字号留存。从而必然造成一部分就业岗位的消失，尽管如此，这种趋势随着科技创新的加快有愈演愈烈之势（董菡，2017）。王宝义在其研究中发现我国电子商务网络零售从起步萌芽到“爆炸式”增长，在 20 年左右的时间中不断进化、扩展、普及、丰富，呈现出类似生态化的演进，总体进程经历了萌芽阶段、兴起阶段、爆发阶段和整合阶段。目前网络消费已进入平稳增长期。为我们明晰了网络消费的发展进程和当前概况（王宝义，2017）。

山东工商学院何天立详细分析了当前技术革新对消费的影响，认为现代社会中的解决供需平衡矛盾之经济问题，“互联网 +”和工业 4.0 生产技术革新或将成为这一矛盾解决的新技术途径。“互联网 +”和工业 4.0 技术手段与生产方式的出现是新技术革命在微观社会生产与交换活动中的广泛应用。这种技术创新改变了供给者（生产者）与需求者（消费者）之间在生产活动中的角色与作用，引起了生产与消费关系之间的革命。以前在市场经济环境下不能解决的供需之间的信息不对称问题，由于互联网技术手段的介入，使得供给（生产者）与需求（消费者）之间因时空分离而出现的总量失衡问题，可以借助中间商实现供需信息有效及时的沟通并得到根本的改善。未来工业 4.0 生产方式将通过工厂、消费者、产品、信息数据等的互联互通，最终完成万物互联互通。即利用物联网、大数据、移动互联网、信联网等手段，使工厂实现定制化生产，从而实现从“消费需求—工厂制造—后续服务”的全面一体化。克服市场经济条件下生产者与消费者分离而造成的供需之间数量矛盾（何天立，2017）。孙晓鸥则将这新的消费模式归纳为“无人经济”，认为无人经济是“互联网+”、人工智能、射频等新技术的出现和发展为消费者与卖家之间搭建了一个高效的应用平台，人们通过使用高效的移动支付在此平台上完成消费。所以，无人经济是依托互联网与移动支付的新兴业态。现代社会人们快速的生活节奏、购物体验愿望的提升以及零售业盈利需求的支撑，也是“无人经济”诞生的另一重要因素（孙晓鸥，2017）。山东大学张正、孟庆春提出互联网、大数据和云计算等信息技术的深入发展与应用，致使产品网络效应日益突出，消费者之间相互获取价值成为可能，消费者已不仅是价值的消耗者，同时也是价值的创造者；另外伴随着消费主权时代的到来，企业间单纯追求产量和价格的竞争策略已无法满足高新技术企业的竞争需求，只有进行技术创新、实现产品质量改进，才能迎合消费者对高质量产品需求，从而提升消费者和企业价值。因此，技术创新和网络效应已成为供应链系统的组成部分（张正、孟庆春，2017）。

整体来看，网络技术、信息技术的发展，推动电子商务模式的不断创新，进而对消费带来“颠覆式”的影响，尤其在我国供给侧结构性改革的背景下，消费方式将发生彻底改变，信息不对称将逐渐改善，地理环境限制也将逐渐消除，供给和需求在数字消费平台中将更加匹配。由此我们可以想象，随着信息技术的不断成熟，不管是 W－W 的物物交换，还是 W－C－W 的以货币作为交换中介进行的交换，未来的走向都有无限可能向最有效的交换方式和最大化效用的消费方式演进，电子商务搭建的交换平台和消费平台将成为商品“惊险一跳”，实现其价值的“新场地”。同时，这个“新场地”较之显示世界中的实体市场表现出强烈的即时性、对称性、匹配性，从而引发交换和消费的“新常态”。更有甚者，在信息完备、交换即时的基础上，交换的传统方式 W－C－W，借助货币为媒介带来的便利性，可能会为超高速运转的数字信息渠道所忽略，交换回归最原始的 W－W 以物易物状态，货币作为媒介引发的一系列金融领域问题或许可以从此避免。

六、技术革新的其他影响

技术革新还会造成科技产业经济的无形资产、知识产权以及大数据、柔性管理、服务价值等表现出一系列独有特征。知识、人才资源的储备以及创新性研发、思维、教育、设计等与智能制造成为实现科技产业及经济增长的源泉。科技经济之间的竞争越来越多的以知识资源、专业技能及研发成果所有权者来确定科技产业经济发展的趋向。同时，作为知识价值结构中的载体价值还包括物化劳动价值。知识转移频率越高，应用范围越广，转移价值和效益就越明显。

除了对经济社会实践产生根本性的影响外，技术革新还会引起经济学、社会学、组织管理学科等的变化，山东科技大学科技经济与管理研究所所长隋映辉认为，多数学者习以为常专注于本专业知识技能和行为方式，并不愿意进入一个包容、开放的交叉学科共同体。随着科技的发展应该在重新检视、修订或完善传统经济学、科学学等基础上，创立基于科技产业经济学的新范式、新体系、新版本，就需要从协调发展的视角来明确科技产业经济发展的标尺，并进入更高层次和更高水平领域进行系统驾驭和战略思考（隋映辉，2018）。也有学者研究新技术下社会资源向经济资源整合转移的新渠道。山东大学杨海波早在 2009 年就曾提出通过数字技术实现文化资源向经济资源转化，是知识经济时代全球文化发展的新趋势，也是山东实现由文化资源大省向文化强省跨越必须解决好的重要课题。立足当今科技发展，深入分析山东省文化资源数字化在资源底蕴、信息产业发展、信息资源共享工程、文化产业发展等方面具备的条件优势，关键要从资源数据库建设、软件技术开发、新兴文化产业发展、数字博物馆建设、领导协调、政策保障等角度，提出加快推进山东省文化资源数字化的对策建议（杨海波，2009）。这无异于全要素生产率通过新技术实现全面大爆发，可见全要素生产率可以在一定技术下，实现全面整合乃至技术测算。

山东农业大学李国峰提出技术创新是破解社会主要矛盾的关键力量。新时代中国特色社会主义社会主要矛盾的转化影响着我国科学技术创新的方向。顺应人类文明演进历程的转向，绿色发展是“美丽中国”建设的有力引领和“幸福中国”的本质体现。作为经济社会发展的“内生变量”，科学技术创新是破解新时代社会主要矛盾的关键。在当前形势下，生态化理应成为科学技术创新的必然诉求，科学技术创新必须兼顾生态效益、经济效益、社会效益和政治效益。为此，以绿色发展为导引，强化科技创新主体的生态伦理意识、将生态效益融入科学技术创新的目标体系、将循环整体性分析介入科学技术创新思维方式是当前科学技术生态化创新的重要内容，也是中国特色社会主义生态文明建设的题中应有之意（李国峰、林美卿，2017）。

七、结　　语

综合学者们的研究，技术革新为经济运行搭建了新渠道，也催生了新特征。生产方面，基于信息数字技术、大数据处理以及人工智能技术的出现，未来生产方式将更多地表现出“设计—研发—投产”一体化并行，且生产车间将是基于数字技术、智能技术链接，通过数据传输而将不同分工的智能机器串联起来的生产流水线，商品生产过程更多像是数据的物化过程。基于智能化的生产体系，全球分工模式将发生巨大变化，传统的劳动力密集型的生产外包环节将不再具有向劳动力密集地区转移的可能。这一生产方式将加大提高生产效率，节约劳动力成本，但对劳动力的需求大大降低，一定时期内造成就业困境。分配方面也必然会引起收入分配格局的巨大变动，从而技术的有偏性特征将会成为不同国家新的收入分配难题。另一方面基于先进的数字技术，未来不仅“研发—生产”表现出强烈的一体性特征，鉴于生产的“定制性”趋势和先进的物联网技术，售卖环节也有实现生产厂商联动操作的趋势，“设计—研发—投产—售卖”四位一体将成为常态，而这将彻底改变全球价值链分工模式和商业模式。交换与消费方面，先进技术打破了消费的时空限制、信息限制，节约了交换成本。依托先进技术，自主性、定制性、供需匹配性、质量为先等将成为新的消费特征，“消费需求—工厂制造—后续服务”将实现全面一体化。这一趋势引发我们对于传统交换模式“W－C－W”向“W－W”变革的想象。在先进技术的推动下，交换将会变得更加彻底和简洁，其依托于货币体系媒介完成物物交换的传统方式也在不断发生变化。信用体系也将出现不同于货币体系的新载体。

（张新春）

参考文献

[1] Aghion P, Jones B E, Charles I. Jones C I. Artificial Intelligence and Economic Growth [J]. *Nber Working Papers*. 2017 (7).

[2] Acemoglu D. Patterns of Skill Premia [J]. *Review of Economic Studies*, 2016, 70 (2).

[3] Brynjolfsson E, Rock D, Syverson C. Artificial Intelligence and the Modern Productivity Paradox: A Clash of Expectations and Statistics [J]. *Nber Working Papers*, 2017.

[4] Blanchard O GF. Macroeconomic Effects of Regulation and Deregulation in Goods And Labor Markets [J]. *Quarterly Journal of Economics*. 2003, 118 (3).

[5] Schneide D. The Labor Share: A Review of Theory and Evidence [J]. *SFB 649 Discussion Paper*. 2017.

[6] 安涛. 山东省人口老龄化区域差异及影响因素分析 [J]. 城市地理, 2017 (2): 50.

[7] 白雪秋, 谭祖开. 马克思主义消费理论及现实指导意义 [J]. 商业研究, 2011 (2): 1-6.

[8] 白洁. 马克思经济危机理论对我国社会市场经济建设的指导意义 [J]. 经济研究导刊, 2017, 13: 1-2.

[9] 包玉香. 山东省劳动力结构对经济结构转型升级的支撑研究 [J]. 山东师范大学学报 (人文社会科学版), 2017 (5): 73-85.

[10] 包心鉴. 马克思主义中国化的新成果新飞跃 [J]. 济南大学学报 (社会科学版), 2017 (1): 22-35.

[11] 包心鉴. 习近平新时代中国特色社会主义思想的理论主题、科学内涵和鲜明特质 [J]. 国外理论动态, 2017 (11): 8 - 10.

[12] 包心鉴. 习近平治国理政思想的政治逻辑 [J]. 东岳论丛, 2017 (3): 5 - 14.

[13] 包乌兰托亚, 马龙波, 房桂芝. 农民合作社绩效评价指标体系构建及实证研究 [J]. 江苏农业科学, 2017, 45 (12): 316 - 320.

[14] 曹俊杰. 工商企业下乡与经营现代农业问题研究 [J]. 经济学家, 2017, 9: 63 - 72.

[15] 曹娣, 周霞, 陈峰, 崔太昌, 周雪标, 李景岭. 城市居民大米购买行为与消费意向调查分析——基于山东省17市327份问卷调查 [J]. 山东农业大学学报 (社会科学版), 2017 (3): 86 - 91.

[16] 崔桂田. 21世纪世界社会主义格局中的新时代中国特色社会主义 [J]. 当代世界社会主义问题, 2017 (4): 3 - 11.

[17] 蔡群起, 龚敏. 中国经济周期的波动特征: 典型事实与国际比较 [J]. 财贸研究, 2017 (9): 1 - 17.

[18] 蔡晓红. 习近平意识形态工作"以人民为中心"思想的理论渊源和实践基础 [J]. 中共青岛市委党校. 青岛行政学院学报, 2017 (3): 5 - 8.

[19] 程恩富. 习近平的十大经济战略思想 [J]. 人民论坛, 2013 (34): 16 - 19.

[20] 程恩富. 经济思想发展史上的当代中国社会主义市场经济理论 [J]. 学术研究, 2017 (2): 80 - 87.

[21] 陈斌开. 供给侧结构性改革与中国居民消费 [J]. 学术月刊, 2017 (9): 13 - 17.

[22] 陈斌开, 陈琳, 谭安邦. 理解中国消费不足: 基于文献的评述费 [J]. 世界经济, 2014 (7): 3 - 22.

[23] 陈宇峰, 贵斌威, 陈启清. 技术偏向与中国劳动收入份额的再考察 [J]. 经济研究, 2013 (6).

[24] 陈安童. 发展农民专业合作社促进农村经济发展 [J]. 农业工

程技术，2017，37（26）：5.

［25］陈莉. 农民合作社纵向一体化的发展路径分析——基于113家合作社的调查研究［J］. 青岛农业大学学报（社会科学版），2017，29（4）：1－6.

［26］陈宪信，肖莹. 嘉祥县测土配方施肥化肥减量增效技术示范与推广［J］. 基层农技推广，2017，5（5）：108－109.

［27］陈晓倩，崔新群. 我国家庭农场新模式的主体建构与制度建设［J］. 中国战略新兴产业，2017，16：41－42.

［28］陈友山，杨叶亮. 农业企业化中国农村现代化的重要途径［J］. 农业与技术，2017，37（8）：250.

［29］陈蔚，马骏驰. 金融加速器机制下的资产泡沫与经济波动——以次贷危机前后的中国为例［J］. 经济经纬，2017，34（1）：124－129.

［30］曹俊杰. 工商企业下乡与经营现代农业问题研究［J］. 经济学家，2017（9）：63－72.

［31］曹萍，任建兰. 山东省土地城镇化时空格局演变研究［J］. 江苏农业科学，2017（20）：264－268.

［32］崔广明. 山东半岛蓝色经济区土地综合承载力评价［D］. 青岛大学，2017.

［33］崔树义，田杨. 养老机构发展“瓶颈”及其破解——基于山东省45家养老机构的调查［J］. 中国人口科学，2017，2：115－125.

［34］董济杰. 马克思恩格斯城乡关系理论及对当前中国城乡一体化的启示［J］. 前沿，2017（8）：11－17.

［35］董贝，于伟. 山东省县域人口迁移的空间分异研究［J］. 国土与自然资源研究，2017，4：57－61.

［36］邓琳琳，邱丽丽. 利率对我国居民消费的影响［J］. 当代经济，2017（3）：54－55.

［37］邓文钱. 习近平生态思想研究述评［J］. 扬州大学学报（人文社会科学版），2017（9）：37－42.

［38］段晓东，张兰. 分析农民专业合作社发展的困境与出路［J］.

知识经济，2017，20：6－7.

[39] 段成荣，刘涛，吕利丹．当前我国人口流动形势及其影响研究[J]．山东社会科学，2017（9）：63－69.

[40] 樊祥成．我国城乡二元经济结构研究综述[J]．山东农业大学学报（社会科学版），2017（3）：48－53，60，119.

[41] 范其鹏．调整生育政策以来山东省出生人口走势[J]．人口与计划生育，2017（6）：27－29.

[42] 付瑞莹，刘富刚．区域人口结构与区域经济耦合关联研究——以山东省为例[J]．高师理科学刊，2017（6）：62－66.

[43] 傅程远，陈蕾．人口因素对居民储蓄率的影响研究[J]．经济经纬，2017（3）：147－152.

[44] 盖骁敏，张双双．人口老龄化对中国经济增长的影响研究——基于劳动力供给和资本投资视角[J]．山东社会科学，2017（9）：163－167.

[45] 盖丽．基于协整理论的经济周期波动与煤炭供需关系研究[D]．山东科技大学，2017.

[46] 高宝棣．山东省“人口—经济—空间”城镇化协调发展研究[D]．山东师范大学，2017.

[47] 高杨，李佩．粮食类家庭农场成长的影响因素[J]．华南农业大学学报（社会科学版），2017，16（3）：1－11.

[48] 高杨，张笑，陆姣，吴蕾．家庭农场绿色防控技术采纳行为研究[J]．资源科学，2017，39（5）：934－944.

[49] 高杨，张笑，吴蕾．资源基础、生态环境与粮食类家庭农场的成长[J]．西北农林科技大学学报（社会科学版），2017，17（2）：96－103.

[50] 宫同瑶，刘智浩．规模经营视角下的农业土地流转与农业土地托管——第五届“中国农业经营创新论坛”会议综述[J]．山东财经大学学报，2017，29（5）：113－116.

[51] 管洪彦，孔祥智．农民专业合作社法人财产权：规范解释与修

法思路［J］. 农业经济问题，2017，38（5）：4－14，110.

［52］龚立双. 山东省人口老龄化对寿险需求的影响研究［D］. 山东大学，2017.

［53］公茂刚，刘兆伟. 农村居民消费拉动经济增长潜力的门槛效应［J］. 山东工商学院学报，2017（1）：49－57.

［54］顾和军，周小跃，张晨怡. “全面二孩”、人口年龄结构变动对住房消费的影响［J］. 中国人口·资源与环境，2017（11）：31－38.

［55］顾海良. 新境域　新判断　新布局　习近平经济思想全新内涵［J］. 人民论坛，2015（9）：12－15.

［56］顾海良. 开拓当代中国马克思主义政治经济学的新境界［J］. 经济研究，2016（1）：4－11.

［57］郭敬生. 论经济新常态下的国有企业改革发展［J］. 马克思主义研究，2017（3）：68－76.

［58］郭云泽. 绿色发展理念的民生价值意蕴［J］. 宁夏党校学报，2017（9）：71－74.

［59］郭世强. 论城乡二元结构下农转居社区制度困境与路径突围［J］. 大庆师范学院学报，2017（6）：5－8.

［60］高冉. 农村土地撂荒问题的对策分析［J］. 社会经纬，2017（7）：125－126.

［61］高宇，林倩倩，邵周岳. 我国农村土地流转价格问题与对策建议［J］. 经济月刊，2017（3）：76－80.

［62］官同瑶，刘智浩. 规模经营视角下的农业土地流转与农业土地托管［J］. 山东财经大学学报，2017（5）：113－116.

［63］管洪彦，孔祥智. “三权分置”中的承包权边界与立法表达［J］. 改革，2017（12）：68－79.

［64］管洪彦，孔祥智. 农村土地“三权分置”的政策内涵与表达思路［J］. 江汉论坛，2017（4）：29－35.

［65］管洪彦，孔祥智. 农民专业合作社法人财产权：规范解释与修法思路［J］. 农业经济问题，2017（5）：4－14.

[66] 侯风云. 区别政治经济学和经济学及其意义 [J].《资本论》研究，2017，13：204 –213.

[67] 侯风云. 为什么用物质利益关系而不用生产关系——政治经济学研究对象的进一步讨论 [J]. 河北经贸大学学报，2017，38 (2)：8 –16.

[68] 郝云飞. 人口年龄结构变动与中国居民消费 [D]. 山东大学，2017.

[69] 郝云飞，宋明月，臧旭恒. 人口年龄结构对家庭财富积累的影响——基于缓冲存货理论的实证分析 [J]. 社会科学研究，2017 (4)：37 –45.

[70] 郝云飞，臧旭恒. 中国家庭“尊老”与“爱幼”消费差异性分析 [J]. 经济与管理研究，2017 (5)：14 –23.

[71] 洪波. 需要、消费与人的本质——基于马克思哲学视角的分析 [J]. 河北学刊，2010 (2)：223 –226.

[72] 洪银兴. 马克思的消费力理论和扩大消费需求 [J]. 经济学动态，2010 (3)：10 –13.

[73] 洪银兴. 消费需求、消费力、消费经济和经济增长 [J]. 中国经济问题，2013 (1)：3 –8.

[74] 洪银兴.《资本论》提供中国特色社会主义经济学话语体系的范式 [J]. 社会科学文摘，2016 (2)：57 –58.

[75] 黄少安. “强刺激”的得与失 [J]. 中国经济报告，2017 (3)：38 –39.

[76] 黄少安. 新旧动能转换与山东经济发展 [J]. 山东社会科学，2017 (9)：101 –108.

[77] 黄彩虹，张晓青，陈双双. 人口年龄结构对中国城乡居民消费率及消费差距的影响——基于省级面板数据的实证分析 [J]. 安徽师范大学学报 (自然科学版)，2017 (6)：587 –594.

[78] 黄兰松，汪全胜. 立法中地方利益本位的政治经济学解释 [J]. 青海社会科学，2017 (5)：151 –156.

[79] 黄婷婷，朱家明，刘丹丹. 基于灰色理论对山东省人口老龄化

的分析［J］. 佳木斯大学学报，2017（3）：527－531.

［80］黄彩虹，张晓青，陈双双. 人口年龄结构对中国城乡居民消费率及消费差距的影响——基于省级面板数据的实证分析［J］. 安徽师范大学学报（自科版），2017（6）：587－594.

［81］黄彩虹. 人口新政下中国低生育陷阱判断及趋势预测［D］. 山东师范大学，2017.

［82］侯广红，汪栋. 我国城乡规划地方立法问题研究［J］. 行政与法，2017（9）：22－30.

［83］鉴闻. 经济增长目标设定偏差的影响因素研究——基于地级市政府工作报告的实证分析［D］. 山东大学，2017.

［84］侯继升.《枣庄市土地经营权抵押贷款的现状、制约因素及对策》［D］. 山东师范大学，2017.

［85］韩民青. 论习近平科技思想的理论创新［J］. 东岳论丛，2017（4）：5－10.

［86］韩庆祥. 习近平以人民为中心的政治经济学说［J］. 人民论坛，2016（1）：52－53.

［87］何中华，郝书翠. 习近平治国理政思想的哲学意蕴［J］. 东岳论丛，2017（3）：15－23.

［88］胡鞍钢，杨竺松. 习近平经济思想：当代马克思主义政治经济学的重大创新［J］. 人民论坛，2016（1）：18－24.

［89］胡炳琰. 习近平精准扶贫思想研究综述［J］. 改革与开放，2017（10）：52－53.

［90］韩备提. 服务“三农”视角下的供销合作社改革问题研究［D］. 山东大学，2017.

［91］韩朝华. 个体农户和农业规模化经营：家庭农场理论评述［J］. 经济研究，2017，52（7）：184－199.

［92］胡尊宇.“互联网＋”背景下生鲜农产品 O2O 电商模式研究［D］. 山东理工大学，2017.

［93］黄立国. 泰安市银行业支持新型农业经营主体发展研究［D］.

山东农业大学，2017.

[94] 霍秀娜，赵萌．济南市农业产业化龙头企业发展现状及展望[J]. 农业科技通讯，2017（4）：13 – 15.

[95] 靳卫东，官杰婧，尹义龙．我国人口的社会结构失衡：理论机制与经验事实 [J]. 财经研究，2017（4）：17 – 30.

[96] 靳卫东，王鹏帆，毛中根．城镇居民医疗保险制度改革的文化消费效应研究 [J]. 南开经济研究，2017（2）：23 – 40.

[97] 贾根良．第三次工业革命与新型工业化道路的新思维——来自演化经济学和经济史的视角 [J]. 中国人民大学学报，2013（2）.

[98] 贾康，程瑜，于长革．优化收入分配的认知框架、思路、原则与建议 [J]. 财贸经济，2018（2）.

[99] 蒋南平，邹宇．人工智能与中国劳动力供给侧结构性改革 [J]. 经济学家，2018（1）.

[100] 姜道奎，李晓钰，江文斌．我国农业合作社的发展现状与对策建议 [J]. 贵州农业科学，2017（12）：168 – 170.

[101] 焦艳，李合亮．习近平绿色发展理念的形成及内容 [J]. 中共天津市委党校学报，2017（2）：39 – 44.

[102] 姜道奎，李晓钰，江文斌．我国农业合作社的发展现状与对策建议 [J]. 贵州农业科学，2017，45（11）：168 – 170.

[103] 苗毅，王成新，刘倩．都市化与城市化浅议 [J]. 合作经济与科技，2017（19）：32 – 35.

[104] 梅艳艳，张从军，孔凡克，任兰天．“对症下药”让秸秆回家——解读“一号文件”对秸秆利用的政策变迁 [J]. 科技创新导报，2017，14（10）：254 – 256.

[105] 苗兴武．家庭农场是发展棉花生产的有效组织形式——对山东省东营市利津县春喜家庭农场的调研 [J]. 中国棉花，2017，44（1）：45 – 46.

[106] 马克思恩格斯全集．第 25 卷 [M]. 北京：人民出版社，1974.

[107] 马克思恩格斯全集．第 26 卷（Ⅱ）[M]. 北京：人民出版社，

1972.

[108] 马克思恩格斯全集．第46卷（上）[M]．北京：人民出版社，1979.

[109] 马克思恩格斯文集（第1卷）[Z]．北京：人民出版社，2009.

[110] 马克思恩格斯文集（第2卷）[Z]．北京：人民出版社，2009.

[111] 马克思恩格斯文集（第9卷）[Z]．北京：人民出版社，2009.

[112] 马克思恩格斯选集（第1卷）[Z]．北京：人民出版社，1995.

[113] 马克思恩格斯全集（第6卷）[Z]．北京：人民出版社，1995.

[114] 马万里，李齐云．从"援助之手"到"攫取之手"：地方政府行为差异的政治经济学分析 [J]．财政研究，2017（1）：77－88.

[115] 马艳，杨培祥，邬璟璟，等．中国农民工的阶级属性与社会身份——基于马克思主义政治经济学的审视 [J]．财经研究，2018（7）：73－85.

[116] 马小友，宋伟鹏，郭建伟，等．农业教育与城乡一体化互动发展关系研究 [J]．中国农业教育，2017（3）：28－34，93－94.

[117] 马昀，卫兴华．用唯物史观科学把握生产力的历史作用 [J]．中国社会科学，2013（11）.

[118] 马佳，胡鹏．土地承包期延长30年原因及利弊初探 [J]．南方农业，2017（32）：44－45.

[119] 李贵平．为农服务中心可持续发展对策分析 [N]．中华合作时报，2017－08－01（A06）.

[120] 李桂荣．山东省诸城市农民合作社发展调查与分析 [J]．中国农民合作社，2017（5）：40－41.

[121] 李乐新．山东省新农村绿色农业发展的制约因素及对策分析 [J]．山东商业职业技术学院学报，2017，17（2）：8－10.

[122] 卢永妮，周维宏，唐衡．中国供给侧改革中农民合作社发展对策探析——基于日本村落营农组织的实践经验 [J]．世界农业，2017（12）：210－216.

[123] 李冲．人口老龄化背景下的山东养老服务业发展研究 [D].

新疆大学，2017.

［124］李明慧，陈盛伟．农村土地承包经营权抵押贷款试点的比较分析［J］．新疆农业经济，2017（1）：64－69.

［125］李学慧，李乐等．土地产权视角下农村集体经济组织存在问题的历史分析——以山东省东营市为例［J］．山东国土资源，2017（2）：75－80.

［126］李哲．我国农村土地承包经营权流转的困境及破解［J］．农业经济，2017（7）：72－74.

［127］李梓旗，陈新岗．土地征收进程中不同参与主体行为研究［J］．沈阳工业大学学报，2017（6）：543－546.

［128］李国江．城市化视域下传统节日民俗变迁特征［J］．人文天下，2017（11）：9－14.

［129］李通．券商竞争的政治经济学分析［D］．山东大学，2017.

［130］李丹．习近平人民主体地位思想研究［D］．中共山东省委党校，2017.

［131］李国涛．人的全面发展理论的新探索——基于习近平“人民观”视角［J］．枣庄学院学报，2017（7）：99－104.

［132］李津燕，胡海龙．马克思主义政治经济学的新发展——深入学习领会习近平总书记经济思想［J］．武汉公安干部学院学报，2016（3）：1－9.

［133］李远．习近平的马克思主义观［J］．中共青岛市委党校．青岛行政学院学报，2017（2）：19－23.

［134］列宁．《列宁选集》第1卷［M］．北京：人民出版社，1984：184.

［135］列宁．《列宁全集》第3卷［M］．北京：人民出版社，1984：166.

［136］刘晓曙．经济周期视角下的中国经济运行［J］．银行家，2017，12：75－76.

［137］李雨燕．马克思消费理论的现实意义——兼论当代中国消费

文化之创新［J］．求实，2011（10）：12－15.

［138］冷昊泽．养老保险对中国城镇居民消费的影响［J］．山东农业大学学报（自然科学版），2017（4）：636－640.

［139］栾小凯，胡术刚，牛海丽．中国绿色消费观的现状和培育［J］．世界环境，2017（4）：52－54.

［140］梁孝东．信心与宏观经济波动［D］．青岛大学，2017.

［141］林彬，夏春林．山东省人口空间分布模式及其影响因素分析［J］．测绘与地理空间信息，2017，8：88－91.

［142］林彤，宋戈，乔元波．东北粮食主产区农户主导型农村土地流转价格影响因素［J］．农业工程学报，2017（18）：260－266.

［143］刘建志，刘志刚等．山东省人口—经济—土地城镇化耦合协调度时空差异分析［J］．经济研究导刊，2017（30）：68－71.

［144］刘璐，逯进．山东省人口结构、产业发展与经济增长的耦合度分析［J］．青岛农业大学学报（社科版），2017（4）：48－56.

［145］刘庆斌．浅谈新型农业经营主体的培育及发展——以茌平县冯官屯镇为例［J］．中国集体经济，2017（7）：8－9.

［146］刘小颖．昌乐县新型农业经营主体的调查研究［D］．山东农业大学，2017.

［147］刘站站．肥城市农民专业合作社发展问题研究［D］．山东农业大学，2017.

［148］刘召客．论新型农业经营主体培育机制的创新问题［J］．农业教育研究，2017（1）：2－5.

［149］刘刚．习近平民生观研究［D］．曲阜师范大学，2017.

［150］刘辉萍．试论习近平的群众路线观［J］．中共山西省直机关党校学报，2017（6）：10－13.

［151］刘良军，王凤芹．准确把握“中国特色社会主义进入新时代”［J］．中共山西省委党校学报，2017（12）：8－11.

［152］刘明合，李霞．习近平扶贫开发思想探析［J］．学校党建与思想教育，2017（3）：80－82.

［153］刘瑞．习式经济战略“渐入佳境”［J］．人民论坛，2015（9）：18－21.

［154］刘文俭．全面理解贯彻习近平新时代中国特色社会主义思想［N］．青岛日报，2017－10－21（7）.

［155］刘永凌．论习近平的马克思主义观［J］．学习与探索，2017（11）：15－21.

［156］刘海丽，董德利．山东省农村土地金融发展研究［J］．山东行政学院学报，2017（2）：89－93.

［157］刘智方，唐立娜等．基于土地利用变化的福建省生境质量时空变化研究［J］．生态学报，2017（13）：2539－2548.

［158］刘文，张琪．人口老龄化对人力资本投资的“倒U”影响效应——理论机制与中日韩比较研究［J］．中国人口·资源与环境，2017（11）：39－51.

［159］刘震，徐国亮．新型城镇化中的城市反哺农村［J］．甘肃社会科学，2017（6）：182－186.

［160］刘祯辰．生态文明视阈下的中国新型城镇化道路研究［D］．山东省委党校，2017.

［161］刘效龙．从规划上解决城乡脱节问题的对策建议——以山东省为例［J］．安徽农业科学，2017（15）：224－225，229.

［162］刘广亮．山东省工业化、城镇化与农业现代化协调发展与对策研究［D］．山东理工大学，2017.

［163］吕彦瑶，周新辉．习近平与毛泽东农民思想比较研究［J］．延边党校学报，2017（10）：17－19.

［164］吕玉霞．土地价格对制造业空间布局的排序效应研究［J］．制度经济学研究，2017（3）：115－121.

［165］吕俊兴，徐天琛．新二胎政策下基于Leslie矩阵等数学模型的山东省人口预测［J］．青岛大学学报（自然科学版），2017（1）：14－20.

［166］吕岩威，刘洋．推动农村一二三产业融合发展的路径探究［J］．当代经济管理，2017（10）：38－43.

[167] 吕璀璀，宋英杰．文化差异视角下居民消费的空间杜宾模型分析［J］．统计与决策，2017（18）：107－110.

[168] 南永清，臧旭恒，王立平．非正规金融、过度敏感性与中国农村居民消费——基于2003至2014年省际面板数据的经验分析［J］．山东大学学报（哲社版），2017（5）：101－108.

[169] 彭山桂，陈晨．居住模式、地方政府土地供给行为与人口流动——以广东省和山东省为例［J］．资源科学，2017（10）：1859－1870.

[170] 逄锦聚．马克思生产、分配、交换和消费关系的原理及其在经济新常态下的现实意义［J］．经济学家，2016（2）：5－15.

[171] 潘妍妍，杜裕禄．习近平经济学思想研究［J］．理论学刊，2017（3）：11－16.

[172] 裴长洪，李程骅．习近平经济思想的理论创新与实践指导意义［J］．南京社会科学，2015（2）：1－8.

[173] 曲衍波，朱伟亚等．基于压力－状态－响应模型的土地整治空间格局及障碍诊断［J］．2017（3）：241－249.

[174] 聂左玲，汪崇金．专业合作社信用互助：山东试点研究［J］．农业经济问题，2017，38（11）：23－30，110.

[175] 时崇崇．基于组织创新的新型农业经营主体发展实证研究［D］．曲阜师范大学，2017.

[176] 孙洪月．发展农村合作社的意义及具体措施［J］．现代农业科技，2017（5）：249－252.

[177] 苏昕，刘昊龙．中国特色家庭农场的时代特征辨析［J］．经济社会体制比较，2017（2）：106－113.

[178] 苏昕，刘昊龙．农村劳动力转移背景下农业合作经营对农业生产效率的影响［J］．中国农村经济，2017（5）：58－72.

[179] 苏昕，刘昊龙．中国特色家庭农场的时代特征辨析［J］．经济社会体制比较，2017，2：105－113.

[180] 宁甜甜，丛松日．习近平精准扶贫思想四维分析［J］．吉林工商学院学报，2017（12）：103－106.

[181] 孙道壮，赵付科．“四个伟大”彰显中国特色社会主义的时代内蕴［J］．中国特色社会主义研究，2017（6）：27－32.

[182] 孙继国，董志勇．城镇化、土地供给与房地产价格：大城市与中小城市的差异比较［J］．山东大学学报，2017（5）：109－116.

[183] 孙能利．我国农村土地制度变迁的经济绩效分析［J］．前沿汇，2017（4）：15－16.

[184] 毛振鹏．习近平海洋强国战略思想研究［J］．中共青岛市委党校．青岛行政学院学报，2017（2）：15－18.

[185] 孙熠譞，黄少安．劳动力短缺还是过剩？——对中国基本国情之一的澄清［J］．山东社会科学，2017（8）：131－137.

[186] 商海岩，胡欢欢．供给侧改革视角下城市化拉动服务消费的路径研究［J］．经济与管理评论，2017（6）：14－20.

[187] 商志晓．当代中国创新理论若干问题探析［J］．东岳论丛，2017（2）：5－12.

[188] 商紫君，谢鸿昆．习近平人民发展观探析［J］．唯实（现代管理），2017（8）：6－9.

[189] 商紫君，谢鸿昆．以人民为中心的发展［J］．贵阳市委党校学报，2017（4）：6－8.

[190] 商紫君，谢鸿昆．以人民为中心的发展思想及其新唯物主义意蕴［J］．中共郑州市委党校学报，2017（4）：30－33.

[191] 宋建．不同收入阶层消费之间相互影响的实证分析［J］．经济问题探索，2017（3）：46－55.

[192] 宋英杰，刘俊现，徐鑫．地方财政支出对农村文化消费的动态影响［J］．商业研究，2017（5）：58－64.

[193] 斯大林．斯大林选集．下卷［M］．北京：人民出版社，1979：594.

[194] 宋金泽．资本论与现代经济学研究方法［J］．科技经济导刊，2017（29）：132－132.

[195] 随洪光，刘潇．外资引入、贸易扩张与经济增长质量提

升——基于山东省地级市样本的实证分析 [J]. 山东社会科学，2017 (7)：123 -128.

[196] 田园. 基于五大发展理念下马克思主义发展观中国化出路 [J]. 南方论刊，2017 (9)：7 -8.

[197] 田园. 浅论习近平治国理政实践中的思维方式 [J]. 党史文苑，2017 (9)：58 -60.

[198] 吴文新. 习近平新时代中国特色社会主义思想的辩证逻辑探析 [J]. 前进，2017 (12)：25 -28.

[199] 谭顺，程东杰. 工具、价值与本质：马克思消费观的逻辑层次 [J]. 商业研究，2013 (1)：32 -36.

[200] 谭顺，郭乾. 破解当前我国消费不足的治理困境——基于马克思消费力理论的研究 [J]. 经济学家，2017 (5)：14 -19.

[201] 钱路波. 论习近平系列重要讲话对历史唯物主义的坚持和创新 [J]. 学术探索，2015 (2)：16 -21.

[202] 王飞鹏，白卫国. 农村基本养老服务可及性研究——基于山东省 17 个地级市的农村调研数据 [J]. 人口与经济，2017 (4)：54 -62.

[203] 王桂英. 浅议农村土地“三权分置”改革的必要性与合理性 [J]. 劳动保障世界，2017 (3)：67 -69.

[204] 王欢. 建立城乡统一的建设用地市场研究综述 [J]. 江苏农业科学，2017 (5)：8 -11.

[205] 王慧，潘超，魏晨. 供给侧改革背景下农村金融资源差异化配置模式研究 [J]. 三农问题研究，2017 (3)：68 -84.

[206] 王珺鑫. 农民财产性收入增长面临的制度性约束分析——以山东省为例 [J]. 中州大学学报，2017 (5)：31 -34.

[207] 王恳，李新举. 城镇化驱动下济南市土地利用变化特征 [J]. 山东农业大学学报，2017 (2)：353 -358.

[208] 王玲. “三权分置”下农地承包经营权抵押价值分析 [J]. 合作经济与科技，2017 (2)：16 -18.

[209] 王玲. 基于农户视角的农村土地适度规模经营实证分析——

以潍坊市为例［J］. 潍坊工程职业学院学报，2017（2）：74－79.

［210］王蔚，徐勤航，周雪．土地托管与农业服务规模化经营研究——以山东省供销社实践为例［J］. 山东财经大学学报，2017（5）：87－105.

［211］王晓玲，林艳丽．济南市农地流转市场发育程度评价研究［J］. 山东国土资源，2018（2）：75－80.

［212］王晓明．"镇改街"背景下的农村土地流转问题研究——以F县为例［D］. 山东农业大学，2017.

［213］王雪琪．土地财政与新型城镇化发展的关系研究［D］. 山东大学，2017.

［214］王扬，张全景．基于主体利益博弈分析的土地制度与政策初探［J］. 山东国土资源，2018（3）：65－70.

［215］王文静．转型期中国城乡空间形态的建构［J］. 山东社会科学，2017（7）：163－167.

［216］王波，杨林．共享发展理念下医疗卫生资源有效供给——基于城乡比较［J］. 东岳论丛，2017（9）：158－166.

［217］王娟．济南市周边地区乡村聚落空间演变研究［D］. 山东建筑大学，2017.

［218］王安忠．习近平扶贫思想探析［J］. 学习论坛，2017（12）：19－23.

［219］王存福．试论习近平治国理政思想［J］. 行政与法，2017（6）：1－8.

［220］王立胜，刘岳，姚宇．建构中国特色社会主义政治经济学的意义和方法［J］. 学习与探索，2017（6）：1－15.

［221］王立胜．习近平经济思想的创新思维［J］. 当代世界与社会主义，2016（5）：101－107.

［222］王青，李先伦．习近平以人民为中心的发展思想论析［J］. 理论学刊，2017（1）：29－33.

［223］王庆忠．新时代中国特色社会主义的三大优势［J］. 青岛日

报，2017-11-25 (5).

[224] 王瑞芳．习近平对马克思主义群众观的发展 [J]．新西部，2017 (10)：6-7.

[225] 王莎莎．论习近平的群众观 [D]．山东师范大学，2017.

[226] 王绍芳，朱阿丽，白云．习近平创新驱动“三农”发展战略思想及其时代价值 [J]．重庆邮电大学学报（社会科学版），2017 (9)：16-20.

[227] 王玉堂．一个“新”字钩玄提要一条主线布局谋篇 [J]．中国领导科学，2017 (12)：14-17.

[228] 王政堂．习近平新时代中国特色社会主义思想形成的三个维度 [N]．青岛日报，2017-11-14 (8).

[229] 王克稳．房地产和金融资产对居民旅游消费的影响研究——基于中国家庭金融微观调查数据的实证检验 [J]．旅游科学，2017 (6)：2-13.

[230] 王敏．供给侧改革背景下济南市文化领域供需状况分析研究 [J]．山东商业职业技术学院学报，2017 (6)：1-5.

[231] 王谦，李超，侯建国．我国财政支农支出对农村居民消费的影响效应——基于1995-2015年分省面板数据的实证分析 [J]．经济与管理评论，2017 (6)：104-111.

[232] 王秋．马克思消费思想及其当代价值研究 [J]．理论学刊，2018 (1)：10-15.

[233] 王颖，宋翠，杨紫菲．基于Leslie模型的全面二孩政策下的人口规模预测 [J]．科学家，2017 (15)：12-53.

[234] 王立胜，刘岳，姚宇．建构中国特色社会主义政治经济学的意义和方法——关于学习习近平“5·17讲话”精神的对话 [J]．学习与探索，2017 (6)：1-15.

[235] 王俊杰．强化农技推广工作　提升农业社会化服务水平 [J]．科技经济导刊，2017，32：176.

[236] 王明明，郑军，张明月．基于DEA模型的“农超对接”供应链

运行效果评价——以山东省为例［J］. 新疆农垦经济，2017（1）：20－27.

［237］王少营. 浅析当前农民合作社发展问题［J］. 农民致富之友，2017（6）：45.

［238］王蔚，徐勤航，周雪. 土地托管与农业服务规模化经营研究——以山东省供销社实践为例［J］. 山东财经大学学报，2017，29（5）：87－95，105.

［239］王云. 农民专业合作社发展中存在的问题及对策研究［J］. 商场现代化，2017（12）：251－252.

［240］汪伟. 如何构建扩大消费需求的长效机制［J］. 学术月刊，2017（9）：9－12.

［241］汪伟，刘玉飞. 人口老龄化与居民家庭消费结构升级——基于CFPS2012数据的实证研究［J］. 山东大学学报（哲学社会科学版），2017（5）：84－92.

［242］魏强，吴庆跃，张柏杨. 商业财产保险对家庭消费与投资行为的影响——基于中国家庭微观调查数据的研究［J］. 商业研究，2017（5）：67－74.

［243］魏翠芬，孔祥高，孙立军. 测土配方施肥经济效益研究［J］. 潍坊工程职业学院学报，2017，30（1）：57－61.

［244］武嘉盟，路春城. 山东省农民专业合作社现状和发展动力机制研究［J］. 齐鲁珠坛，2017（6）：4－8.

［245］辛宝英. 农业转移人口市民化成本障碍及其对策研究——以农村土地流转为视角［J］. 马克思主义与现实，2017（6）：32－37.

［246］徐鹏雲，张全景，吕晓. 山东省农村籍大学生土地承包权退出意愿研究［J］. 山东农业科学，2017（3）：168－172.

［247］徐冠勇. 岱岳区主要农作物秸秆农机化综合利用探讨［J］. 山西农经，2017（2）：79－80.

［248］徐祐华. 浅析我国家庭农场发展存在的问题［J］. 科技经济导刊，2017（18）：136－137.

［249］习近平. 在第十二届全国人民代表大会第一次会议上的讲话

[N]. 人民日报，2013-03-18 (1).

[250] 新华社. 习近平在中共中央第十八届政治局常委同中外记者见面时强调人民对美好生活的向往就是我们的奋斗目标 [N]. 人民日报，2012-11-16 (4).

[251] 徐向红. 在新思想指引下续写新时代新的华章 [J]. 理论学习，2017 (11): 4-7.

[252] 徐艳玲，李聪. "人类命运共同体"视域下全球化与制度变迁的双向互动 [J]. 理论学刊，2017 (5): 114-120.

[253] 徐艳玲. 全球化与中国特色社会主义自信 [M]. 北京：学习出版社，2017.

[254] 徐玉营. 习近平系列重要讲话丰富和发展了中国特色社会主义理论体系 [J]. 求知，2017 (11): 29-31.

[255] 许海超. 沂蒙山区不同类型农户的土地利用效率及其影响因素分析——以蒙阴县为例 [D]. 山东师范大学，2017.

[256] 修瑛昌，李海霞，高井贵. 山东省城市化与经济发展关系的空间格局 [J]. 山东理工大学学报（自然科学版），2017 (3): 65-69.

[257] 谢春玲，费利群. 供给结构改革与需求结构改革互动关系研究 [J]. 经济学家，2017 (5): 20-25.

[258] 谢婕. 校园贷与女大学生消费观矫正 [J]. 山东女子学院学报，2017 (5): 93-96.

[259] 杨东. 秸秆还田模式对滨海盐渍土的改良效果研究 [D]. 山东农业大学，2017.

[260] 于家海. 山东省家庭农场发展分析 [D]. 山东农业大学，2017.

[261] 杨世涛. 德州市经济周期的阶段特征和经济增长路径选择 [J]. 德州学院学报，2017，33 (2): 90-94.

[262] 杨志恒，张金萍. 城镇化进程中的城乡过渡地带演化过程分析 [C]. 2017年中国地理学会经济地理专业委员会学术年会论文摘要集，2017.06.26.

[263] 杨林，王璐. 城乡公共文化服务资源非均衡配置的影响因素

及其改进 [J]. 宏观质量研究, 2017 (3): 119-132.

[264] 尹世杰. 科学消费与人的全面发展制 [J]. 经济评论, 2002 (6): 18-24.

[265] 于淑波, 巩鲁宁, 王可. 基于城镇消费者视角的消费污染及协调性评价 [J]. 山东财经大学学报, 2017 (1): 52-61.

[266] 袁志刚, 饶璨. 供给侧改革: 长期增长与短期波动的统一 [J]. 探索与争鸣, 2016 (5): 18-22.

[267] 杨金卫. 从战略视角全面把握习近平治国理政思想 [J]. 东岳论丛, 2017 (9): 5-11.

[268] 战世锴. 深刻领会习近平新时代中国特色社会主义思想 [J]. 理论学习, 2017 (12): 68-71.

[269] 杨丹丹, 吴秋兰等. 村镇土地网格化管理与服务平台的构建与应用——以山东省新泰市羊流镇为例 [J]. 农业现代化研究, 2017 (5): 878-884.

[270] 杨宏力. 土地确权的内涵、效应、羁绊与模式选择: 一个综述 [J]. 聊城大学学报, 2017 (4): 121-128.

[271] 杨唯希. 家庭农场发展与农村土地产权制度改革 [J]. 河北经贸大学学报, 2017 (2): 97-103.

[272] 杨文君. 农村土地改革背景下的宅基地使用权问题研究 [J]. 市场论坛, 2017 (8): 36-38.

[273] 臧士成. 济南高新区东区失地农民问题研究 [D]. 山东大学, 2017.

[274] 臧旭恒. 如何看待中国目前的消费形势和今后走势 [J]. 学术月刊, 2017 (9): 5-9.

[275] 臧旭恒. 如何实现供求关系新的动态均衡 [J]. 人民论坛·学术前沿, 2018 (2): 52-57.

[276] 臧旭恒, 贺洋. 坚持用马克思主义政治经济学指导消费经济理论研究势 [J]. 马克思主义与现实, 2016 (5): 15-20.

[277] 臧旭恒. 如何看消费对我国经济增长的作用 [J]. 消费经济,

2017 (2): 3 – 8.

[278] 张冠强. 土地整治农民满意度评价及影响因素研究——以肥城市为例 [D]. 山东农业大学, 2017.

[279] 张明月, 薛兴利. 家庭农场的环境相容、功能约束及破解路径: 新制度经济学视角 [J]. 经济与管理评论, 2017 (2): 26 – 31.

[280] 张溪, 黄少安. 交易费用视角下的农地流转模式与契约选择 [J]. 东岳论丛, 2017 (7): 118 – 126.

[281] 张溪. 契约选择与农村土地经营权流转模式的创新研究——基于交易成本和农户选择的视角 [D]. 山东大学, 2017.

[282] 张新洁, 黄少安. 城市化进程中失地农民摩擦性失业问题研究 [J]. 中国高校社会科学, 2017 (3): 44 – 58.

[283] 张玉. 山东省枣庄市农村土地承包经营权抵押贷款问题研究 [D]. 山东大学, 2017.

[284] 张新春. 中国特色社会主义政治经济学的话语体系建构 [J]. 经济理论与政策研究, 2016.

[285] 翟瑞芹. 浅析我国家庭农场的现状和问题及建议 [J]. 中国农业信息, 2017 (10): 14 – 15.

[286] 张复宏, 宋晓丽, 霍明. 果农对过量施肥的认知与测土配方施肥技术采纳行为的影响因素分析——基于山东省 9 个县 (区、市) 苹果种植户的调查 [J]. 中国农村观察, 2017 (3): 117 – 130.

[287] 张明月, 薛兴利, 郑军. 合作社参与"农超对接"满意度及其影响因素分析——基于 15 省 580 家合作社的问卷调查 [J]. 中国农村观察, 2017 (3): 87 – 101.

[288] 张明月, 薛兴利. 家庭农场的环境相容、功能约束及破解路径: 新制度经济学视角 [J]. 经济与管理评论, 2017, 33 (2): 26 – 31.

[289] 张明月, 郑军, 薛兴利. 超市参与"农超对接"供应链意愿的影响因素分析 [J]. 农业现代化研究, 2017, 38 (5): 783 – 791.

[290] 张明月, 郑军, 薛兴利. 对接优势、能力、环境与超市参与"农超对接"行为——基于 15 省 526 家超市的调查 [J]. 现代经济探讨,

2017 (9): 115 –122.

[291] 张明月，郑军，薛兴利. 农户参与“农超对接”供应链满意度及影响因素研究——基于全国15省591个农户的调查 [J]. 农村经济，2017，8: 77 –84.

[292] 张颖. 枣庄市农业产业化龙头企业发展战略研究 [D]. 青岛农业大学，2017.

[293] 张飞. 十八大以来我国宏观经济理论发展研究 [D]. 山东大学，2017.

[294] 张珊珊. 我国经济危机下的宏观经济政策分析 [J]. 现代经济分析，2017 (2): 27.

[295] 张双双. 中国人口老龄化对经济增长的影响研究——基于劳动力供给和投资的角度 [D]. 山东大学，2017.

[296] 张涴瑜. 马克思经济危机理论的当代审视 [D]. 山东师范大学，2017.

[297] 张爱军. 习近平治国理政战略思想研究 [J]. 中共济南市委党校学报，2017 (4): 1 –7.

[298] 张寒，丁大尉. 习近平生态文明建设思想体系与实践路径研究 [J]. 理论月刊，2017 (10): 33 –36.

[299] 张晶晶. 浅析习近平新时代中国特色社会主义经济思想 [J]. 山西财政税务专科学校学报，2017 (6): 3 –6.

[300] 张兰君，贾永国，王治爱，陈淑英，朱婷. 习近平对社会主义本质论的发展与实践创新 [J]. 潍坊学院学报，2017 (10): 42 –46.

[301] 张士海. 习近平新时代中国特色社会主义思想是马克思主义中国化的最新成果 [J]. 国外理论动态，2017 (11): 14 –15.

[302] 周雯雯，林美卿，赵金科. 论习近平“人类命运共同体”思想的科学内涵和重大意义 [J]. 理论导刊，2017 (1): 80 –84.

[303] 张同全，张亚军. 全面二孩政策对女性就业的影响——基于企业人工成本中介效应的分析 [J]. 人口与经济，2017 (5): 1 –11.

[304] 郑军. 马克思主义消费理论视域下的社会主义和谐消费观构

建研究［D］. 曲阜师范大学，2017.

［305］朱德云，孙成芳. 基于供给侧改革谈中国养老服务业发展问题与政策建议［J］. 财政科学，2017（5）：90－97.

［306］中共中央马克思恩格斯列宁斯大林著作编译局. 马克思恩格斯选集. 第2卷［M］. 北京：人民出版社，2012：116.

［307］中共中央马克思恩格斯列宁斯大林著作编译局. 马克思恩格斯选集. 第3卷［M］. 北京：人民出版社，2012：307.

［308］中共中央文献研究室. 十八大以来重要文献选编（上）［M］. 北京：中央文献出版社，2014.

［309］赵呈杰，夏文静，李爽. 基于区位差异的农地保障功能研究［J］. 宿州学院学报，2017（1）：40－44.

［310］赵金国，岳书铭. 农户规模经营意愿影响因素分析研究［J］. 山东社会科学，2017（1）：116－121.

［311］赵婧壹. 基于CAPM理论的农村土地市场定价问题研究［D］. 山东理工大学，2017.

［312］赵舰. 推进农村一二三产业融合发展的研究［J］. 中国农业信息，2017，210（15）：38－39.

［313］赵振华. 山东半岛人口和产业布局适宜性评价［J］. 地域研究与开发，2017（2）：45－50.

［314］赵金国，岳书铭. 粮食类家庭农场：规模效率实现及其适度规模界定［J］. 东岳论丛，2017，38（4）：128－134.

［315］赵金国，岳书铭. 粮食类家庭农场培育的影响因素分析［J］. 中国农业资源与区划，2017，38（4）：41－48.

［316］赵金国，岳书铭. 农地产权视域下的家庭农场培育研究［J］. 江苏农业科学，2017，45（15）：294－297.

［317］赵娴，刘佳，吕泓成. 法国家庭农场经营特征、发展经验及启示［J］. 世界农业，2017（11）：209－212.

［318］赵兴冉. 泰安农产品电子商务发展问题研究［D］. 山东农业大学，2017.

[319] 钟凯，王洋，苏善柱，张曦，张瑞．小麦统防统治与绿色防控融合试验效果初探 [J]．基层农技推广，2017，5 (5)：20－22.

[320] 周婕．国外农业经营方式的比较研究：以美国和日本为例 [J]．世界农业，2017 (12)：169－174.

[321] 周喆．国际大宗商品价格冲击对中国经济波动的影响 [D]．青岛大学，2017.

[322] 周春明，徐红．村委会在集体土地流转中的作用演化博弈分析 [J]．当代经济，2017 (27)：88－91.

[323] 庄蕊萌，宋明爽．农村城镇化问题研究——以L市为例 [J]．学理论，2017 (9)：18－19.

[324] 宗传齐．章丘农村土地经营权流转研究 [D]．山东师范大学，2017.

[325] 邹倩．三权分置对农户土地经营权流转的影响 [D]．山东师范大学，2017.

[326] 朱燕．马克思的"第二条道路"及其对中国特色社会主义政治经济学方法论的启示 [J]．经济纵横，2017 (7)：22－29.

[327] 朱丽华．农村空心化及其治理研究 [D]．山东大学，2017.

[328] 朱燕．马克思的"第二条道路"及其对中国特色社会主义政治经济学方法论的启示 [J]．经济纵横，2017 (7)：22－29.

[329] 张英俊．城乡协调发展中的社会治理体制机制创新 [J]．山东农业工程学院学报，2017 (9)：105－108.

[330] 杨帆，黄少安等．中国人口红利结束了吗？[J]．山东社会科学，2017 (4)：82－89.

[331] 杨素雯，崔树义．2016年山东省流动人口动态监测数据分析报告 [J]．经济动态与评论，2017 (1)：3－55.